中青年经济学家文库

农户家庭分工演进对耕地利用效率的影响研究

杨 俊 著

经济科学出版社

图书在版编目（CIP）数据

农户家庭分工演进对耕地利用效率的影响研究/杨俊著.
—北京：经济科学出版社，2014.1
（中青年经济学家文库）
ISBN 978 - 7 - 5141 - 4274 - 7

Ⅰ.①农… Ⅱ.①杨… Ⅲ.①耕地利用 - 效率 - 研究 -
中国 Ⅳ.①F323.211

中国版本图书馆 CIP 数据核字（2014）第 022864 号

责任编辑：李　雪
责任校对：刘　昕
责任印制：邱　天

农户家庭分工演进对耕地利用效率的影响研究
杨　俊　著

经济科学出版社出版、发行　新华书店经销
社址：北京市海淀区阜成路甲 28 号　邮编：100142
总编部电话：010 - 88191217　发行部电话：010 - 88191522
网址：www. esp. com. cn
电子邮件：esp@ esp. com. cn
天猫网店：经济科学出版社旗舰店
网址：http：//jjkxcbs. tmall. com
北京密兴印刷有限公司印装
710 × 1000　16 开　14.25 印张　280000 字
2014 年 3 月第 1 版　2014 年 3 月第 1 次印刷
ISBN 978 - 7 - 5141 - 4274 - 7　定价：46.00 元
（图书出现印装问题，本社负责调换。电话：010 - 88191502）
（版权所有　翻印必究）

前　言

　　加里·贝克尔指出，经济学的特点在于研究问题的本质而不是该问题是否具有商业性或物质性，经济研究的领域已经囊括到人类的全部行为及与之有关的全部决定。社会文明状态的变化从本质上左右于人类的全部行为，社会经济的发展也与人类的经济行为息息相关，因此研究人类行为与经济发展之间的关系是非常具有意义的。毋庸置疑，每个人的行为因为其个性、禀赋等条件的不同而迥异，要对人类的全部行为进行分析是一项十分艰巨的任务，但是具有相同特征的人们之间的行为具有一定的相似性，这为我们分析人类的行为提供了便利。

　　本书写作的思路来源于加里·贝克尔关于人类行为的相关著作，为了分析中国农户农业生产行为与农业生产效率之间的影响，本书根据杨小凯的新型古典经济理论的思想从分工角度对我们所掌握的样本农户的特征的相似性进行了不同的分类，这一分类方法从家庭分工的角度上囊括了我国农户可能出现的类型，且该分类方法能与农户的农业生产效率分析紧密契合。当然，仅从分工角度的分类是不严谨的，分工具有相似性的农户家庭会因为家庭禀赋的不同又产生较大的行为差异，因此本书在分工角度下融入了农户家庭的兼业行为特征，试图使得对农户类型的归纳更为完善，但是由于笔者自身思维的局限，对该问题的思考可能不尽全面，因此需要广大的读者多提宝贵意见。

　　笔者在农户调查阶段深刻感受到我国农村发生的变化，特别是随着农村社会经济发展而带来的农户家庭分工及农业生产行为上发生的变化，由于市场经济体制的不断完善，农村外出务工人员逐渐增加，使得农业生产的主力军由青壮年劳力转变为了妇女和老人，这里反映出我国农业生产的平均利润要低于其他产业，对生产者逐渐失去了吸引力的现状。在访谈中大量农户也反映出了这一担忧，他们希望政府能对农业给予更多的重视。虽然农业生产者的变化表面上看起来对农业生产是非常不利的，但是我国的农业产出水平却保持着稳定的增长，这里除了技术进步带来的贡献以外，其他因素（农户家庭的专业化分工等）对其产生的贡献应该也是不容忽视的，因此本书就此疑问也展开了讨论，分析了不同类型农户的农业生产效率，所得到的结果对该疑问也做出了较好的回答。

天下大利需归农，农业是一国经济发展、社会稳定以及环境保护的重要基石，农户是农业发展中的重要主体，对农业的研究我们不仅要在技术层面继续努力，我们更要抓住分析问题的本质，从农户自身的行为研究方面作出更多的努力。本书只是起到一个抛砖引玉的作用，希望有更多的人能将目光投注到我国的农户行为研究上来。

作者

2013 年 9 月

目　　录

第*1*章

导　　言

1.1
研究背景与意义

1.1.1　研究背景

1. 经济、制度环境变化对农业生产效率的重要影响

自新中国成立以来，我国农业生产外部环境在不断地发生剧烈的变化，农业生产水平（以全国粮食总产量代替）也随之发生相应的变化，如图 1.1 所示。第一次土地改革后，由于生产力水平低下，农民自发组织了生产互助组，农业生产合作社，在政府的引导下，96% 的农户参加了农业合作社，这一生产方式大力提高了农业生产水平。但是 1958 年人民公社化的制度设计挫伤了农民的生产积极性，这个制度一直延续到 1978 年，导致新中国成立后 30 年内仍未能解决人民的温饱问题。1978 年末随着安徽凤阳县小岗村 18 户农民的大胆尝试，家庭联产承包责任制实施带来了农业生产效率的大幅度提升，该制度从 1980 年开始在全国范围内进行推广，从而使 1980～1984 年我国粮食产量得到了超常规增长。随

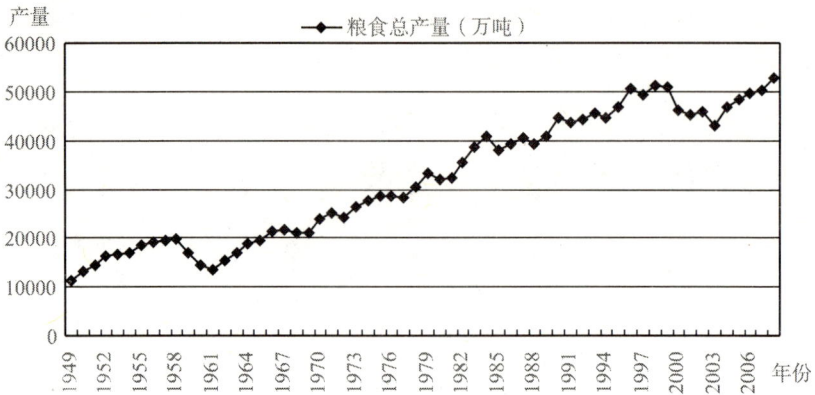

图 1.1　1949～2008 年我国粮食总产量变化

数据来源：历年《中国农业统计年鉴》，经笔者整理计算而得。

后的 1985～1988 年农村经济结构及农产品流通体制开始制约农村经济增长，使前期迅猛增长的势头降低并趋于常规增长。随着这一阶段国家对除棉花等四种农产品外的其他农产品价格开放，改传统的农产品统购统销体制为合同收购和市场收购的"双规制"体制，承认乡镇企业的市场地位，放松农村劳动力流动限制等一系列改革，1990 年粮食总产量较 1989 年出现了巨幅增长，增幅达到了 9.49%。1992～1998 年农村经济体制改革主要围绕着完善农村社会主义市场经济体制进行，先后颁布了《农业法》、《农业技术推广法》，并出台了一系列涉及农民负担、农村公共事业发展的法规制度①，这一阶段农业生产总体上稳步增长。1994 年后，由于我国财税制度的改革，加重了地方经济负担，各基层政府增加了农村税费名目，导致农民负担达到不能忍受的地步；同时由于农业生产资料价格上涨，农业生产成本增加，在城镇职工工资大幅上涨的情况下，农民收入停

① 1992～1998 年农村经济体制改革主要围绕农产品流通体制改革进行，并出台了一系列相关法律法规，包括《关于加快粮食流通体制改革的通知》、《关于改进粮棉"三挂钩"兑现办法的通知》、《关于建立粮食收购保护价格制度的通知》、《关于加强农业生产资料几个管理以及对其主要品种实行最高限价的通知》、《国务院关于深化粮食流通体制改革的决定》、《粮食收购条例》、《粮食购销违法行为处罚办法》等。

滞不前，导致了大量农村劳动力转移，农地撂荒，使得 2000 年左右农业生产水平急剧下降，随着 2003 年开始实施农村税费改革，至 2005 年年底全国取消农业税，农民负担得到很大程度的减缓，农户逐渐恢复了生产积极性，使得农业生产开始出现恢复性增长。从以上可以看出制度环境对农业生产水平的影响是巨大的，制定合理的制度可以使农业生产水平得到明显提高，这也将成为本书的研究目标之一。

而随着我国加入世界贸易组织（WTO），我国政府开始兑现大幅度削减农产品关税，取消某些产品配额制以及中国加入 WTO 后将不对农产品出口进行补贴，停止增加并减少扭曲贸易的国内支持的承诺。具有农产品生产比较优势国家的质优价廉的农产品大量涌入，一方面引起国内市场农产品价格下跌，引发市场波动；另一方面使国内主要农产品大量积压，增加"卖难"矛盾。这样势必影响农民收入，挫伤他们的生产投入积极性，进而影响农业的综合生产能力，这对中国农业生产的长期稳定发展和保护农产品市场的稳定都是十分不利的。因此提高农业生产效率，换言之，提高农户的耕地利用效率，降低农产品生产以及交易成本，是提高我国农产品国际竞争力，保障我国粮食安全、维护我国农产品市场稳定的重要途径。

2. 农业生产方式转变对农业生产效率的重要影响

舒尔茨（Theodore W. Schultz，1964）认为，发展中国家的经济成长，有赖于农业的迅速稳定增长，而传统农业不具备迅速稳定增长的能力，出路在于把传统农业改造为现代农业。传统农业的稳定是建立在其稳定的均衡状态基础之上的，构成这种均衡状态的关键条件有三项，一是技术状况的稳定；二是在不变的技术状况下所形成的稳定的生产结构，即收入来源不变；三是在稳定的生产结构条件下所形成的稳定的要素投入和要素边际生产力，在这种状况下增加对农业的投资，并不能增加农业收入。可见，为使传统农业向现代农业转变，必须打破传统农业均衡的基础，促使农业结构发生变化，以此改变生产要素的投入结构，提高农业生产要素的生产力，刺激外部资金投向农业，从而达到农业发展方式的转变。迂回化生产方式①是传统农业向现代农业转变的重要方式，其在物质形态上主要表现为农业生产资料的投入、开发和使用。向国成（2007）应用1990～2001年农业投入与产出增长的数据证明了迂回生产方式对农业生产效率改进的贡献。2001年以后，我国经济发生了重大改变，现代农业发展对农业生产效率改进仍然具有积极的作用，这可以从图1.2和图1.3中得到反映②。

从图1.2中可以看出1975～2008年三种粮食作物单位面积投入总体上与产出呈正相关，均呈上涨趋势，其中单位耕地生产费用投入年平均增长率为4.39%，单位耕地粮食作物产出年平均增长率为3.28%。农业生产随农户生产投入的增加产生了迂回经济效果，当然，单位耕地粮食作物产出的增长同时也来源于技术进步的贡献，但是农业技术变化呈现的是一种资本有机构成不断提高的过程，农业技术的进步促使资本在农业生产中起到重要的作用，同时，更多资本的投入使得农业技术在农业生产中得到广泛的应用（乔榛等，2007）。图1.3显示了1975～2008年单位面积耕地上单位资本和劳力产出水平的变化，从图中可以看出单位资本的产出水平无明显的波动，并且有微弱下降的趋势；单位劳力的产出水平则呈现较大的波动，特别在1984年前后，由于家庭联产承包责任制的全面推广，使劳力对农业生产效率的贡献完全释放，之后由于劳动力投入数量和成本的增加，单位劳力产出开始逐渐下降，2003年以后随着农村劳动力流转的剧增，反而使得劳动力效率得到了提高，资本对劳力的替代效应也在不断增强，耕地要素投入结构发生了改变，农业生产效率也随之发生改变。

---

① 迂回化生产方式由杨小凯（1998）提出，向国成（2007）将其应用于农业经济效率分析。
② 由于1966～1974年农产品成本收益数据缺失，本书采用1975～2008年数据进行说明。平均资本投入由物质费和劳动力作价两部分构成，其中物质费包括各类流动资本投入和固定资本折旧。为了消除通货膨胀对可比性的影响，将所有费用根据历年农业生产资料价格指数统一换算至1952年基准价。

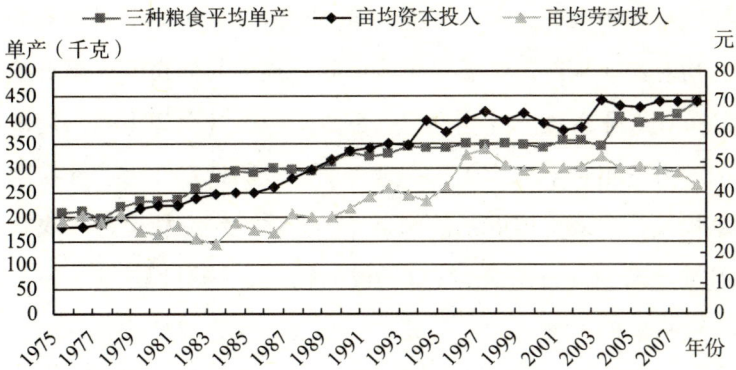

图1.2 1975～2008年三种粮食作物平均投入与产出

数据来源：历年《中国农村统计年鉴》、《新中国60年农业统计年鉴》、历年《物价统计年鉴》，数据经作者整理计算所得。

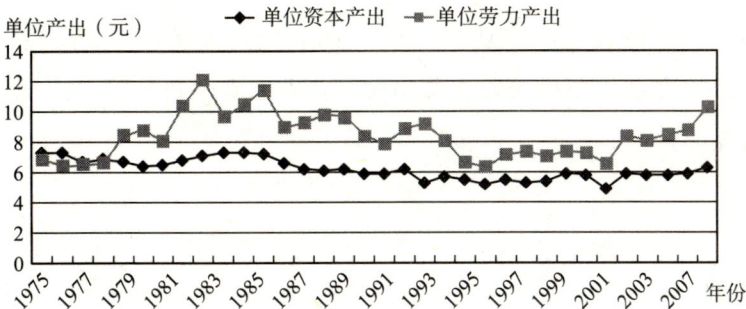

图1.3 1975～2008年三种粮食单位资本与劳力产出

数据来源：经笔者计算所得。

3. 农户分化对农业生产效率的重要影响

农户分化是我国社会经济发展进程中出现的普遍现象，也是社会经济发展的必然规律，农户的分化对农业生产效率产生了不同程度的损益，这也是众多学者目前争论的焦点。马克思与恩格斯根据对资本主义农业发展的历史经验观察，认为大的农业生产优于小的农业生产，并将取代小的农业生产，并认为小的农业生产排挤了生产资料的聚集和同一生产过程的内部分工，导致了农业生产效率的低下。我国从土地改革之前因土地私有制产生的地主与佃农的分化形态，到改革开放以后呈现的不同角度的农户分化形态，均对农业生产产生了一定的影响。地主与佃农的分化形态属于权利组织的分化，尽管该方式生产力低下，但由于社会经济结构简单，大部分农村劳动力以租种土地为生，向地主缴纳实物地租，为了维持生计必须增加劳动投入，获取更多的产出剩余，因此在这种分化形态下农户对耕地的利用是有效率的。改革开放以后我国农户的分化大致可以分为两种途径，一是农户家庭内部分化，主要表现为农户家庭成员的职业分化，形成了自耕农户、兼业农户和城镇农户等类型（冯中朝，1995）；二是农户间的分化，如因土地规模不同而形成的分化、因农户专业合作组织出现而形成的分化等。农户家庭成员职业分化对农业生产效率的影响是显著的，但是其影响的正负性在学术界仍然还存在较大的争议，然而不可否认的是这种分化形式对农业生产效率的影响是重要的。图 1.4 显示了1978～2008 年我国农村从业人员中第一产业从业人员及第一产业产值的变化情况。

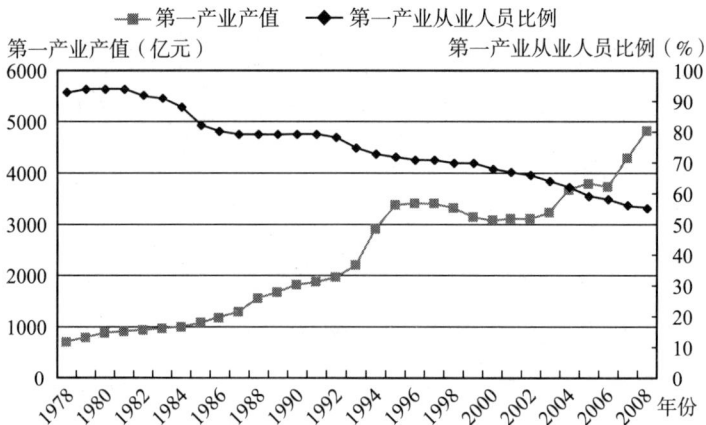

图 1.4　1978～2008 年第一产业从业人员及第一产业产值变化情况

数据来源：《新中国 60 年农业统计年鉴》，第一产业产值根据全国农林牧渔产值指数（以1952 年为 100）进行了可比性处理。

从图 1.4 中可以看出，1978～2008 年我国第一产业从业人员占农村从业人员总数的比例逐年下降，至 2008 年以第一产业从业人员所占比例仅为 55%[①]，同时第一产业产值总体上呈上升趋势。当然，我们不能据此简单地得出第一产业从业人员减少可以促进第一产业产值增加的结论，也无法判断农户职业分化对农业生产效率的影响；但不能排除农户职业分化对第一产业产值增长所产生的贡献，若贡献存在，则应首先体现在农户职业分化对耕地利用效率的影响上，所以，分析农户分化对耕地利用效率的影响是非常必要的。

农户间分化中耕地规模分化对农业生产效率的影响在学术界已经得到广泛的讨论，虽然争议一直存在，但是大多数学者认为规模化经营有利于效率的提升。农民专业合作组织[②]实际上是农业规模经营的一种形式，合作社的形成也是农户间专业化分工的结果，合作组织提供农产品生产及交易服务，降低生产和交易成本，理论上可以提高农业生产效率。农村改革开放以来，农民专业合作社的数量规模不断壮大，根据韩俊（2007）的调查，全国新型农民专业合作组织总数达到 15 万个左右，参加组织的会员约为 2363 万人（户），占乡村农户总数的 9.8%。在农民专业合作社的数量不断增加的背景下，更多的农户将参与到专业合作组织，但是专业合作组织是否能使农户农业生产效率有效提高仍然需要得到理论和实践的检验。目前对合作组织内部农户与组织外农户之间农业生产效率进行比较的研究不多见，因此对农户间分化形态对农业生产效率的影响进行分析是非常必要的。

---

① 然而根据《中国农村统计年鉴》中关于农村从业人员行业分布的统计规则，农户兼营其他行业，但主营农业的农户也计入第一产业从业人员，因此我国第一产业从业人员的比例实际上应低于统计数据中所显示的比例。

② 目前我国农业合作社存在的形式主要有三种：第一类属于劳动者联合，属于严格意义上的合作社，农户拥有对自己耕地的独立经营权；第二类是股份合作，保持合作制基本特征并吸收股份制长处的合作组织；第三类是专业协会，主要提供农技推广和服务，没有兴办实体。本书分析所采用的合作社为第一类型的合作社。

1.1.2 研究意义

农户分化是我国社会经济发展中必然出现的现象，农户的分化对农户的耕地利用行为将产生一定影响，从而影响到农户耕地利用过程中的技术效率和耕地投入与要素配置效率，进一步影响到农业生产效率。因此在我国农户已经出现不同类型分化的既定事实下，分析不同类型农户的耕地利用行为及效率具有重要意义，具体表现在以下几个方面：

（1）完善农户分化的理论体系。现有文献在分析农户分化时对农户分化类型的界定缺乏完善的理论支撑，多是以农户家庭的收入结构、耕地规模、耕地利用方式等作为农户类型划分的依据。这虽然反映了农户类型的分化，但是未从理论上给出农户分化的原因。因此本书将在此方面为农户分化的理论研究做一定的补充。

（2）根据不同类型农户的家庭特征差异，从理论上分析该差异对农户耕地投入行为的影响。这将丰富农户耕地投入行为理论分析的内容。

（3）为不同类型农户耕地利用效率改进提供理论和实证支持。本书将采用随机前沿生产模型对不同类型农户耕地投入技术效率和成本效率进行测算，尔后利用 target - MOTAD 模型对不同类型农户耕地利用结构和耕地投入要素配置效率进行优化，并采用 4 省 12 县 984 份样本数据对此进行实证检验。

1.2

研究目标与内容

1.2.1 研究目标

鉴于本书的研究背景和研究意义，本书拟达到以下目标：

（1）采用分工与专业化经济框架对我国农户可能出现的分化形态进行分析，以完善我国农户分化的理论基础；

（2）构建不同类型农户的消费和生产行为模型，理清不同类型农户耕地投入行为决策；

（3）测度不同类型农户耕地投入技术效率和成本效率；

（4）探寻改进不同类型农户耕地利用效率的方案。

1.2.2　研究内容

针对本书制定的研究目标，本书所需要研究的具体内容如下：

（1）农户分化的形态及原因。

农户类型的划分是全书研究的基础，本书拟从农户家庭成员间的专业化选择和农户间的职能分工对农户分化的原因和形态进行分析。新古典经济学的农户效用理论和新兴古典经济学的超边际分析理论都是比较好的分析工具，本书也将采用上述两种理论来分析农户内部分化的动因。

（2）不同类型农户农地投入行为模型。

从新古典经济理论角度，农户的分化形态对农户家庭资源禀赋产生了一定影响，而农户家庭资源禀赋的差异产生了不同的预算约束和不同的效用函数，从而导致了农户农地投入行为决策的不同。从家庭经济理论的角度，分析农户家庭成员专业选择及经济行为对农户耕地投入行为的影响。该部分的研究需要针对不同类型农户分别建立其农地投入的决策模型，分析农户农地投入行为的内在机理。

（3）典型区域农户农地投入特征。

农户农地投入包括土地、资本和劳力三大要素，这三大要素的投入量由农户的农地投入决策进行控制。该部分将采用对典型区域的农户调查数据对各种类型农户农地投入的特征进行分析，同时对前面建立的农户决策模型进行验证。

（4）农户耕地投入效率测度。

农户不同的耕地投入行为对农业生产效率的影响是本书研究的目的与意义所在，本书将采用随机前沿生产模型对不同类型农户耕地投入技术效率和成本效率进行分析，并探讨其效率损失的原因。

（5）农户耕地投入效率改进。

本书将应用 target – MOTAD 模型对农户耕地利用结构和要素投入配置进行优化分析，以达到改进其耕地投入效率的目标。

1.3

相关概念界定

1.3.1 农户及农户家庭成员

农户作为人类进入农业社会以来的最基本经济组织，是一个多义的混合概念。户是指共用同一住所或家的社会单位，农户以家庭为单位存在，以家庭成员为劳动力，完全或主要从事农业生产活动的经济组织（李小建，2010），因此有学者以家庭经营代替农户（尤小文，1999）。农户不仅是一个经济组织，还是一个发挥一定社会功能的组织。它既是主要从事个体农业经营和农业生产的经济组织，又是人们建立在姻缘和血缘基础上的社会生活组织，因此农户目标不仅仅是追求利润最大化。随着我国经济社会结构的转型，农户的参与市场行为、非农兼业行为等其他行为在不断发生变化，农户的居住地可能离开了农村，移民到城市，农户的异质化程度在加深。这为很好地概括农户特征，准确定义农户带来了困难。本书根据分析需要，将农户定义为拥有农村户籍和农村土地承包经营权的家庭。

根据"户"的定义，本书分析中所指农户家庭成员是指共用统一住所的家庭成员中具有劳动力的生产者—消费者。虽然农户家庭成员由无劳动力的老人、儿童和具有劳动力的成员组成，但是本书出于分析的方便，未考虑农户家庭中无劳动力成员对农户耕地投入行为的影响。

1.3.2　农户分化

分化是事物发展的标志，经济人分化是社会和经济发展进步的因素和表现，农户分化是农村经济和社会发展过程中所出现的必然结果。早在新中国成立初期，由于实行人民公社制度，农户间无明显的异质性，都是集体的一分子，在同一片耕地上从事同样的劳动。而随着农村经济体制的不断变革，耕地家庭承包责任制的实行，农户所拥有的生产资料发生变化，农户间的资源禀赋特征出现异化，因此农户分化表现为农户间异质性的出现。根据我国学者对农户分化形态的研究，农户分化最主要体现在农户所从事的职业分化上，也体现为农户的专业化选择的分化。本书所指的农户分化也主要体现在农户家庭成员的专业化选择和农户间的专业化选择上。

1.3.3　耕地利用效率

鉴于人的欲望的无限性，就一项经济活动而言，最重要的事情当然就是最好地利用其有限的资源。这使我们不得不面对效率这个关键性的概念。经济学理论告诉我们：在不会使其他人境况变坏的前提下，如果一项经济活动不再有可能增进任何人的经济福利，则该项经济活动就被认为是有效率的，即帕累托最优。法洛（Farell，1957）对效率进行了更详细的解释，并将其分解为技术效率和配置效率，他从投入角度给出了技术效率的定义，认为技术效率是指在相同的产出下生产单位理想的最小可能性投入与实际投入的比率。莱宾斯坦（Leibenstein，1966）从产出角度认为技术效率是指在相同的投入下生产单位实际产出与理想的最大可能性产出的比率。配置效率是指以投入要素的最佳组合来生产出最优的产品数量组合。在投入不变的条件下，通过资源的优化组合和有效配置，效率就会提高，产出就会增加。农户的耕地利用效率也主要体现为技术效率和配置效率两个方面，农户耕地利用的技术效率主要为投入导向型，表现为农户在可能实现的相同产出下所投入的最小可能性投入与实际投入的比率，其投入包含农户的资本和劳动投入。农户耕地利用的配置效率是指农户以最优的资本和劳动投入组合来生产出最优的产品数量组合。

1.4

研究思路与结构

1.4.1 研究思路

本书在对研究目标进行明确界定的前提下，首先通过对与本书内容相关的国内外研究进展和取得的成果进行梳理，并对现有文献中存在的不足进行评述。然后利用分工和专业化经济分析框架对我国农户可能出现的分化形态进行理论层面的分析，确定本书所要分析的农户分化形态，并采用农户问卷的调查数据对调查区域农户的分化情况进行总结。在农户分化的基础上，对不同类型农户的生产和消费行为进行分析，并在理论上对不同类型农户的耕地投入行为进行模拟；应用调查所得样本农户耕地投入特征数据对以上理论模拟进行初步检验，尔后应用随机前沿生产函数和联立方程组对不同类型农户耕地投入行为所造成的效率损失进行测度，并运用target － MOTAD 模型对不同地区不同类型农户的耕地投入要素配置和耕地利用结构进行优化，以改进农户的耕地投入效率；最后根据影响不同类型农户耕地投入效率的主要因素及本书所得出的主要结论，引申出其包含的政策含义，为提高我国农户耕地利用效率提供政策层面的参考。本书的思路可以用图 1.5 表示。

文献回顾及评述
农户分化形态、原因；农户分化与耕地利用效率的关系

我国农户可能的分化形态
分工与专业化经济理论框架的应用

农户家庭内部分化 ｜ 农户间分化

完全分工型 ｜ 不完全分工型 ｜ 农业专业型 ｜ 非农业专业型 ｜ "组织化" ｜ "自由化"

不同类型农户耕地投入行为一般分析

农户效用函数形式确定
不同类型农户家庭总效用估计及比较
消费行为
生产行为
耕地劳动投入决策
耕地投入要素配置决策

不同类型农户耕地投入特征及效率测算

完全分工型农户耕地投入特征
不完全分工型农户耕地投入特征
农业专业型农户耕地投入特征
耕地投入特征
耕地投入效率测算
技术效率测算SFA方法的应用
成本效率测算联立方程组的应用

存在效率损失，寻找效率改进途径

不同类型农户耕地投入效率改进
target-MOTAD模型的应用

耕地投入要素配置优化 ｜ 耕地利用结构优化

研究基本结论及讨论
解读研究结论所包含的政策含义，展望需要进一步研究的问题

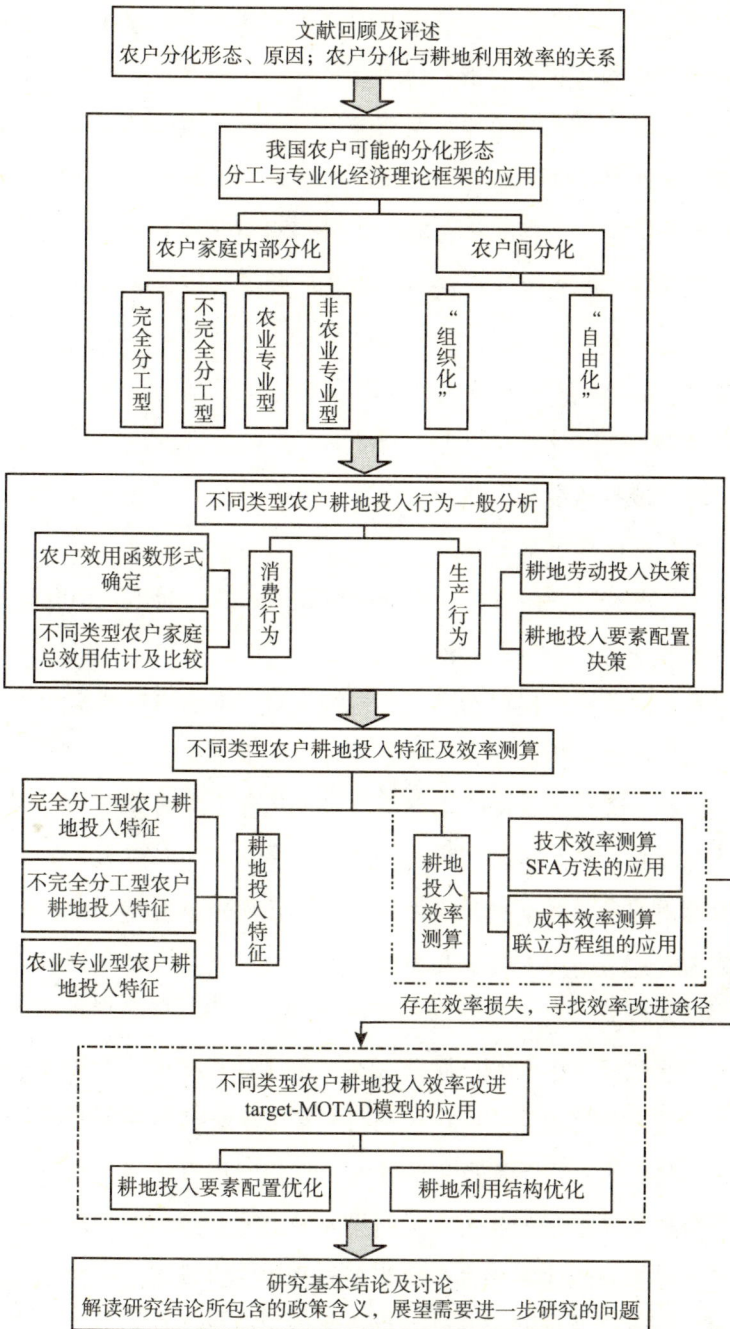

图1.5 本书的研究思路

1.4.2 结构安排

根据以上研究思路，本书的结构安排如下：

第1章为导言，包括对本书选题背景、研究意义、研究目标及内容、本书的研究思路及可能的创新点等内容进行说明，并对本书所涉及的关键概念进行界定。

第2章为文献评述，对国内外关于农户分化形态及原因、农户分化与耕地利用效率关系以及农户行为等问题的研究进展进行总结和评述，为本书的分析提供借鉴和参考，并针对现有文献中存在的不足进行总结，为确定本书的研究目标奠定基础。

第3章首先运用新兴古典理论框架对我国农户可能出现的分化形态进行理论层面的分析，并确定我国农户可能出现的分化形态。然后采用本书调查的样本农户数据，根据农户分化的特征对样本农户进行实际划分，为后文的不同类型农户耕地投入行为及效率分析提供基础。

第4章对不同类型农户的生产消费行为从理论层面进行了分析。首先对适用于我国农户的效用函数进行比选，在选定效用函数形式的基础上对不同类型农户的消费和生产行为进行分析，并从理论上模拟了各类型农户可能出现的耕地劳动投入行为和要素配置行为，以及风险状态下各类型农户的耕地投入行为。

第5章首先运用样本农户数据对不同类型农户耕地投入特征进行总结和比较，对第4章的理论分析结论进行初步的验证，然后运用随机前沿生产函数对不同类型农户耕地投入的技术效率进行测算。因为农户耕地投入效率可分为技术效率和经济效率，而投入导向型的经济效率又以成本效率为主，因此接下来应用联立方程组对不同类型农户耕地投入的成本效率进行了测度和分解，并对不同类型农户耕地投入效率进行比较，验证本书第3章中提出的相关假设。

第 1 章　导　言

第 6 章针对第 5 章的分析结论，即不同类型农户耕地投入存在的效率损失，寻找改进其耕地投入效率的途径。为了更接近现实的使农户耕地投入效率得到改进，在其效率改进模型中加入了风险因素。文章采用这一改进的模型对不同类型农户的耕地投入要素配置和耕地利用结构进行优化。

第 7 章为研究结论及讨论。首先对本书得出的主要结论进行总结，然后根据本书所得到的结论，提出引申其所包含的政策含义，最后对本书研究中存在的不足及需要进一步研究的内容进行了分析和说明。

1.5

可能的创新之处

（1）本书从农户分化的角度，研究不同类型农户耕地利用行为及效率具有一定的创新。现有文献或者仅仅分析农户耕地利用行为，或者仅仅分析耕地利用效率，本书从农户分化的视角将本互为因果关系的两个方面结合起来进行研究，使得对农户耕地利用效率的评价更具针对性。在研究内容上，本书不仅采用随机前沿生产函数和成本有效性联立方程组测算了不同类型农户耕地利用效率，并对影响其耕地利用效率的影响因素进行了分析，同时还采用 target – MOTAD 模型对不同类型农户的耕地投入要素结构及耕地利用结构进行了优化分析，并对农户耕地利用效率改进途径进行了研究，改变了现有文献仅测算农户耕地利用效率、而不对其效率损失进行改进的现状，也使农户耕地利用效率的研究内容显得更加完善。

（2）本书应用了新兴古典经济理论中的分工与专业化经济的理论分析框架对农户分化的原因及形态进行了理论上的探讨，丰富了我国农户分化理论的内容。现有文献对农户分化的研究多是从农户家庭各方面的特征进行统计上的分析，缺乏必要的理论支撑。根据分工与专业化经济理论，本书将我国农户可能出现的分化形态划分为：完全分工型农户、不完全分工型农户、农业专业（参与市场）型农户、农业专业（自给自足）型农户、非农专业型农户、"组织化"农户和"自由化"农户。与现有文献研究成果相比,以上农户分化形态具有更为完整的理论支撑体系和针对性。因此,本书采用分工与专业化经济理论对我国农户可能出现的分化形态进行了较完整的理论分析,为我国农户分化的理论分析增添一片薄瓦。

(3)本书以农户家庭成员为研究对象,分析了不同家庭成员的专业选择及经济行为对农户家庭消费和生产行为的影响;同时将具有农业专业合作组织特征的"组织化"农户与具有普通小农特征的"自由化"农户作为不同的研究对象,分别对其耕地利用行为及效率进行了对比分析,这也是现有文献中鲜有涉及的内容。通过本书理论分析和实证研究发现,具有农业专业合作组织特征农户的耕地利用效率要高于普通小农户。因此将"组织化"农户和"自由化"农户作为不同的研究对象,分别对其耕地利用行为进行理论和实证分析,可以为我国农业专业合作组织的发展提供一定的理论支撑。

第2章

文 献 评 述

2.1

农户分化研究评述

2.1.1 农户分化的形态

农户分化是农村社会经济和城乡协调发展的必然结果（冯中朝，1995），近年来对农户分化各方面的研究取得了极大的进展，农户分化也逐步成为农户行为分析的基本背景。目前关于农户分化形态的研究主要从农地规模和农户的行业分化（农户兼业）两个方面开展（冯中朝，1995；姜长云，1995；孔祥智，1998；高强 1998；李岳云，1999）。在农户农地规模分化方面，李岳云（1999）对不同经营规模粮食种植户的经营行为进行了实证研究，卫新和胡豹（2005）采用浙江省农村住户抽样调查和实地调查资料进行分析发现，不同经营规模的农户生产经营行为和经营结构有明显的差异。农户行业分化自中国唐代以来就一直以家庭副业的方式存在，哪怕是在新中国成立初期农村合作化时期也以家庭副业的方式顽强地持续，可见农户行业分化是农户内部分化形式中最常见的一种，因此在农户行业分化方面的研究相对集中，姜长云（1995）根据农村发展和农户分化的实际，将全体农户分为 6 种类型：（1）纯农业户，这类农户不仅完全经营农业，而且以自给半自给为基本经济特征，商品化程度不高，纯农业户之间在经济行为和经营结构方面，往往具有较强的同质性和均等性；（2）商品性专业农户，这类农户不仅完全从事农业经营，而且农业经营的商品化程度高；（3）一兼农户，收入以农业为主，又同时从事非农产业的经营或就业；（4）二兼农户，收入以农业为辅，主要从事非农产业经营或就业；（5）纯非农业户，这类农户已完全脱离农业经营，并转而从事非农产业；（6）不在业户，相对于前述 5 种在业农户而言，这类农户完全由丧失或缺乏劳动能力的农民所组成。该分类方法是从农户行业分化角度进行的分类，也被后期进行农户分化研究的学者广泛采用。当然，各位学者根据研究的需要对分类方式进行了局部的调整，如冯中朝（1995）在研究农户分化与城乡协调发展之间的关系时将农户划分为自耕农户、兼业农户和城镇农户三种类型。农村产业分化与农业生产社会化研究课题组山西省农科院农业综考所（1996）对各类农户的分类指标做了明确的量化，并将农户划分为五种：纯农型、农兼型、兼农型、非农型和其他型。其中纯农型指家庭收入 80% 以上来源于农业，或家庭的绝大部分劳动时间从事农业；农兼型指家庭收入 50% ~ 80% 来源于农业，一半以上的劳动时间从事农业；兼农型指家庭收入 50% ~ 80% 来源于非农业，一半以上的劳动时间从事非农业；非农型指家庭收入 80% 以上来源于非农业，或家庭的绝大部分劳动时间从事非农业；其他型指不能确定类型的农户。高强（1998）通过对国外农户兼业化的研究发现关于农户分类的标准都是两个：一是非农收入比例，二是非农劳动时间，这也是国内关于农户兼业化分类的一个普遍指标。孔祥智与孙陶生（1998）在他们的研究中按地域经济差异对农户进行了分类，揭示了不同经济发展水平地区农户行为的差异。

单独从农户农地规模和农户行业分化两个方面来讨论农户分化形态是不完善的，农户分化应该指农户在各种形态方面的"分裂"，社会学角度的分化暂不做讨论，从经济学角度来看农户分化形态还应该包括农户农业生产结构、参与市场程度等方面的分化，这方面的文献目前还不多见。方鹏等（2003）从农户行为决策角度分析了农户农地利用方式的变化，其表现为从大田作物向经济作物和水产养殖的分化。李录堂（1999）在其研究中以农户参与市场竞争的程度和竞争力的大小为分类标志，把农户分为完全市场化的竞争性农户、半自给半竞争性农户和非竞争性自给自足式农户。

农户分化形态是进行农户行为分析的基础，农户分化形态不是相互独立的，而应该是相互渗透的，如兼业农户中又可以按农户的市场参与程度进行分类，不同市场参与程度农户中又包含了不同兼业程度的农户等，目前可得到的文献暂时没有发现此类问题的研究，上述文献的成果可以为进行此方面的研究提供参考。

2.1.2 农户分化的原因

农户分化的原因总体上可分为外部因素和内部因素，众多学者都认为农村经济改革是农户分化最主要的外部因素（姜长云，1995；孔祥智，1998；高强，1998；Yang Du and P. Albert，2005），农村经济改革带来的农村劳动力市场和土地租赁市场的发展也是农户分化的重要外部因素（N. Heerink and S. Feng，2008），农村经济体制改革影响了农户的经济行为目标和农地投入决策模式，农户经济行为目标具有明显的二重性特征，在经营目标决策上也表现出明显的兼业化（宋洪远，1995）。农户分化的内部因素包括农户的家庭资源禀赋、农户家庭特征（健康水平、文化程度、性别、年龄等），分析方法也主要采用新古典经济理论，美国经济学家加里·贝克尔（Garry S. Becker，1981）以效用最大化、市场均衡以及偏好稳定等理论开创了家庭经济分析的先河，后来多数学者对农户分化微观因素的研究也主要是基于以上三种理论，如伯尔耐特等（T. Bernet et al. ，2001）利用农户友好模型（usrer-friendly model）从成本—收益理论角度对农户的决策行为进行了分析。而国内学者的研究大多为经验型描述，如董召荣（1996）应用 Probit 模型和 Logit 模型，将农户类型选择设置为0—1虚拟变量，以影响农户类型选择的变量为自变量（农户的耕地总面积、不在业人口数、男性劳力数、女性劳力数、农户是否有人当过村干部、农户人口的平均年龄、在业人口的平均文化程度）进行定量分析，在统计学角度上得出了积极的结论，但未从内在机理方面解释这些自变量与农户类型选择方面存在内在联系。

新古典经济学研究的核心问题是资源的有效配置，并将社会分工外生化，因此在以新古典经济学为基础的农户分化原因研究中并未考虑到农户家庭内部分工对农户分化的影响。分工理论是以斯密定理（Smith，1776）为核心经济理论，也即古典经济学理论，该理论强调分工是经济增长的源泉，20世纪80年代，以罗森（Rosen）、贝克尔（Becker）、杨小凯（Yang）、博兰（Borland）和黄有光（Yew - Kwang Ng）等代表的经济学家，用超边际分析方法，将古典经济学中关于分工和专业化的思想发展成决策和均衡模型，复活了古典经济学的思潮，后来就有部分学者采用了分工理论对农户分化的原因进行了一些理论补充（刘明宇，2004；高帆，2004；向国成，2004；贺振华，2005等），他们研究得出的主要结论可以总结为农户兼业化必然是中国农户家庭内分工的长期组织均衡形态。

2. 2

农户分化与耕地利用效率研究评述

农户的耕地投入行为最终将影响到耕地的利用效率。20世纪90年代至今，农户分化对农地生产效率的影响是国内外学者讨论较多的一个问题，国内关于农户分化的研究集中于农户分化（主要是针对农户土地规模分化和行业分化）对农业生产效率是否不利的争论。在农户土地规模分化对土地产出效率影响方面，一种观点认为农地的大规模经营对农地产出效率没有明显的促进作用（史正富，1995），甚至对农地产出效率还有相反的作用，即导致农地产出效率降低（任治君，1995；Heltberg and Rasmus，1998；Ghatak，Juliano JA and Maitreesh，2003）。

另一种观点认为农地产出效率是具有规模报酬递增效应的（张光辉，1996），还有众多相关文献也都围绕这个问题进行了争论，并且都采用了实证分析方法对各自的观点进行了证明，于是产生了让人困惑的问题。在农户行业分化（农户兼业）对农地产出效率影响方面也存在着相同的困惑，多数文献都认为农户兼业程度与农地产出效率是呈负相关关系的，农户兼业行为导致了农业投资的分散和农地的可持续利用（何浦明，2001；周飞，2003）；但有学者通过实证研究得出兼业农户的农地产出效率也会高于专业农户（高强等，2000）。面对这个让人困惑的争论，蔡基宏（2005）从农户模型的角度对以上两个争论进行了理论上的解答，他指出土地规模与土地产出率具有负相关关系，但若考虑到兼业程度的影响，就会使这一关系发生变化。即若土地规模大的农户兼业程度小，土地规模大使集约度减小，兼业度小使集约度增加，当兼业的影响大于土地规模的影响时，总的影响是尽管土地规模扩大，但土地产出率并不减少反倒提高，当兼业程度增加时，若农地规模小，同样可以使土地产出率表现为增大，蔡基宏的解答仅仅停留在理论模型推导方面，还需要通过实证数据进行检验。李谷成（2008）通过在一种更为宽阔的视野内的研究，得到被广为证实的农户土地生产率与其规模的负向关系。在以湖北省农村为案例的研究中也是确实存在的，但是从其他农户效率指标来看，农户劳动用工生产率与劳动力生产率、技术效率与农户规模的关系都是正向的，包含劳动力成本的全面成本利润率在一定程度上也与农户规模是正相关的，而不包含劳动力成本的成本利润率、农户全要素生产率则基本上与规模无关的。梁流涛等（2008）构建了农户兼业对土地利用行为及其效率作用机理的分析框架，并在此框架下以经济发达地区的农户调研数据为基础，利用计量经济方法分析了不同兼业类型农户的土地利用行为和土地利用效率的差异。

2.3

农户行为研究及农户模型评述

2.3.1　农户行为研究进展

当代农户行为研究理论主要有三大学派，一是以俄国的 A. 恰亚诺夫（A. V. Chayanov）为代表的组织生产学派。该学派认为，在国民经济商品化过程中，小农决策行为仍然不同于资本主义企业行为，该学派认为小农的经济发展是依靠自身的劳动力而不是雇佣劳动力，并且农户生产的产品主要是满足自身的消费而不是到市场上追求利润最大化；在追求最大化上，小农选择的是满足其消费需求和劳动辛苦程度之间的平衡，而不是成本和利润之间的平衡。二是以诺贝尔经济学奖获得者西奥多·舒尔茨（T. W. Schultz）为代表的农户理性行为学派。该学派认为，传统农业经济时期的小农与资本主义企业主其行为同样是"理性"的，他们都是根据市场需求和机会积极利用各种资源，追求最大利润；因此，传统农业的停滞不是来自小农缺乏进取心和努力，以及缺乏自由竞争的市场经济，而是来自传统投资边际收入的递减；欠发达国家农业落后的原因在于在经济增长过程中，工业化被放在优先地位，而且常常是以牺牲农业为代价的，农业是一个很少有现代投入可供农民所用的部门，而农业生产的任何增加都是来自农业劳动力和其他传统要素的增加（T. W. 舒尔茨，1966）。三是以黄宗智［美］为代表的学派。黄宗智在对 A. 恰亚诺夫和舒尔茨学说反思的基础上，从不同的角度对农户的经济行为提出了新的理解，他认为小农家庭在边际报酬十分低的情况下继续投入劳动力，可能只是由于小农家庭没有相对于边际劳动投入的边际报酬，在农户心目中，全年的劳动力投入和收益是一个不可分割的整体（黄宗智，1986）。

20 世纪 70 年代，加森（Gasson，1973）推动了农民非经济目标行为决策理论的发展，他将农民行为决策中的目标、价值经济因素进行了分类，并把它们作为理性模型的一个补充部分。20 世纪代中期，社会心理学中的理性行动理论（TRA）（Fishbeni and Ajzen，1975）极大地推动了该理论在农业领域的研究，该理论第一次可靠地证明了态度和行为之间的联系。阿耶兹和菲什拜因（Ajzen and Fishbeni，1991）对该理论模型了修改，使理论进一步完善成为计划行为理论（TPB）。该理论认为行为意图是最接近行为的一个中介变量，行为意图受到行为态度、行为的主观规范控制和行为认知三个内生变量的影响。通过研究这些变量，人们可以对行为进行预测。计划行为理论（TPB）在农户和农民行为研究方面得到了广泛的应用，并取得了丰富的研究成果。例如乔伊斯（W. Joyce et al.，1999 年）为构建农户农地投入决策的多变量模型，综合运用心理学、农业经济学、工商管理学、数理经济学的研究方法，对爱丁堡农户的态度、目标、行为对农地投入行为的影响及其度量方法进行了研究。比德尔和拉赫曼（J. D. C. Beedell and T. Rehman，1999）采用计划行为方法（Theory of Planned Behaviour）对农户保护自己所拥有的资源行为进行了研究，TPB 法通过构建社会学和心理学指标体系对农户行为流程进行了分析。奥斯丁（E. J. Austin et al.，1998）通过运用线性回归模型对爱丁堡农户农地投入调查（ESDMF）中的心理、社会、经济变量进行了实证研究。研究表明：（1）农户的特性对农地投入的目标和态度起到显著影响；（2）学习能力强的农户对新方案实施更有效率，易于接受；（3）应对组织化程度高、学习能力强的农户开展计算机等高新技术培训。博杰沃特等（R. H. M. Bergevoet et al.，2004）运用消费者计划行为理论（Theory of Planned Behavior）对不同目标、环境、态度下农户对荷兰牛奶配给制度、农户自主创新能力，以及农户扩大奶牛农场的限制因素进行了实证研究。

研究表明：农户的行为、目标与计划之间存在显著相关关系，农户的目标是农场规模的决定因素；TPB 方法能够有效地对涉及农户决策行为的心理分析以及调查问卷进行实证分析。

国内关于农户行为研究主要集中在对农户的生产者行为和消费者行为的研究上。中国农户经济行为研究是在经济体制改革后开始的，宋洪远（1994）对中国改革开放以来直至 20 世纪 90 年代中期以前的农户行为状况、决定因素、农户行为研究方法以及农村经济体制改革对农户经济行为目标、行为选择等问题进行了系统综述和研究。他认为未来中国农户行为目标应该是追求收入最大化，而目标的实现程度取决于农户的决策选择和实施过程。这一时期关于农户经济行为的研究主要以定性的理论分析为主。韩耀（1995）从现代经济学关于人的行为基本假设出发，认为中国农户经济行为具有理性和非理性并存、经济目标和非经济目并存以及自给性和商品性生产并存等特点，提出应该从经济因素与非经济因素两个方面来研究农户经济行为的观点。自 20 世纪 90 年代中后期以来，一些学者开始运用定量的方法对农户经济行为进行实证研究。例如，刘承芳、张林秀和樊胜根（2002）运用 Heckman 和 Tobit 模型对农户生产性投资行为影响因素进行了研究，结果表明农户的非农就业比例、借贷的可获得性、土地规模以及农业基础设施等是影响农户投资的主要因素，农户的投资比例并不高。张林秀、徐晓明（1996）利用农户系统模型对张家港和兴化两地农户在不同政策环境下的生产行为进行了实证研究，证明了政府的农业政策（收购、农地利用政策等）是制约农户生产及生产效率的重要因素，取消这些限制性政策对农户农业生产结构产生了重大的影响。但是目前对于不同区域不同类型的农户行为的研究方面还比较欠缺，孔祥智、孙陶生（1998）对不同类型农户投资行为进行了比较分析，但是对不同类型农户的划分仅仅是以地区差异为标准的，得出处于不同发展水平的农户的投资取向表现出不同的特点，同时农户所在地区的农业基础条件和社会化服务完善程度也对农户生产性固定资产投资产生重要影响。史清华和顾海英

（2004）以全国农村固定跟踪观察资料为基础，对 20 世纪 80 年代中期以来中国农户家庭医疗服务消费行为的变化及不同区域、不同收入水平间农户医疗服务消费行为的差异进行了分析；结果显示：随着时间变化，农户经济收入与消费水平的变化是完全一致的，表明农户的消费行为决策是以收入为基础的。从已获得的文献来看，国内学着在关于农户行为及其动因的研究方面，主要是对农户行为的特征进行了不同角度的描述，还未能形成一套完善的分析模型。

2.3.2　农户模型的应用与发展

农户模型是用来描述农户内部各种关系的一种与一般均衡经济理论原理相一致的经济模型。从传统意义上说，农户模型是用来分析农户的生产、消费和劳动力供给行为（即农户生产函数、消费函数和劳动力供给函数等）的模型，它是将农户行为的相关变量数量化（陈和午，2004）。农户模型发源于 20 世纪 20 年代苏联经济学家恰亚诺夫（A. V. Chay-anov），他提出了农户家庭效用最大化理论，并设定了一系列的假设和约束条件使得模型更便于分析，之后的农户模型研究开始在恰亚诺夫的农户效用模型基础上逐步放松假设和约束，创造出适合更大范围研究的农户模型（Schultz，1964；Lipton，1968；Barnum and Squire，1979；L. Allan，1986），他们的主要思想和基本假设如表 2.1 所示。

表 2.1　　　　　　　　　　　　　　　早期农户行为模型发展

作者	提出年代	农户类型	模型主要思想	基本假设
恰亚诺夫 （A. V. Chayanov）	20 世纪 20 年代	劳苦规避型	家庭效用最大化理论。农民在家庭人口结构约束条件下为满足家庭消费而采取的劳动投入决策	（1）不存在劳动市场；（2）农产品既可作为家庭消费也可在市场上销售；（3）每个农户家庭可以根据需要获得土地；（4）每个农户家庭有最低消费

作者	提出年代	农户类型	模型主要思想	基本假设
苏贝茨（Schultz）	1964 年	效率型	农户是贫穷但是有效率的	（1）技术长期内保持不变；（2）人们没有增加传统使用的生产要素的动机；（3）传统生产要素的需求与供给长期处于均衡状态
李普顿（Lipton）	1968 年	风险规避型	贫困农民必然回避风险	（1）农民拥有的土地数量只能保证生存；（2）耕种两季；（3）存在自然风险
巴纳姆和恩奎尔（Barnum and Squire）	1979 年	部分参与市场型	将家庭变量（家庭规模和结构）与市场变量（如农产品价格、投入价格、工资、技术等）引入到农户模型	（1）存在劳动市场；（2）农户的耕地数量在研究期内一定；（3）"户内"活动与"闲暇"并存；（4）农户需要出售部分产品以购买非农产品；（5）不考虑不确定性和风险性
艾伦（Allan Low）	1986 年	生存型	家庭中各个劳动者的劳动机会成本不同；土地报酬递减出现的时间随劳动投入增加而推迟；生存性农业生产的劳动投入取决于劳动的"实际工资"	（1）存在劳动市场；（2）农户可根据其家庭规模而相应的取得土地；（3）半生存经济。农民在自家门口出售粮食的价格低于市场零售价格；（4）大量粮食自给不足的农户与农业劳动力外出务工

　　国内外众多学者在不断地研究中对以上经典农户模型进行了补充和完善，并根据所分析的具体问题对模型从不同角度进行了改进和证明。加里（B. Gary，1965）在恰亚诺夫（Chayanov）农户模型的基础上创建了新的农户行为模型，并将农户的生产决策行为和消费决策行为分开，先解决最优化生产决策，再分析消费决策，也即可分性理论。奥夫里（C. Aubry，1998）等学者通过对皮卡第地区（Picardy，法国北部旧省）不同类型农场农户冬小麦种植决策进行了研究，并建立了一套程式化的农户技术决策模型。伯尔耐特（T. Bernet et al.，2001）以最优化农户决策理论为基础，

在 Excel 软件的支持下编制了一套易于操作和学习的农户农业生产决策计算模式，使农户最优决策理论更具应用价值。国内学者也对农户模型进行了较多的应用和改进，如张林秀（1996）利用农户经济学的理论和规划模型方法，分析了中国张家港和兴化两地农民在不同政策环境下的生产行为以及农户行为对国家政策执行效果的影响。艾伯特（P. Albert）和任常青（1995）建立了一个在面临价格和生产风险的条件下，将农户同时设定为生产者和消费者的农户生产决策模型，并且运用多重不相关回归法估计了风险条件下的玉米和小麦的生产决策模型，第一次将消费因素引入生产决策模型，但模型中并没有考虑劳动力的作用，也没有对不同类型的农户进行划分。当然，还有很多的学者利用农户模型对不同的农业生产决策问题都进行了深入的研究，对农户模型的发展和应用做出了巨大的贡献，限于篇幅不一一列举。

以上列举的研究成果也存在着局限性，他们通常将农户等同于单个农民，以至于所得到的农户决策模型只能以"家长"形式存在，每个家庭成员都把其个人喜好置于家庭共同目标之下。这样一个假定要求每个家庭成员在家庭内部把纯粹的利他主义作为行为准则（弗兰克·艾利思，1993），因此模型不能反映家庭各个成员的决策行为。而家庭各成员的效用函数是不同的，其效用函数对农户家庭的生产决策也有这重大的影响。因此，有学者将目光投向了家庭内部决策，借用吴桂英（2002）对家庭内部决策理论发展与应用的总结，迄今建立的有关已婚夫妇家庭内部决策的正式模型分为三个主要类型：共同偏好模型（common preference modle）、合作博弈模型（cooperative model）和非合作博弈模型（non-cooperative model），合作博弈模型又可分为两类："离婚威胁"模型（divorce-threat model）和"分离半球"模型（separate-spheres models），它们的共同特征是运用纳什议价理论（Nash Bargaining Theory）得到对应于各自威胁点（threatpoint）的纳什公理解，区别在于两者的威胁点含义和性质不同。非合作博弈模型（non-cooperative models）继承了鲁宾斯坦运用战略性（strategic）方法建立起来的非合作议价理论，并讨论双方的保留效用在决定重复博弈解中的作用。家庭内部决策理论也得到了很多方面的应用，拉维和劳伦斯（Ravi and Lawrence，1994）运用轮流出价模型分析农户家庭内部的决策，从而将非合作博弈战略性议价理论引入农户家庭经济行为分析。史清华和张改清（2003）从家庭决策模式——"男主外，女主内"与"男女共商"模式角度，分析了家庭决策模式转变与经济增长的关系。陈钊、陆铭和吴桂英（2004）构造了一个考虑离婚的两期动态家庭分工模型，研究了离婚的可能性对于家庭分工效率的影响。周钱（2008）基于家庭决策模型对家庭的交通行为做了分析。以上基于家庭决策模型的研究对农户的家庭决策模型改进具有重要的参考意义。

第 3 章

我国农户分化原因及形态

3.1

新兴古典分工理论——一个分析框架[①]

3.1.1 新古典框架的困境

马歇尔新古典经济分析框架是以纯消费者和企业截然两分、规模经济以及需求和供给的边际分析为特征的（杨小凯，2003）。一是纯消费者和企业之间的分离是外生给定的，市场的存在是外生的，消费者不能选择自给自足，若两者缺一，则两者均无法生存。二是企业的生产率由企业的规模决定，而与企业的专业化水平无关，只需要增加资本投入和劳动投入即可增加企业的生产率，员工的专业化水平和分工组织结构与企业生产率无关。三是需求和供给的分析建立于纯消费者和企业分离的基础之上，其分析焦点为在给定的社会组织模式下如何决定供给和需求的数量。最后，在以边际分析为基础建立的理论框架下，资源的帕累托最优配置和均衡总是

---

① 为了简要介绍新兴古典经济理论的基本内容，本小节内容部分援引自杨小凯所著《经济学——新兴古典与新古典框架》一书。

同外生给定的最高总产量可能性边界联系在一起，也即在生产函数和资源禀赋不变的条件下，最优产出是固定不变的，因此不能解释在分工发生改变时带来产量提升的现象。

3.1.2 新兴古典框架的生产环境

专业化和分工对经济增长和福利的影响是古典经济学的核心内容，由于专业化经济框架中涉及大量角点解问题，在古典经济框架下无法通过数学方法进行处理。因此为了避免此问题，新古典框架将研究重点转向了瓦尔拉斯均衡下的资源分配问题，边际分析成为新古典框架下的主要分析方法。在此框架下，由企业产出大小或者生产投入大小定义的企业运营规模构成了新古典经济的生产环境，企业的出现和消费者与企业的独立性则是外生给定的。而现实中企业的出现的原因可归结于社会分工的发展，而不仅仅是由消费者需求和厂商供给所决定的，因此新兴古典框架用专业化与分工经济复古了古典经济学分析框架，并应用现代数学方法对古典经济学中涉及的角点解问题进行了很好的解决，解释了企业产生的原因以及由专业化和分工经济带来经济增长的一系列现象。

1. 专业化经济

专业化经济指在一定的劳动时间约束条件下，生产者的生产活动范围缩小而带来的劳动生产率的提高。在一个专业化经济的生产系统中，假定每个人可以生产两种产品 x 和 y，生产函数定义为以下形式：

$$x^p \equiv x + x^s = l_x^a \qquad (3.1)$$

$$y^p \equiv y + y^s = l_y^a \qquad (3.2)$$

式（3.1）和式（3.2）中，x^p 和 y^p 分别代表两种产品的产出水平，x 和 y 分别代表两种产品的自给量，x^s 和 y^s 分别代表两种产品在市场上的出售量。l_i 代表一个人用于生产产品 i 的劳动时间份额，新兴古典框架中将其定义为生产者在产品 i 上的专业化水平。a 是代表专业化经济程度参数，$a > 1$ 表示具有专业化水平。生产者的劳动时间是有限的，专业化经济不会超越劳动时间的限度，因此有如下的劳动时间约束：

$$l_x + l_y = 1 \tag{3.3}$$

对式（3.1）和式（3.2）求导可以得到：

$$\frac{\mathrm{d}x^p}{\mathrm{d}l_x} = a l_x^{a-1} > 0, \quad \frac{\mathrm{d}^2 x^p}{\mathrm{d}l_x^2} = a(a-1) l_x^{a-2} > 0 \tag{3.4}$$

$$\frac{\mathrm{d}y^p}{\mathrm{d}l_y} = a l_y^{a-1} > 0, \quad \frac{\mathrm{d}^2 y^p}{\mathrm{d}l_y^2} = a(a-1) l_y^{a-2} > 0 \tag{3.5}$$

式（3.4）和式（3.5）中一阶导数大于 0 表明，两种产品的边际劳动生产率随着生产中专业化水平的提高而提高。而二阶导数大于 0 则说明，两种产品的平均劳动生产率也会随着生产该产品的专业化水平提高而提高。为了将此专业化经济区别于规模化经济，构建两种产品的平均劳动成本函数 AC_x 和 AC_y 如下：

$$AC_x = \frac{l_x}{x^p} = l_x^{1-a} > 0 \tag{3.6}$$

$$AC_y = \frac{l_y}{y^p} = l_y^{1-a} > 0 \tag{3.7}$$

对式（3.6）和式（3.7）分别求导可得：

$$\frac{\mathrm{d}AC_x}{\mathrm{d}l_x} = (1-a) l_x^{-a} < 0 \tag{3.8}$$

$$\frac{\mathrm{d}AC_y}{\mathrm{d}l_y} = (1-a) l_y^{-a} < 0 \tag{3.9}$$

用图 3.1 表示式（3.6）至式（3.9）可以看出，当 $l_i \leqslant 1$ 时，产品 i 的平均劳动成本会随着专业化水平的提高而降低；当 $l_i > 1$ 时，产品 i 的平均劳动成本会跳跃到无穷大，说明生产者的劳动时间不可能类似于规模经济中要素的无限增加可能。因此专业化经济表现为局部的报酬递增，这是专业化经济的一个重要特征。

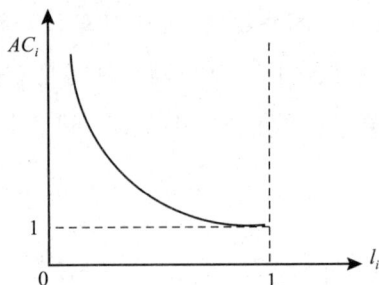

图 3.1　两种产品的平均劳动成本

2. 绝对优势、比较优势与分工经济

生产者之间的技术和资源禀赋的差异造成了在生产某种产品时的比较优势，假设有两个生产者，生产两种产品 x 和 y，生产者 1 在产品 x 和 y 上的劳动生产率高于生产者 2，则生产者 1 具有绝对优势。若生产者 2 在生产产品 x 上的绝对劣势要低于产品 y，则称生产者 2 在生产产品 x 上具有比较优势。绝对优势和比较优势是社会分工和贸易产生的基础，并由此产生了分工经济。分工经济是指与自给自足经济比较，分工带来了生产力的提高。

假设在一个两个人的生产系统中，个体 i 生产产品 x 和 y 的生产函数分别是：

$$x_1^p = a_{1x} l_{1x}, \quad y_1^p = a_{1y} l_{1y} \tag{3.10}$$

$$x_2^p = a_{2x} l_{2x}, \quad y_2^p = a_{2y} l_{2y} \tag{3.11}$$

劳动约束分别为：$l_{1x} + l_{1y} = 1$ 和 $l_{2x} + l_{2y} = 1$。

a_{ij} 表示生产者 i 生产产品 j 的劳动生产率。根据比较优势的原则，假设 $a_{1x} < a_{2x}$，$a_{1y} < a_{2y}$，以上两个条件表示了生产者 2 对生产者 1 有绝对优势；假设 $\dfrac{a_{1x}}{a_{2x}} > \dfrac{a_{1y}}{a_{2y}}$，该条件表示生产者 1 在产品 x 上具有比较优势。

每个生产者有三种生产模式，图 3.2 显示了生产者在各种生产模式下的生产转换曲线。EG 构成了生产者 1 和生产者 2 的总和生产曲线，可用以下生产函数表示：

$$Y \equiv y_1^p + y_2^p = (a_{1y} + a_{2y})[1 - X/(a_{1x} + a_{2x})] \tag{3.12}$$

式（3.12）中 Y 表示总产出，$X \equiv x_1^p + x_2^p$。

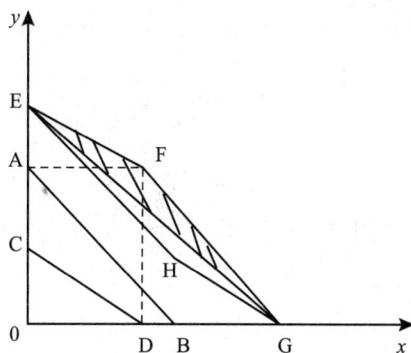

图3.2　具有比较优势的分工经济

第一种为非专业化模式，即同时生产产品 x 和 y，此时生产者 1 的生产转换曲线为 CD，生产者 2 的生产转换曲线为 AB。第二种为专业化模式，在该模式可分为以下两种组合方式：（1）生产者 1 专业化生产产品 x，生产者 2 专业化生产产品 y，此时生产者 1 的生产转换曲线平移至 HG，生产者 2 的生产转换曲线平移至 EH；（2）生产者 1 专业化生产产品 y，生产者 2 专业化生产产品 x，此时生产者 1 的生产曲线平移至 EF，生产者 2 的生产曲线平移至 FG，F 点为具有比较优势的完全分工结构。第三种生产模式为一个生产者专业化（专业化生产自己不具有优势的产品），另一个生产者自给自足，用 $(x/y)_i$ 表示生产者 i 专业化生产产品 x，$(y/x)_i$ 表示生产者 i 专业化生产产品 y，l_{ix}，$l_{iy} > 0$ 表示自给自足，该模式下可分为以下两种组合方式：（1）$(y/x)_1$ 和 l_{2x}，$l_{2y} > 0$，即生产者 1 生产不具有比较优势的产品 y，生产者 2 自给自足，此时两个生产者的总和生产计划由 EFB 组成；（2）$(x/y)_2$ 和 l_{1x}，$l_{1y} > 0$，此时两个生产者的总和生产计划由 AFG 构成。以上两种不完全分工模式与完全分工模式相比存在比较劣势。

以上分析可以看出，EF 比 CD 有更高的分工水平，FG 比 AB 有更高的分工水平，从 CD 到 HG 再到 EF 表示了分工经济增长的过程（从 AB 到 EH 到 FG 的过程也是如此）。若生产者 1 和生产者 2 存在具有比较优势的完全分工结构，即生产点为 F 时，图 3.2 中的阴影部分表示了分工经济。

以上分析建立在生产者一个简单的生产函数基础之上，考虑到其他生产函数形式以及绝对和比较优势的内生等情况，应用以上分析方法同样可以得到分工经济的增长，所不同的只是生产面的曲率性质发生了变化①。

3.1.3　新兴古典框架在分析农户分化中的优势

（1）农户家庭存在分工经济。

农户家庭作为一个微型的经济组织，拥有一定的经济资源，根据家庭的规模、组成和结构进行生产，并通过市场交换满足家庭的需求，并且农户家庭可以选择自给自足。在新古典理论框架下，农户家庭根据其资源禀赋情况及家庭生产目标进行资源分配决策，家庭经营效率只与家庭拥有的资源规模有关，而与家庭分工无关，忽视了专业化分工可能带来的家庭经营效率的增长。在新兴古典理论框架下他们最重要的决策是选择整个家庭和家庭成员间专业化模式和水平，在做出这类决策后再做出选定专业化模式和水平下的资源分配决策。农户不仅可以通过对其拥有的资源进行合理利用而实现其生产效率最大化，还可通过家庭成员间的合理分工来实现生产的专业化，从而进一步提高家庭的生产效率。

（2）农户及家庭成员间存在绝对和比较优势。

农户由于家庭资源禀赋、所处自然环境和社会环境的不同，存在着绝对和比较优势，为农户间的专业经济提供了发展的基础。而农户家庭成员

---

① 杨小凯在《经济学——新兴古典与新古典框架》一书的第 2 章中对具有 C—D 生产函数性质的，生产者绝对和比较优势内生以及内生与外生比较优势共存等几种情况进行了详细的讨论，本书只引用其分析方法作为分工经济的一个分析框架。

之间也由于个体差异，如年龄、性别、技能等，也存在着绝对和比较优势，为农户家庭成员之间的专业化分工提供了基础。

（3）农户及家庭成员间存在专业化分工。

农户及农户家庭成员间的专业化分工在现实中是客观存在的，如农户之间存在着专业化从事农业生产和专业化从事交易服务的专业化分工，农户家庭成员间存在着专业化从事农业生产和非农业生产的专业化分工，因此用专业化和分工经济理论来解释这些现象将更具有解释能力。

3.2
农户家庭内的分工与专业化经济

3.2.1 利他主义——一个农户家庭行为分析的重要假设

一个农户家庭由若干个生产者—消费者组成，每个生产者可以自由地选择自己从事的行业，如从事农业生产或者非农业生产。农户家庭的每一个成员作为理性的生产者—消费者①，会根据自身效用最大化的原则选择自己所从事的行业，并与市场产生交易行为。亚当·斯密（1937）曾指出人们在市场交换中是自利的，人们每天需要的生活资料并不是来源于生产者的恩惠，而是出自生产者自利的打算，自利行为是新古典经济理论中分析生产者—消费者行为的重要假设。然而在一个家庭中，家庭成员之间可以互相敏感地感受到彼此之间的快乐和痛苦，每个家庭成员的行为是使

---

① 关于农户是否理性的讨论，国内学者宋奎武（1999）在《对小农问题的若干思考》一文中做出了经典的论断。他认为在遵循经济过程追求利润最大化自然法则的农户是理性农户，而虽然在对其利润造成负面影响的情况下，能自觉维护人的道德价值的农户同样也是理性农户。历史上众多学者关于农户是"理性"还是"非理性"的纷争反映了从农户不同角度是否"理性"的争论，因此，我们不论在单纯的经济社会自然法则下，还是考虑到农户的伦理道德的情况下，均可认为农户的行为是"理性"的。

其他家庭成员产生快乐和痛苦的一个重要因素，如何使家庭效用最大化是每个家庭成员需要共同努力的目标，在此过程中，利他主义便显得非常重要。假设一个农户家庭的所有成员均是自利的，具有劳动力的家庭成员可以根据其理性行为自由选择行业，此时丈夫和妻子可能均会选择劳动报酬率较高的非农产业①，或者选择较多的闲暇，使个人效用达到最大化，无人选择劳动报酬率较低且辛苦的农业生产，导致耕地被闲置；并且由于每个人都是自利的，有劳动力的家庭成员也不会无私地对没有劳动力的家庭成员（老人和孩子）转移他们的收入，最终将导致家庭内的老人和孩子无法生存。然而在现实世界中，不论是资本主义农场还是中国的小农，均未出现上述家庭成员极端自利的行为。因此加里·S·贝克尔（1981）认为："一般来说，家庭里的利他主义是非常重要的"，并在其著作《家庭经济分析》中对家庭成员的利他主义行为做了详尽的分析，其主要内容如下：

假设在两个人的家庭系统中，以（h）代表农户家庭中的丈夫，（w）代表妻子，U_h 和 U_w 分别代表丈夫和妻子的效用，并假设丈夫的利他主义是有效的②，利他主义者（h）的效用函数表示为：

$$U_h = U(Z_{1h}, \cdots, Z_{ih}, \varphi(U_w)), \text{并且} \partial U_h / \partial U_w > 0 \quad (3.13)$$

式（3.13）中 Z_{ih} 代表利他主义者（h）消费的第 i 个商品，φ 是 U_w 的增函数，$\partial U_h / \partial U_w > 0$ 表示利他主义者的效用随着（w）福利的上升而上升。

丈夫和妻子的收入约束分别为：

$$Z_h + y = I_h \text{ 和 } Z_w = I_w + y \quad (3.14)$$

式（3.14）中 Z_h 和 Z_w 分别为丈夫和妻子消费的商品总数，y 表示丈夫（利他主义者）转移给妻子（受益者）的收入，I_h 和 I_w 分别为丈夫和

————————

① 此假设建立在中国非农产业劳动报酬率高于农业产业劳动报酬率的基础之上。
② 根据加里·S·贝克尔在《家庭经济分析》一书中关于"有效"利他主义的注释，利他主义的有效是指 h 的行为随着他的利他主义而发生改变。

妻子从事生产活动所获得的收入。此时家庭总收入为：$I = I_h + I_w$，此时利他主义者资源配置的均衡条件为：

$$\frac{\partial U / \partial Z_h}{\partial U / \partial Z_w} = 1 \tag{3.15}$$

根据式（3.13）和式（3.14）可计算出（h）和（w）的需求函数：

$$Z_h = Z_h(I) \quad \text{和} \quad Z_w = Z_w(I) \tag{3.16}$$

用图 3.3 可清晰地表达利他主义者（h）的利他主义行为与家庭总效用的变化。图中横坐标和纵坐标分别表示利他主义者和受益者的消费，U_0、U_1、U_2 为无差异曲线，当预算约束为 II' 时，均衡点为 e。利他主义者（h）对受益者（w）的捐助点为 E_0 时无差异曲线的斜率（绝对值）小于预算线的斜率，表示（h）的利他主义行为将是有效率的，即当捐助点向任何方向的点（如 E_1、E_2 和 E_3）移动的过程中都会影响到利他主义者的效用。当利他主义者（h）对受益者（w）的捐助点为 e 时，捐助数量为 y，此时利他主义者（h）对受益者（w）的效用水平达到均衡；当捐助点继续移动到 E_3 时，利他主义者（h）可消费的商品数量降低，导致利他主义者（h）的效用降低，偏离了家庭的效用均衡。

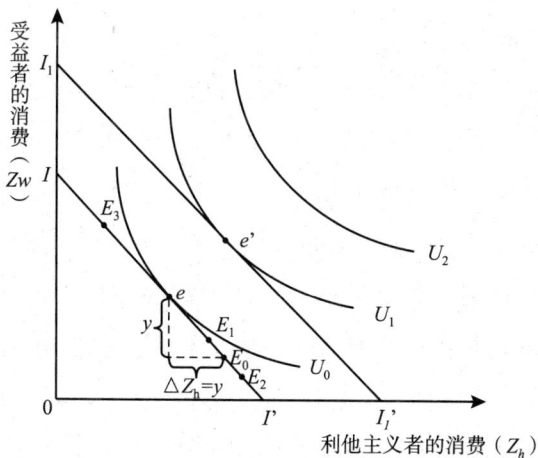

图 3.3　家庭的利他主义行为

以上家庭成员利他主义行为的假设是分析农户分化过程中各家庭成员生产行为的基本假设，该假设使得由于不同农户家庭成员对不同专业的偏好引起的专业化分工矛盾得以合理的解决。一个简单的例子，当农户家庭成员中的男性劳动力和女性劳动力都偏好于从事非农业生产时，家庭生产活动（家务劳动）和农业生产将面临无人经营的情况，因此在利他主义的假设下，女性劳动力可能会搁置其对非农劳动的偏好，将其时间分配与家庭活动和简单的农业生产。后文的分析也将大部分应用到此假设条件。

3.2.2 农户家庭成员的分工经济与专业化选择

1. 家庭成员间的绝对优势、比较优势与分工经济

一个农户家庭由多个成员组成，对家庭中具有劳动力的成员来说，传统的分工方式为"男耕女织"，男性劳动力从事需要付出大量体力的农业生产活动和其他"市场"活动，女性劳动力的大部分时间则用于生儿育女和操持其他家务活动，此类分工方式主要取决于男性劳动力和女性劳动力之间的生物学差别，部分则取决于经验和人力资本投资的不同（Becker，1981）。根据前文中关于生产者之间绝对和比较优势的概念，农户家庭成员之间也存在着不同的绝对和比较优势。一个有效率的农户家庭中家庭成员间存在着不同的比较优势，对农业生产和家务活动具有比较优势的成员不会选择将其时间分配到非农生产中；同样，对非农生产具有比较优势的成员也不会选择将其时间分配到农业生产和家务活动中。

虽然农户家庭成员之间的先天性差别可能导致绝对和比较优势的产生，但是后期的人力资本投资可以使得每个成员之间的特征又趋于相同。实证研究表明，基于比较优势原理的传统理论已无法解释现实中女性劳动力供给持续上升的现象了。这种情况在我国农户家庭中也是普遍存在的，随着我国义务教育覆盖面的扩大，教育水平的提高，使得男女劳动力的先

天差别被后天的人力资本投资逐渐拉小，表现为在非农产业市场上男女工资差别的逐渐缩小；同时由于现代农业的发展，资本投入对劳动投入的替代使得农业生产不再对生产者生物学特征具有严格的要求，这也使得女性劳动力在农业生产方面可以获得较高的工资（劳动报酬）。因此农户家庭的分工决策不能完全由外生绝对和比较优势决定，需要采用考虑一个更具一般性的内生绝对和比较优势来分析农户家庭分工决策和分工经济。

假设家庭生产者人数为两人，考虑一个具有内生比较优势的分工经济的农户家庭生产系统。$i = 1$，2 表示两个生产者，$j = x$，y 表示农业生产和非农生产，假定两个生产者事前相同，对农业生产和非农生产均具有相同的生产函数[①]，并具有相同的劳动时间约束，两个生产者的生产函数和时间约束如下：

$$x_1^p = l_{1x}^a, \quad y_1^p = l_{1y}^a, \quad l_{1x} + l_{1y} = 1 \qquad (3.17)$$

$$x_2^p = l_{2x}^a, \quad y_2^p = l_{2y}^a, \quad l_{2x} + l_{2y} = 1 \qquad (3.18)$$

其中 x_i^p 和 y_i^p 分别为生产者 i 生产农产品和非农产品的产出，x_i^p，$y_i^p \in [0, 1]$，l_{ij} 表示生产者 i 在农业生产和非农生产上的专业化水平。根据式（3.17）和式（3.18）可得生产者 i 的转换函数如下：

$$(x_i^p)^{\frac{1}{a}} + (y_i^p)^{\frac{1}{a}} = 1 \qquad (3.19)$$

将式（3.19）进行转换可得到非农业生产（y_i^p）与农业生产（x_i^p）的函数。

$$y_i^p = [1 - (x_i^p)^{\frac{1}{a}}]^a \qquad (3.20)$$

对式（3.20）求一阶导数和二阶导数可得：

$$\frac{dy_i^p}{dx_i^p} = -[1 - (x_i^p)^{\frac{1}{a}}]^{a-1}(x_i^p)^{\frac{1-a}{a}} < 0 \qquad (3.21)$$

$$\frac{d\frac{dy_i^p}{dx_i^p}}{dx_i^p} = \frac{a-1}{a}[(x_i^p)^{-\frac{1}{a}} - 1]^{a-2}(x_i^p)^{\frac{a-1}{a}} > 0 \qquad (3.22)$$

---

① 对农户家庭来说，农业生产和非农生产可以看做家庭生产者生产的两种"产品"。

式（3.21）的经济意义为用 y_i^p 表示的 x_i^p 的边际机会成本，式（3.22）的经济意义为 y_i^p 表示的 x_i^p 的边际机会成本随着产品 x_i^p 的提高而提高。图3.4反映了农户家庭两位生产者从事农业生产和非农业生产的分工以及总合生产曲线。AB表示一个生产者同时从事农业和非农生产时的生产曲线，CED曲线表示两个生产者同时从事农业和非农业生产时（即不完全分工时）的总合生产曲线，CF和CD分别表示在完全分工状态下，两个生产者专业化从事农业或者非农业生产时的生产曲线，点F为完全分工时的总合生产计划。阴影部分表示农户家庭中生产者完全分工带来的分工经济，说明在家庭成员不存在事前绝对和比较优势情况下，且家庭成员均为利他主义者时[①]，农业生产和非农业生产的完全分工可以使家庭生产产出达到最大化。

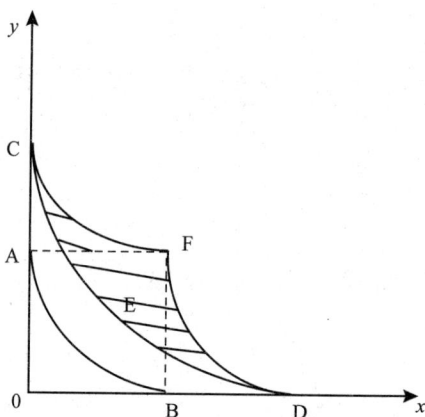

图3.4　基于内生绝对和比较优势的分工经济

2. 农户家庭成员的专业化选择

传统的农户家庭生产活动仅包括自给自足或不完全参与市场的农业生

---

① 此处加入家庭成员均为利他主义者的假设是为了避免个人偏好对分工选择造成影响，从而使得家庭成员中的生产者不能达到完全分工状态。

产活动，随着社会经济的发展和劳动力市场的自由发展，现代的农户家庭生产活动主要由农业生产和非农业生产组成，家庭成员的专业分工重点也转向了在农业生产和非农业生产之间的专业化选择和分工。农户从事农业生产可以获得自给和向市场供给的农产品，从事非农生产可以获得非农收入，从而实现非农产品的自给，同时农户投入到非农生产中的劳动可以转化为向市场供给的非农产品。因此，在不考虑农户家庭成员事前差别（绝对和比较优势内生）的情况下，农户家庭中每个具有劳动力的成员作为生产者—消费者面临以下生产系统：

$$U = \left[(x^c)^\rho + (y^c)^\rho \right]^{1/\rho} \qquad (3.23)$$

$$x^c = x + kx^d, \quad y^c = y + ky^d \qquad (3.24)$$

$$x + x^s = l_x^a, \quad y + y^s = l_y^a \qquad (3.25)$$

$$l_x + l_y = 1 \qquad (3.26)$$

$$p_x x^d + p_y y^d = p_x x^s + p_y y^s \qquad (3.27)$$

在此生产系统中，x、y 分别表示农产品和非农产品的自给量，x^d、y^d 分别表示农户对两种产品的市场需求量，x^s、y^s 分别表示农户对两种产品的市场供给量，k 为农户家庭成员从市场上获取相应产品时付出的交易成本，可以理解为农户家庭成员在生产农产品或者非农产品时的需要付出的学习成本和取得成本。式（3.23）为农户家庭成员的效用函数。式（3.25）为两种产品的生产函数，$a > 1$ 表示专业化水平。式（3.26）为农户家庭成员的劳动时间约束，式（3.27）为农户家庭成员的预算约束。

在以上决策系统中，每个农户家庭成员面对着 x、y、x^d、y^d、x^s、y^s 6 个决策变量，每个变量都可以取零和正值，因此每个农户家庭成员将面临 $2^6 = 64$ 种决策组合，根据文定理①，在最优决策模式下，农户将选择以下三种专业选择模式：

---

① 文定理（1998）认为："一个生产者—消费者的最优决策不会卖一种以上的产品，不会同时卖和买同种产品，不会买和生产同种产品"。

（1）专业化模式。

在专业化模式下，每个农户家庭成员有两种选择方式，即专业化从事农业生产（x/y）和专业化从事非农业生产（y/x）。

当一个农户家庭成员专业化从事农业生产模式（x/y）时，根据文定理，该农户家庭成员的效用函数及约束条件可表示为：

$$U = \left[x^{\rho} + (ky^d)^{\rho} \right]^{1/\rho} \tag{3.28a}$$

$$s.t.\ x + x^s = l_x^a,\ l_x = 1 \tag{3.28b}$$

$$p_y y^d = p_x x^s \tag{3.28c}$$

通过以上效用函数和约束条件，构建拉格朗日函数，可计算出在该专业化选择下农户家庭成员的需求函数、供给函数和间接效用函数分别为：

$$x^s = \left[1 + \left(\frac{p_y}{kp_x} \right)^{\rho/(1-\rho)} \right]^{-1} \tag{3.29a}$$

$$y^d = \frac{x^s p_y}{p_x} \tag{3.29b}$$

$$u_{(x/y)} = \left[1 + \left(\frac{kp_x}{p_y} \right)^{\rho/(1-\rho)} \right]^{(1-\rho)/\rho} \tag{3.29c}$$

应用同样的计算过程，在专业化从事非农业生产模式（y/x）下，该农户家庭成员的效用函数及约束条件为：

$$U = \left[(kx^d)^{\rho} + y^{\rho} \right]^{1/\rho} \tag{3.30a}$$

$$s.t.\ y + y^s = l_y^a,\ l_y = 1 \tag{3.30b}$$

$$p_y y^s = p_x x^d \tag{3.30c}$$

该农户家庭成员的需求函数、供给函数和间接效用函数分别为：

$$y^s = \left[1 + \left(\frac{kp_y}{p_x} \right)^{-\rho/(1-\rho)} \right]^{-1} \tag{3.31a}$$

$$x^d = \frac{y^s p_y}{p_x} \tag{3.31b}$$

$$u_{(y/x)} = \left[1 + \left(\frac{kp_y}{p_x} \right)^{\rho/(1-\rho)} \right]^{(1-\rho)/\rho} \tag{3.31c}$$

（2）兼业化模式。

在兼业化模式下，每个农户家庭成员同时从事两种产品的生产，该情况意味着一个农户家庭成员将同时从事农业生产和非农业生产，虽然农户家庭成员的此种选择并不是角点最优解，但这种情况在我国农户中是普遍存在的，因此有必要对此情况进行讨论。

对农户来说从事农业生产被认为是农户家庭生产的所应承担的社会分工的"专业"选择，若涉及非农产品的生产则应该被认为其发生了兼业，在现有以分工经济为框架的农户兼业行为研究中，该模式被认为是农户的"自给自足"模式（韩朝凤，向国成，2007；周晔馨，2007）。农户真正的"自给自足"模式应该是在专业化从事农业生产模式下的"自给自足"，后文将对此模式下的农户的效用函数及供给与需求函数进行分析。

农户家庭成员兼业化模式下有以下几种专业选择：

兼业模式 I　自给农产品和非农产品的模式。

在该模式下农户家庭成员的效用函数及约束条件如下：

$$U = \left[x^\rho + y^\rho \right]^{1/\rho} \tag{3.32a}$$

$$s.t.\ x = l_x^a,\ y = l_y^a \tag{3.32b}$$

$$l_x + l_y = 1 \tag{3.32c}$$

根据上述条件可以计算出该农户家庭成员的供给、需求函数和间接效用函数为：

$$x^s = 0,\ y^s = 0,\ u_{(x, y/\ I)} = 2^{(1 - \rho a)/\rho}$$

兼业模式 II　自给农产品和非农产品，同时提供非农产品。

在该模式下农户家庭成员的效用函数及约束条件如下：

$$U = \left[x^\rho + y^\rho \right]^{1/\rho} \tag{3.33a}$$

$$s.t.\ x = l_x^a,\ y + y^s = l_y^a \tag{3.33b}$$

$$l_x + l_y = 1 \tag{3.33c}$$

$$p_y y^s = A \tag{3.33d}$$

约束条件式（3.33d）中 A 代表该家庭成员向市场提供非农产品获得

的剩余收入（即除自给以外部分的收入），为家庭总收入的一部分，根据式 (3.33d) 可得 $y^s = A/p_y$，由于 y^s 为该农户家庭成员生产的非农产品 y 的一部分，为了方便计算，令 $y^s = Ky$，K 为常数，表示该农户家庭成员向市场提供的非农产品与其自给非农产品数量的比例关系。通过计算，该模式下农户家庭成员的供给函数、需求函数和间接效用函数分别为：

$$x^s = 0 \qquad\qquad (3.34a)$$

$$y^s = A/p_y \qquad\qquad (3.34b)$$

$$u_{(x,\,y/\mathrm{II})} = \left[(1+K)^{\frac{1}{1-a\rho}} + 1 \right]^{-\frac{1}{a}} \left[(1+K)^{\frac{a\rho^2}{1-a\rho}} + (1+K)^{-\rho} \right]^{\frac{1}{\rho}} \quad (3.34c)$$

兼业模式Ⅲ　自给农产品和非农产品，提供农产品。

在该模式下农户家庭成员的效用函数及约束条件如下：

$$U = \left[x^\rho + y^\rho \right]^{1/\rho} \qquad\qquad (3.35a)$$

$$s.\,t.\ x + x^s = l_x^a,\ \ y = l_y^a \qquad\qquad (3.35b)$$

$$l_x + l_y = 1 \qquad\qquad (3.35c)$$

$$p_x x^s = A \qquad\qquad (3.35d)$$

约束条件中参数的含义与上文相同，通过计算，该模式下农户家庭成员的供给函数、需求函数和间接效用函数分别为：

$$x^s = A/p_x \qquad\qquad (3.36a)$$

$$y^s = 0 \qquad\qquad (3.36b)$$

$$u_{(x,\,y/\mathrm{III})} = \left[(1+K)^{\frac{1}{1-a\rho}} + 1 \right]^{-a} \left[(1+K)^{-\rho} + (1+K)^{\frac{a\rho^2}{1-a\rho}} \right]^{\frac{1}{\rho}} \quad (3.36c)$$

（3）自给自足模式。

自 1978 年改革开放以来，虽然我国农户农业商业化程度在逐渐提高，但是由于农户家庭的分化，农户农业生产自给自足的模式仍然是存在的。该模式不同于专业化模式（x/y）之处在于对非农产品需求的程度不同。由于农业生产活动对资本的需求，严格意义上的自给自足是不存在的，农户必须依靠非农业产品市场购买供农产品生产所必需的生产资料，如化肥、农药等。如果农户将部分农产品仅仅用于生产资料的交换，则可认为此为广义上农业生产的自给自足。在该模式下，农户家庭成员效用函数及约束条件如下：

$$U = x \tag{3.37a}$$

$$s.\,t.\;x = l_x^a,\;\;l_x = 1 \tag{3.37b}$$

根据上述条件可以计算出该农户家庭成员的供给、需求函数和间接效用函数为：

$$x^s = 0,\;\; y^s = 0,\;\; u_{(x)} = 1 \tag{3.38}$$

3. 农户家庭成员的专业化选择的比较静态分析

以上三种模式概括了我国现阶段农户家庭成员专业选择的六种形态，然而每个农户家庭成员只能选择其中一种专业模式，因此对在何种情况下农户才会选择其中某种专业模式的分析显得非常重要，下文将对一个农户家庭成员的分工选择进行比较静态分析。表 3.1 显示了一个农户家庭成员专业选择的六个角点均衡[①]。

表 3.1　　　　　　　农户家庭成员专业化选择的角点均衡

模式	供给函数	需求函数	间接效用函数
专业化模式 (x/y)	$x^s = \left[1 + \left(\dfrac{p_y}{kp_x}\right)^{\rho/(1-\rho)}\right]^{-1}$	$y^d = \dfrac{x^s p_x}{p_y}$	$u_{(x/y)} = \left[1 + \left(\dfrac{kp_x}{p_y}\right)^{\rho/(1-\rho)}\right]^{(1-\rho)/\rho}$
专业化模式 (y/x)	$y^s = \left[1 + \left(\dfrac{kp_y}{p_x}\right)^{-\rho/(1-\rho)}\right]^{-1}$	$x^d = \dfrac{y^s p_y}{p_x}$	$u_{(y/x)} = \left[1 + \left(\dfrac{kp_y}{p_x}\right)^{\rho/(1-\rho)}\right]^{(1-\rho)/\rho}$
兼业模式 I $(x, y/\text{I})$	$x^s = 0,\;\; y^s = 0$	$x^d = 0,$ $y^d = 0$	$u_{(x,\,y/\text{I})} = 2^{(1-\rho a)/\rho}$
兼业模式 II $(x, y/\text{II})$	$x^s = 0,\;\; y^s = \dfrac{A}{p_y}$	$x^d = 0,$ $y^d = 0$	$u_{(x,\,y/\text{II})} = \left[(1+K)^{\frac{1}{1-a\rho}} + 1\right]^{-\frac{1}{a}} \cdot \left[(1+K)^{\frac{a\rho^2}{1-a\rho}} + (1+K)^{-\rho}\right]^{\frac{1}{\rho}}$

[①] "角点均衡"是在每一个给定的专业分工模式下决策者应作出的最优决策，为新兴古典经济学超边际分析的一种分析方法，详可见杨小凯的《经济学：新兴古典与新古典框架》，社会科学文献出版社 2003 年版。

模式	供给函数	需求函数	间接效用函数
兼业模式Ⅲ $(x, y/Ⅲ)$	$x^s = \dfrac{A}{p_y}$, $y^s = 0$	$x^d = 0$, $y^d = 0$	$u_{(x, y/Ⅲ)} = \left[(1+K)^{\frac{1}{1-a\rho}} + 1 \right]^{-a}$ $\cdot \left[(1+K)^{-\rho} + (1+K)^{\frac{a\rho^2}{1-a\rho}} \right]^{\frac{1}{\rho}}$
自给自足模式	$x^s = 0$	$x^d = 0$	$u_{(x)} = 1$

由于一个农户家庭成员的最优决策选择将在以上六种局部角点均衡之间非连续性的跳跃，因此传统的边际分析不能用于求解决策者的全局均衡解，此时需要用到超边际分析方法。传统的边际分析内生了专业化水平，因此农户家庭成员的劳动时间可以在农业生产和非农业生产之间连续变动，直到达到最优决策点。而事实上一个农户家庭成员在选择自己劳动时间配置时往往面对着从事农业生产还是非农业生产的两难冲突，因此需要首先选择从事农业生产还是非农业生产，或者兼而有之，然后在专业选择的基础上再做出最优决策，因此在分析一个农户家庭成员最优专业化选择决策时，首先要在每种分工结构下应用边际分析求解局部最优决策，第二步再对每个局部最优决策进行比较分析，求解全局最优解，此途径便为超边际分析方法。由于只有家庭成员在选择完全专业化模式下才能形成家庭分工经济，因此农户家庭成员选择专业化模式是以上六个角点解的全局均衡解。

农户选择专业化从事农业生产（x/y）的均衡条件为：

$u_{(x/y)} \geq u_{(y/x)}$，且必须同时满足 $u_{(x/y)} \geq u_{(x, y/Ⅰ)}$，$u_{(x/y)} \geq u_{(x, y/Ⅱ)}$，$u_{(x/y)} \geq$

$u_{(x, y/Ⅲ)}$，$u_{(x/y)} \geq u_{(x)}$，$\dfrac{p_x}{p_y} \geq \left[e^{\frac{0.3(1-a\rho)}{1-\rho}} - 1 \right]^{\frac{1-\rho}{\rho}} k^{-1}$ 且 $k \geq k_0 = \left[2^{(1-a\rho)(1-\rho)} - 1 \right]^{\frac{1-\rho}{\rho}}$

农户选择专业化从事非农业生产（y/x）的均衡条件为：

$u_{(y/x)} \geq u_{(x/y)}$，且必须同时满足 $u_{(y/x)} \geq u_{(x, y/Ⅰ)}$，$u_{(y/x)} \geq u_{(x, y/Ⅱ)}$，$u_{(y/x)} \geq$

$u_{(x, y/Ⅲ)}$，$u_{(y/x)} \geq u_{(x)}$，$\dfrac{p_y}{p_x} \geq 1$，且 $k \geq k_0 = \left[2^{(1-a\rho)(1-\rho)} - 1 \right]^{\frac{1-\rho}{\rho}}$

由于只有在两种专业化模式（x/y）和（y/x）被选择时家庭分工才能形成。根据以上条件，只有当以上两个条件同时满足，即：

$$\frac{p_y}{p_x} = 1 \text{ 且 } k \geqslant k_0 = \left[2^{(1-a\rho)(1-\rho)} - 1 \right]^{\frac{1-\rho}{\rho}} \text{时，每个农户家庭成员间才可能}$$

形成专业化分工，否则就会选择自给自足或者兼业化模式。该条件意味着从事农业生产和非农业生产的边际劳动报酬率相同，且家庭内部交易效率要高于 k_0，可以理解为农业收入和非农业收入的分配效率要高于 k_0。根据前文中关于家庭成员利他主义的假设，家庭内部农业收入和非农业收入的分配效率将是非常高的，即可以满足交易效率的假设。但是在我国城乡二元结构的社会经济现状下，从事农业生产和非农业生产的边际劳动报酬率是有较大差距的，非农业生产的边际劳动报酬率要高于农业生产。因此依靠以上专业化分工形成的均衡条件实现农户家庭成员的完全专业化分工是不可能的（上述均衡条件中暗含着每个农户家庭成员都是具有经济理性特征的），需要在农户家庭成员是具有利他主义特征的假设条件下才能对我国农户中存在完全专业化分工的现象进行解释。

3.2.3　农户家庭分工的拓扑形式及农户家庭内部分化

在农户家庭中，每个劳动力可以根据表 3.1 中的六种角点均衡选择专业化水平和供给函数，在一个具有两个劳动力的农户家庭中，两位生产者—消费者的专业组合方式有如下几种形式：

1. 完全分工模式

在完全分工模式下，两个生产者—消费者分别专业化从事农业生产（x/y）和非农业生产（y/x），两个生产者—消费者的分工拓扑结构如图 3.5 所示。此时家庭成员 1 专业化从事农业生产，并从成员 2 处获得非农生产产品（或者称为非农生产收入），家庭成员 2 专业化从事非农生产，从成员1处获得农产品。家庭成员的完全分工模式对于农户家庭而言则为兼业化模式，即将农户家庭作为一个完整的生产者—消费者时，农户家庭同时专业化从事农业生产和非农业生产，本书将此模式称为"完全分工"模式。

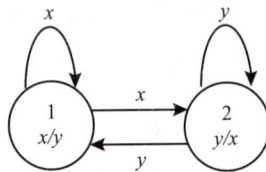

图 3.5 完全分工模式

2. 不完全分工模式

在不完全分工模式下，根据农户家庭成员中两名生产者—消费者的专业化方向，在生产者—消费者事前相同和家庭成员利他主义的前提下，可分为六种不完全分工模式，见图 3.6 和图 3.7。图 3.6 中，家庭成员 1 为兼业化模式，同时从事农业生产和非农业生产，根据其兼业程度不同分为兼业化模式 Ⅰ（x，y/Ⅰ）、兼业化模式 Ⅱ（x，y/Ⅱ）和兼业化模式 Ⅲ（x，y/Ⅲ），家庭成员 2 专业化从事农业生产（x/y），M_i 代表非农市场，M_a 代表农业市场。图 3.6（a1）意为生产者 1 自给自足农产品和非农产品，不向生产者 2 和市场提供农产品和非农产品，生产者 2 自给农产品，并向市场提供农产品，从市场上购买非农产品。图 3.6（a2）意为生产者 1 兼业化从事农业生产和非农业生产，并向生产者 2 提供部分非农产品，生产者 2 专业化从事农业生产，向市场提供农产品，并从市场上购买部分非农产品。图 3.6（a3）意为生产者 1 兼业化从事农业生产和非农业生产，并向市场提供部分农产品，生产者 2 专业化从事农业生产，向市场提供农产品，并从市场上购买非农产品。可以看出，图 3.6（a2）和图 3.6（a3）两种分工结构的分工水平要高于图 3.6（a1）。本书将此不完全分工模式称为"不完全分工Ⅰ"。

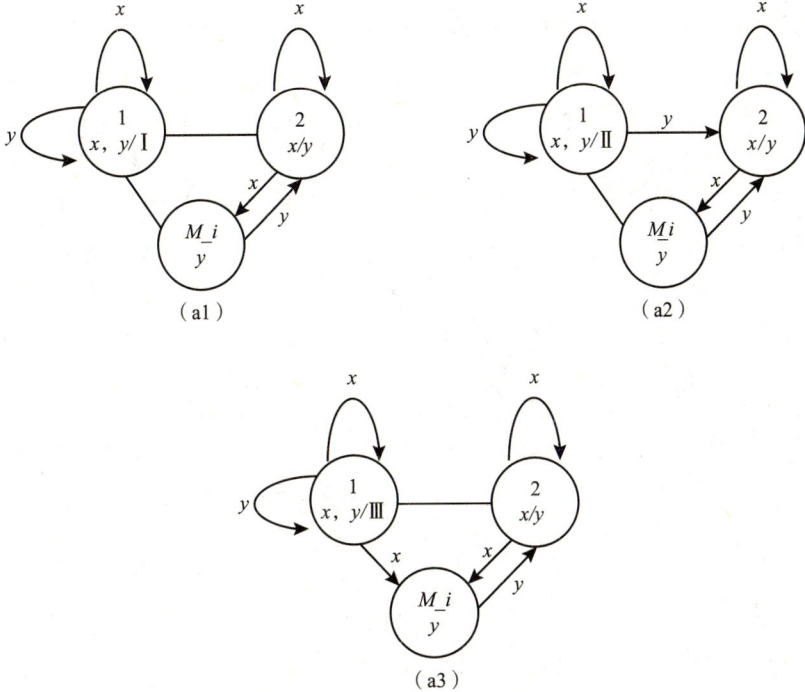

图 3.6 不完全分工模式（a）

图 3.7 中生产者 1 兼业从事农业生产和非农生产，生产者 2 专业化从事非农业生产。图 3.7（b1）意为生产者 1 自给农产品和非农产品，生产者 2 自己非农产品并向市场提供非农产品，从市场上购买农产品。图 3.7（b2）意为生产者 1 自给农产品和非农产品，向市场提供部分非农产品，生产者 2 自给自足非农产品并向市场提供非农产品，同时向市场购买农产品。图 3.7（b3）意为生产者 1 自给农产品和非农产品，并向生产者 2 提供部分农产品，生产者 2 专业化从事非农生产，向市场提供非农产品，并从市场购买部分农产品。同样，结构图 3.7（b2）和图 3.7（b3）分工水平要高于结构图 3.7（b1）。本书将此类不完全分工模式称为"不完全分工Ⅱ"。

（b1）

（b2）

（b3）

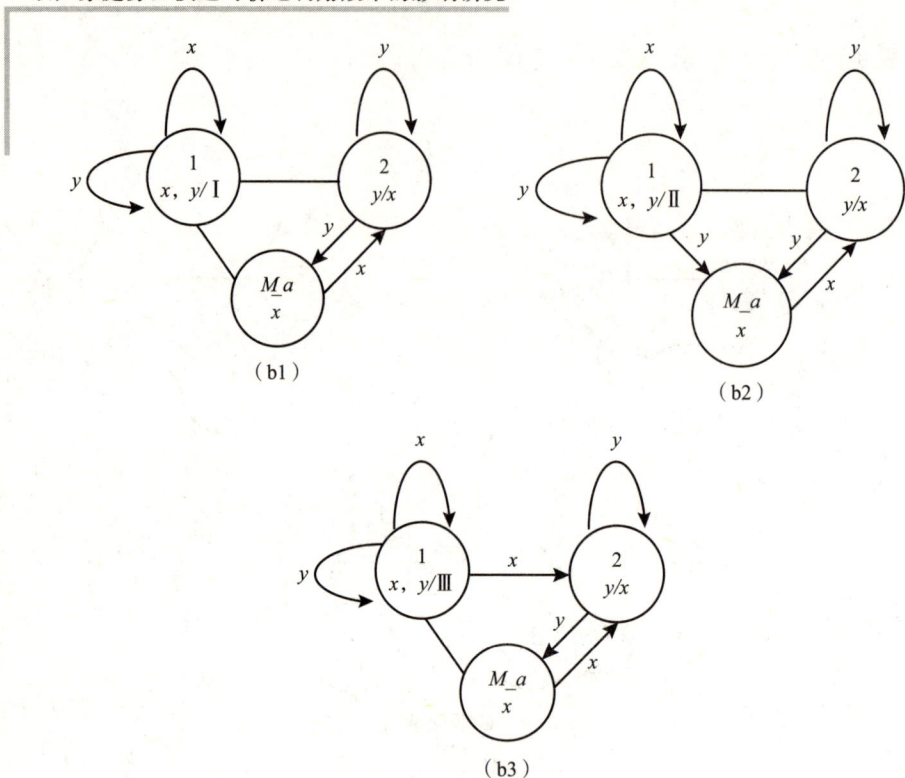

图 3.7　不完全分工模式（b）

3. 无分工模式

当所有农户家庭成员专业化从事农业生产或者非农业生产时，农户家庭成员间不存在分工结构，此时存在如图 3.8 所示的三种结构，图 3.8（a）意为两位生产者—消费者同时专业化从事农业生产，向市场提供农产品，并从市场购买非农产品。图 3.8（b）意为两位生产者—消费者同时专业化从事非农业生产，向市场提供非农产品，并向市场购买农产品。图 3.8（c）意为两位生产者—消费者同时自给自足（广义上的自给自足）农产品。由于 $\left[1+\left(\dfrac{kp_x}{p_y}\right)^{\rho/(1-\rho)}\right]^{(1-\rho)/\rho} > 1$，即 $u_{(x/y)}$，$u_{(y/x)} > u_{(x)}$，因此结构图 3.8（a）、（b）的家庭总效用将大于结构图 3.8（b）。本书将该分工结构下的农户称为"专业化模式"。

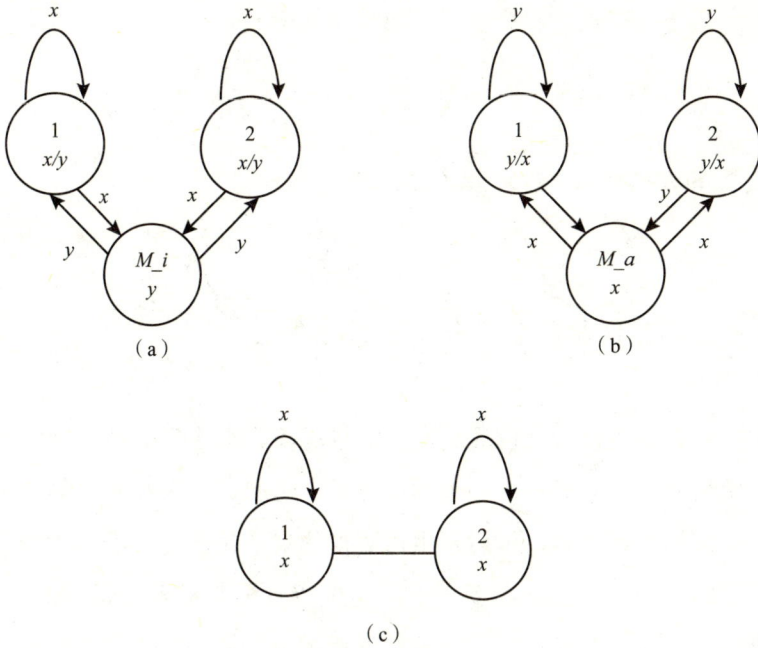

图 3.8　专业化模式

3.2.4　农户家庭内部分化与耕地利用效率关系的理论假说

根据以上农户家庭内部分化模式以及专业化经济理论，本书提出以下理论假说：

假说 1：专业化从事农业生产模式下农户家庭耕地利用效率高于完全分工模式和不完全分工模式下的农户家庭耕地利用效率。

假说 2：完全分工模式下农户家庭耕地利用效率大于或等于不完全分工模式下农户家庭耕地利用效率。其中当不完全分工模式为图 3.7（不完全分工模式 b）时，即无任何一名家庭成员专业化从事农业生产时，完全分工模式下农户家庭耕地利用效率大于不完全分工模式下农户家庭耕地利用效率；当不完全分工模式为图 3.6（不完全分工模式 a）时，即有一名家庭成员专业化从事农业生产时，完全分工模式下农户家庭耕地利用效率等于不完全分工模式下农户家庭耕地利用效率。

3.3

农户间的分工与专业化经济

3.3.1 农户间的职能分工的基本假设

农户的农业经营活动包括从生产资料购买、农业生产管理到农产品销售的一系列环节。农户从市场上购买种子、化肥、农药和农机等从事农业生产所必需的生产资料，最后将生产所得的农产品投入市场进行销售，在这一系列的活动中，农户和多个不同的生产者—消费者之间产生了交易，同时产生了一定的交易费用。这种交易费用与交易的数量和交易者之间的距离有关，农产品或者非农产品在交易过程中发生的谈判费用、运输费用和通讯等费用使得交易成本变大，在没有专业化组织提供交易服务的经济系统中，每个农户将自给自足交易服务，降低了农户的专业化程度，阻碍了农业生产效率的改进。如果农户间发生职能分工，部分农户或者专业组织专业化提供交易服务，则可以改进农业生产和交易服务的专业化水平，提高整体经济效率。

假设一个经济系统中有 M 个既是生产者又是消费者的农户和 M 个既是生产者又是消费者的农业生产资料提供者，并且每个生产者—消费者具有同样的生产函数和时间约束。为了考察交易服务专业化的出现对农户农业生产效率的促进作用，本书对市场构成进行相应的简化，外生了农产品生产者和农业生产资料生产者的市场分工，但是交易服务提供者仍为内生。假设农户从农业生产资料提供者处购买农业生产资料，农业生产资料提供者从农户处购买农产品（生活资料）。农产品售卖和购买量分别为 x^s 和 x^d，农业生产资料售卖和购买量分别为 y^s 和 y^d。交易费用系数为 $1-k$，

k 为交易效率，也是交易服务，这种交易服务可以自给自足，也可以购买，假设 r 为自给自足的交易服务，r^d 为购买的交易服务，$k = r + r^d$，交易服务越多，买者在一次购买中收到的部分就越大。每个人也可向其他人提供交易服务，设其提供量为 r^s。根据以上假设，对一个经济系统而言，农产品、农业生产资料和交易服务者的生产函数分别为：

$$x + x^s = l_x^a, \quad y + y^s = l_y^b, \quad r + r^s = l_r^h \qquad (3.39)$$

其中 l_i 为生产第 i 种产品及交易服务的专业化水平，a、b、h 为三种活动的专业化水平参数。对于整个经济系统而言（假设此时的经济系统由一个农产品提供者和一个农业生产资料提供者构成），时间约束可表达为：

$l_x + l_r = 1$，$l_y + l_r = 1$ 或者表达为 $l_x + l_y + 2l_r = 2$，其中 $l_i \in [0, 1]$，$i = x$，y，r

进一步假定交易服务 r 只与贸易的数量有关，且存在着与一对贸易伙伴之间谈判成本、运输费用以及市场信息等[①]相关的交易成本，若用 $1 - K$ 表示此成本系数，因此一种 $(r + r^d)x^d$ 和 $(r + r^d)y^d$ 的 $1 - K$ 部分在一个卖者和一个买者的谈判过程中消失了。$1 - K$ 与一个人的贸易伙伴人数 N 相关，由：

$$1 - K = sN \qquad (3.40)$$

给出，其中 s 是依赖于一对贸易伙伴之间交易成本的一个参数，$N = n - 1$，$n - 1$ 为每个农户所购买的商品数量。若式（3.40）成立，则意味着分工的逐渐演进是根本性的，表明当贸易的品种和交易过程发生的费用增加时，交易成本比分工的正网络效应增加的更快。将式（3.40）考虑进来，整个经济系统中农产品和农业生产资料的消费量分别为：$x + Kkx^d$ 和 $y +$

---

①　杨小凯在《经济学：新古典与新兴古典框架》一书中关于职业中间商的分析中考虑的是一对贸易伙伴之间距离对交易成本产生的影响，本书将此参数拓展为一对贸易伙伴之间的谈判成本，用以表征农户在参与市场交易过程中由其谈判地位、能力差异和谈判过程中发生的交通通讯等费用、运输成本以及产品在存储和运输过程的损耗对交易成本产生的影响，此举将更能体现本书的分析意图。

Kky^d，其中 $k = r + r^d$。此时每个人的效用函数及约束条件可以表示为：

$$u = \left[x + K(r + r^d) x^d \right]^\alpha \left[y + K(r + r^d) y^d \right]^\beta \tag{3.41a}$$

$$s.t. \ x + x^s = l_x^a, \ y + y^s = l_y^b, \ r + r^s = l_r^h \tag{3.41b}$$

$$l_x + l_y + 2l_r = 2 \tag{3.41c}$$

$$p_x(x^s - x^d) + p_y(y^s - y^d) + p_r(r^s - r^d) = 0 \tag{3.41d}$$

其中 α，$\beta \in (0, 1)$，$\alpha + \beta = 1$，并假设人们对两种产品的偏好一致，即 $\alpha = \beta = \dfrac{1}{2}$，$p_x$、$p_y$ 和 p_r 分别代表农产品、农业生产资料和交易服务的价格。

3.3.2　农户间职能分工模式及均衡分析

根据以上的假设条件，由于外生了农产品提供者和农业生产资料提供者的市场分工，运用文定理，本书只需要讨论以下几种形式的农户间职能分工模式，并通过计算各模式下的角点均衡，应用超边际分析得到全局均衡。

1. 农户间职能分工模式

（1）交易服务自给自足模式（SM）。

由于已外生了农产品生产和农产资料生产分工，在交易服务自给自足模式下，生产者 1 和 2 分别代表农产品生产者和农业生产资料生产者，两者之间的拓扑结构如图 3.9 所示。

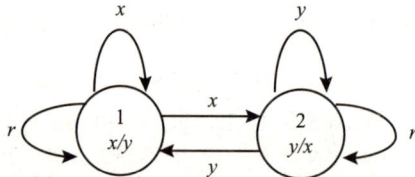

图 3.9　交易服务自给自足模式

其中农业生产资料生产者对 y 的自给可以理解为通过销售农业生产资料获得的收入来购买的家庭生活资料。在该模式下，农产品提供者的效用函数及约束条件为：

$$u_1 = x^\alpha (Kry^d)^\beta \tag{3.42a}$$

$$s.t.\ x + x^s = l_x^a,\ \ r = l_r^h \tag{3.42b}$$

$$l_x + l_r = 1 \tag{3.42c}$$

$$p_x x^s - p_y y^d = 0 \tag{3.42d}$$

农业生产资料提供者的需求函数及约束条件与此对称，表示为：

$$u_2 = x^\alpha (Krx^d)^\beta \tag{3.43a}$$

$$s.t.\ y + y^s = l_y^a,\ \ r = l_r^h \tag{3.43b}$$

$$l_y + l_r = 1 \tag{3.43c}$$

$$p_y y^s - p_x x^d = 0 \tag{3.43d}$$

市场出清为角点均衡条件，市场出清条件表示为以下形式：

$$M_i p_i^s = \sum_{j=1}^n M_j p_i^d \tag{3.44}$$

式（3.44）中，M_i 表示从事生产产品 i 的人数，M_j 表示从事生产产品 j 的人数（产品 i 的需求者）。

根据以上条件可以求出该模式下农产品提供者和农业生产资料提供者相对人数、农产品与农业生产资料的相对价格和每个人的间接效用函数。

$$\frac{M_x}{M_y} = 1 \tag{3.45a}$$

$$\frac{p_x}{p_y} = 1 \tag{3.45b}$$

$$u_{SM} = \frac{2^{a-1}\sqrt{1-2s}}{3^{\frac{3}{2}a}} \tag{3.45c}$$

其中 M_i，$i = x,\ y$ 表示从事两种专业化生产的人数。

（2）交易服务专业化模式（PM）。

在该模式下，生产者 1 和 2 分别代表农产品和农业生产资料提供者，生产者 3 代表交易服务提供者，生产者 1 自给并提供农产品，从生产者 2 处购买农业生产资料，从生产者 3 处购买交易服务；生产者 2 专业自给并提供农业生产资料，从生产者 1 处购买农产品，从生产者 3 处购买交易服务；生产者 3 专业向生产者 1 和生产者 2 提供交易服务，并从生产者 1 和生产者 2 处获得生存资料[①]。三者之间的拓扑结构如图 3.10 所示。

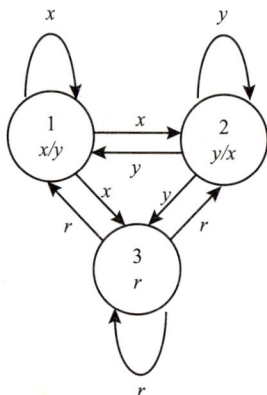

图 3.10　交易服务专业化模式

此时，农产品提供者的效用函数和约束条件为：

$$u_1 = x^\alpha (K r^d y^d)^\beta \tag{3.46a}$$

$$s. t. \ x + x^s = l_x^a \tag{3.46b}$$

$$l_x = 1 \tag{3.46c}$$

$$p_x x^s - p_y y^d - p_r r^d = 0 \tag{3.46d}$$

根据以上条件可以计算得到生产者 1 的生产函数、需求函数以及间接效用函数为：

$$x^s = \frac{2}{3} \tag{3.47a}$$

---

① 生存资料是指专业化提供交易服务者从农产品提供者手中获得的基本食物生存资料和从农业生产资料提供者手中获得的其他生存资料。

$$y^d = \frac{p_x}{3p_y} \tag{3.47b}$$

$$r^d = \frac{p_x}{3p_r} \tag{3.47c}$$

$$u_1 = \left(\frac{1}{3}\right)^{\frac{3}{2}} \frac{K^{\frac{1}{2}} p_x}{\sqrt{p_r p_y}} \tag{3.47d}$$

农业生产资料提供者的效用函数和约束条件为：

$$u_2 = y^\alpha (Kr^d x^d)^\beta \tag{3.48a}$$

$$s.\,t.\; y + y^s = l_y^a \tag{3.48b}$$

$$l_y = 1 \tag{3.48c}$$

$$p_y y^s - p_x x^d - p_r r^d = 0 \tag{3.48d}$$

根据以上条件可以计算得到生产者 2 的生产函数、需求函数以及间接效用函数为：

$$y^s = \frac{2}{3} \tag{3.49a}$$

$$x^d = \frac{p_y}{3p_x} \tag{3.49b}$$

$$r^d = \frac{p_y}{3p_r} \tag{3.49c}$$

$$u_2 = \left(\frac{1}{3}\right)^{\frac{3}{2}} \frac{K^{\frac{1}{2}} p_y}{\sqrt{p_r p_x}} \tag{3.49d}$$

交易服务提供者的效用函数和约束条件为：

$$u_3 = (Krx^d)^\alpha (Kry^d)^\beta \tag{3.50a}$$

$$s.\,t.\; r + r^s = l_r^a \tag{3.50b}$$

$$l_r = 1 \tag{3.50c}$$

$$p_r r^s - p_x x^d - p_y y^d = 0 \tag{3.50d}$$

根据以上条件可以计算得到生产者 3 的生产函数、需求函数以及间接效用函数为：

$$r^s = \frac{1}{2} \qquad\qquad (3.51a)$$

$$x^d = \frac{p_r}{4p_x} \qquad\qquad (3.51b)$$

$$y^d = \frac{p_r}{4p_y} \qquad\qquad (3.51c)$$

$$u_3 = \frac{Kp_r}{8\sqrt{p_x p_y}} \qquad\qquad (3.51d)$$

此模式的角点均衡条件为：$u_1 = u_2 = u_3$，在满足该条件时：

三种产品的相对价格为：

$$\frac{p_x}{p_y} = 1 , \quad \frac{p_x}{p_r} = \frac{p_y}{p_r} = \frac{3}{4}K^{\frac{1}{3}} \qquad\qquad (3.52)$$

根据式（3.44），求取三种产品相对从业人数的方程组表示为：

$$\begin{cases} M_x x^s = M_y x^d + M_r x^d \\ M_y y^s = M_x y^d + M_r y^d \\ M_r r^s = M_x r^d + M_y r^d \end{cases} \qquad\qquad (3.53)$$

根据式（3.53）计算得到生产三种产品相对从业人数如下：

$$\frac{M_x}{M_y} = 1 , \quad \frac{M_x}{M_r} = \frac{M_y}{M_r} = \frac{2 + 3K^{-\frac{1}{3}}}{3 + 2K^{-\frac{1}{3}}} \qquad\qquad (3.54)$$

每个生产者的间接效用函数为：

$$u_{PM} = \frac{(1 - 2s)^{\frac{2}{3}}}{6} \qquad\qquad (3.55)$$

2. 农户间职能分工的均衡分析

将交易服务自给自足模式（SM）和交易服务专业化模式（PM）下的角点均衡解信息进行汇总，各种产品提供者相对人数、农产品与农业生产资料的相对价格和每个人的间接效用函数见表3.2。

表 3.2　　　　　　　　　两种模式下的角点均衡信息

分工模式	SM	PM
相对人数	$\dfrac{M_x}{M_y}=1$	$\dfrac{M_x}{M_y}=1,\ \dfrac{M_x}{M_r}=\dfrac{M_y}{M_r}=\dfrac{2+3K^{-\frac{1}{3}}}{3+2K^{-\frac{1}{3}}}$
相对价格	$\dfrac{p_x}{p_y}=1$	$\dfrac{p_x}{p_y}=1,\ \dfrac{p_x}{p_r}=\dfrac{p_y}{p_r}=\dfrac{3}{4}K^{\frac{1}{3}}$
间接效用	$u_{SM}=\dfrac{2^{a-1}\sqrt{1-2s}}{3^{\frac{3}{2}a}}$	$u_{PM}=\dfrac{(1-2s)^{\frac{2}{3}}}{6}$

运用超边际分析方法，比较两种模式下每个生产者的效用。由于 $1-K\in(0,1)$，因此计算得到 s 的取值范围为 $s\in(0,0.5)$。当所有生产者选择自给自足交易服务模式时，均衡条件为 $u_{SM}>u_{PM}$，此时 $a<a_0=1.152-0.402\ln(1-2s)$。当所有生产者选择购买交易服务（交易服务专业化）模式时，均衡条件为 $u_{SM}<u_{PM}$，此时 $a>a_0=1.152-0.402\ln(1-2s)$。全局均衡信息及比较静态特征见表 3.3。

表 3.3　　　　　　　　　全局均衡及比较静态特征

s	0<s<0.5	
a	$a<a_0=1.152-0.402\ln(1-2s)$	$a>a_0=1.152-0.402\ln(1-2s)$
均衡结构	SM	PM

表 3.3 中的均衡及比较静态特征信息说明参数 s 和 a 的绝对大小决定了经济组织的有效模式。当专业化经济程度越大和每对交易者之间谈判成本系数越小时，分工的均衡水平越高。对于一对交易者之间一个足够小的交易谈判成本系数 s，专业化经济的递增将造成均衡从自给自足向生产和交易中的完全分工模式演进。也即若农产品提供者、农业生产资料以及交易服务提供者的专业化程度越高、交易者之间谈判成本系数越小时，专业的交易服务将从原有的生产系统中分离出来，此时农产品提供者和农业生

产资料提供者的专业化程度将得到提高，专业化经济也将得到体现。

3.3.3 农户间职能分工与家庭耕地利用效率关系的理论假说

农户间职能分化以及交易服务专业化的出现，在现实中更多地表现为农民专业合作组织的出现。农户作为独立的经营者以来，由于农业生产具有周期长、固定资产利用率低以及资金周转慢等特征，同时农产品存储过程发生的损耗大，市场交易和价格波动造成的危害大，也即参数 $1-K$ 较大，此时农户通过选择"抱成团"的集体行为来降低市场交易和价格波动造成的危害，这种集体行为便逐渐演变为农民专业合作组织。若将交易服务自给自足模式（SM）下的农户定义为"自由化农户"，即没有参加农民专业合作组织的农户，将交易服务专业化模式（PM）下的农户定义为"组织化农户"，通过前文的分析我们可以提出以下理论假设：

假说3："组织化农户"的家庭耕地利用效率高于"自由化农户"。

3.4

我国农户分化情况

3.4.1 改革开放以来我国农户分化总体情况

虽然我国并没有从农户家庭成员分工角度进行的农户分化情况的统计资料，但是我们仍然可以从我国农村第一产业从业人员比例和农户家庭收入比重等统计数据中看出我国改革开放以来农户分化的基本状况。图3.11反映了1978～2008年我国第一产业从业人员变化的情况，1978年我国第一产业从业人员人数为28455.6万人，占乡村从业人员比例的92.88%，至2008年第一产业从业人员人数为28363.6万人，占乡村从业人员比例的 54.52%。虽然 30 年间第一产业从业人员人数仅减少了 0.32%，但其在乡村从业人员中所占比例却下降了 38.36%。造成此现象的原因主要为第一产业的劳动力容量有限，而乡村从业人口却发生了剧烈的增长，大量剩余劳动力转移至非农产业。但由于我国长期以来的户籍限制和城乡二元化发展，使得农村剩余劳动力并不能得到彻底的转移，他们仍然需要依靠农业生产作为自身的生活和社会保障。因此，剩余劳动力的不彻底转移现象导致了我国农户大量的行业分化现象。

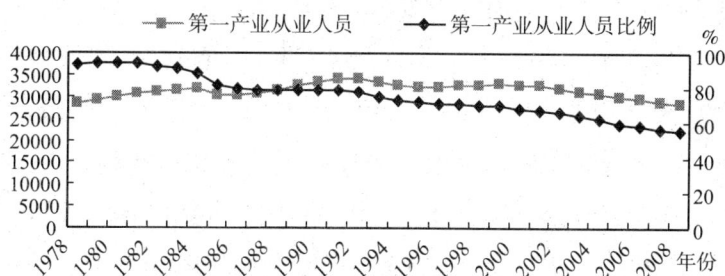

图 3.11　1978～2008 年我国第一产业从业人员变化情况

数据来源:《新中国 60 年农业统计年鉴》。

图 3.12 反映了 1978～2008 年我国农户家庭收入中工资性收入比例变化情况，从图中可以看出，1978～1983 年我国农户家庭收入中工资性收入所占比例下降明显，1983～2008 年，我国农户家庭收入中工资性收入所占比重逐年递增，由 1983 年的 18.60% 上升至 2008 年的 38.90%。

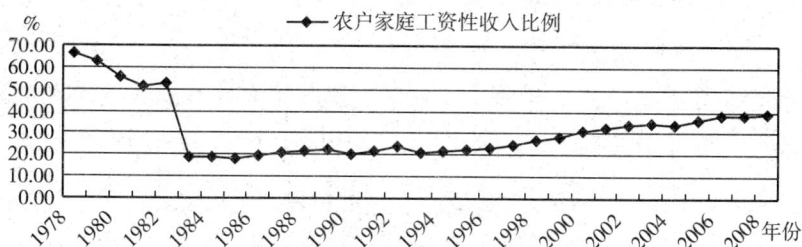

图 3.12　1978～2008 年我国农户家庭工资性收入比例变化情况

数据来源:《新中国 60 年农业统计年鉴》。

以上现象均反映了我国农户兼业化程度的不断提高，虽然没有统计数据可以进行直接说明，但是不能否认的是农户兼业化现象的出现正是由于农户家庭成员间的专业选择分化而造成的。

农户间职能分化在我国主要体现为农民专业合作组织的出现，农村改革开放以来，我国实行的农村家庭联产承包责任制逐渐体现出一些因小规模生产而造成的弊病，如农户市场谈判地位低、交易成本高，由于集体经济组织缺位导致的农业技术服务不足、农产品销售困难以及单个农户面临较大的市场风险等，为了有效克服以上农户家庭小规模经营所带来的种种局限性，我国开始出现各种农民专业合作组织，随着农村经济的不断发展，农民专业合作社的数量规模不断壮大，根据韩俊（2007）的调查，全国新型农民专业合作组织总数达到15万个左右，参加组织的会员约为2363万人（户），占乡村农户总数的9.8%，随着农村经济的发展，我国农民专业合作社数量继续快速增长，入社农户不断增加，到2010年年底，全国合作社数量超过35万家，较2009年年底增长超过40%，大体平均每月新增1万家；实有入社农户约2800万左右，约占全国农户总数的10%[①]。

3.4.2 调查区域农户分化情况

1. 调查区域选择及调查方法

本课题属于国家自然科学基金项目《城市化进程中农户农地投入变化及其管控政策研究》的一部分，为了形成课题研究的基础数据库，课题组于2008年12月至2009年5月组织了一次范围较广的农户调查，本次调查共涉及分别能代表我国经济发达地区、经济较发达地区和经济欠发达地区的5省20多个县（市、区），在地貌特征上包括了平原地区、丘陵地区和山

---

① 数据来源：http://news.sohu.com/20101210/n278215418.shtml。

地，共收集有效问卷 2641 份。本书选取其中的 4 省 12 县 984 份样本数据。

本书在进行研究区域选择时主要考虑了以下因素：一是社会经济发展因素，二是自然条件因素，三是根据分析目的确定的具有农业专业化组织特征的样本。根据社会经济发展因素的不同，本书选取了分别能代表经济欠发达地区的湖南西南部丘陵地区、代表经济较发达的江汉平原地区、代表经济发达的太湖平原地区以及代表以种植业为主的农业专业化组织的湖北 "京山桥米" 原产地湖北省京山县孙桥镇两个行政村。

本次调查的采取分层抽样调查的方法进行，在选定以县为单位的调查区域后，随机选择该县的 2～4 个乡镇，每个乡镇中选择 2～4 个自然村①进行调查，并随机抽取每个自然村居住户数的 10% 左右的农户进行问卷调查，根据本书分析需要，对样本进行整理后得到有效样本分布情况为：湖南丘陵地区 252 份，江汉平原地区 278 份，太湖平原 395 份，鄂中丘陵地区 59 份，共 984 份。调查区域社会经济特征和详细样本分布情况见表3.4 和表 3.5。

表 3.4　　　　　　　　　　调查区域社会经济特征

调查区域	涉及县市	人均国内生产总值（元）	人均耕地（公顷）	农民纯收入（元）
湖南丘陵地区	隆回县、洞口县、邵东县	7477.03	0.05	4091.00
江汉平原地区	监利县、江陵县、仙桃市	10854.87	0.08	5346.50
太湖平原地区②	嘉兴秀洲区、平湖市、太仓市、宜兴市、吴江市	71075.54	0.06	12599.50
鄂中丘陵地区	京山县	16190.10	0.09	5362.00

数据来源：《湖南统计年鉴 2010》、《湖北统计年鉴 2010》、《浙江统计年鉴 2010》、《江苏统计年鉴 2010》。

---

① 本次调查虽然随机选择了以行政村为单位的调查区域，但在实际调查中农户均以自然村为单位聚居，农户调查也均发生在各自然村，因此以自然村为末级调查单位符合实际情况。

② 将京山县所在的调查区域定义为鄂中丘陵地区完全出于要与其他三个调查区域的称谓一致的考虑，本书中鄂中丘陵地区仅指代具有农民专业合作组织特征的京山县，不包括鄂中其他丘陵地区，特此说明。

表 3.4 中采用了各调查区域 2009 年的社会经济数据，可以看出，湘西南丘陵地区、江汉平原地区、太湖平原地区和鄂中丘陵地区的社会经济发展水平存在一定的差异，能较好地代表不同经济发展水平地区的特征。

表 3.5   调查区域样本分布情况

调查区域		调查时间	样本数量
湖南丘陵地区	湖南省邵阳市洞口县	2009 年 1 月 1 日至 2009 年 1 月 2 日	83
	湖南省邵阳市隆回县	2009 年 1 月 3 日至 2009 年 1 月 4 日	93
	湖南省邵阳市邵东县	2009 年 1 月 5 日至 2009 年 1 月 6 日	76
	小计		252
江汉平原地区	湖北省荆州市监利县	2008 年 11 月 5 日至 2008 年 11 月 7 日	127
	湖北省荆州市江陵县	2008 年 11 月 8 日至 2008 年 11 月 9 日	61
	湖北省荆州市沙市区	2008 年 11 月 10 日至 2008 年 11 月 11 日	39
	湖北省仙桃市	2008 年 11 月 12 日至 2008 年 11 月 13 日	51
	小计		278
太湖平原地区	浙江省嘉兴市平湖市	2009 年 1 月 7 日至 2009 年 1 月 9 日	92
	浙江省嘉兴市秀洲区	2009 年 1 月 10 日至 2009 年 1 月 11 日	73
	江苏省苏州市太仓市	2009 年 1 月 12 日至 2009 年 1 月 13 日	69
	江苏省苏州市吴江市	2009 年 1 月 14 日至 2009 年 1 月 15 日	87
	江苏省无锡市宜兴市	2009 年 1 月 16 日至 2009 年 1 月 17 日	74
	小计		395
鄂中丘陵地区	京山县	2009 年 5 月 19 日至 2009 年 5 月 20 日	59
	合计		984

2. 样本农户基本情况

受访者中男性为 595 人，占总样本的 60.47%，女性为 389 人，占总样本的 39.53%。受访者年龄中 35 岁以下人数为 68 人，仅占总样本数量的 6.91%，这是与我国大多数农村年轻劳动力均在外就学或者务工的基本情况是一致的。受访者受教育程度主要集中在初中和高中两个阶段，占总样本数的 93.60%，高中以上文化程度的受访者仅 21 人，占总样本的 2.13%，这也符合我国农村劳动力中高学历人数比例较低的实际情况。受访者家庭人口数以典型家庭为主，6 人以上的大家庭所占比例较低。受访者家庭年收入在 5 万元以上的农户仅占总样本的 9.76%，这也与我国农村家庭收入较低的实际情况比较切合。各指标的详细情况见表 3.6。

表 3.6　　　　　　　　　　　　　　　样本农户基本情况

选项		样本数（人）	比例（%）	选项	样本数（户）	比例（%）
受访者性别	男	595	60.47	受访者家庭人口数	2 人及以下	156	15.85
	女	389	39.53		3~4 人	392	39.84
受访者年龄	35 岁及以下	68	6.91		5~6 人	379	38.52
	36~45 岁	342	34.76		6 人以上	57	5.79
	46~55 岁	275	27.95	受访者家庭年收入	1 万元及以下	206	20.93
	55 岁以上	299	30.39		1 万~2 万元	226	22.97
受访者受教育程度	小学及以下	42	4.27		2 万~3 万元	196	19.92
	初中	424	43.09		3 万~4 万元	157	15.96
	高中	497	50.51		4 万~5 万元	103	10.47
	高中以上	21	2.13		5 万元及以上	96	9.76

数据来源：根据调查数据整理计算所得。

3. 样本农户分化情况

根据本章第二部分和第三部分对农户分化的理论分析，确定了对样本农户进行分类的依据。完全分工型农户的确定依据为：农户家庭中从事农业生产和非农业生产的人数均大于等于 1 人，且每个成员均不存在兼业。不完全分工型农户的确定依据为：农户家庭中从事农业生产和非农业生产的人数均大于等于 1 人，且至少有一个成员存在兼业。专业化从事农业生产型农户的确定依据为：农户家庭中从事农业生产的人数大于等于 1 人，且从事非农业生产的人数为 0，其中农业专业（自给自足）型农户的确定

依据为 $P_QQ - P_xx \leqslant 0$[①]，其中 P_QQ 农户当期农产品出售收入，P_xx 为当期农业生产资本总投入（不包括自身劳动价值，自身劳动价值体现为换取了自身消费的农产品）。专业化从事非农业生产型农户的确定依据为：农户家庭中从事非农业生产的人数大于等于 1 人，且从事农业生产的人数为 0。根据以上分类标准，对调查区域样本农户家庭特征进行整理，得到调查区域样本农户的分化情况如表 3.7 所示。

表 3.7　　　　　　　　　　　样本农户分化情况

样本区域	样本情况	完全分工型农户	不完全分工型农户	专业型农户		
				农业专业型（参与市场）	农业专业型（自给自足）	非农业专业型
湖南丘陵地区	样本数	99	102	28	22	0
	所占比例	39.29%	40.48%	11.11%	8.73%	0.00%
江汉平原地区	样本数	135	57	73	10	3
	所占比例	48.56%	20.50%	26.26%	3.60%	1.08%
太湖平原地区	样本数	152	175	40	24	1
	所占比例	38.48%	44.30%	10.13%	6.08%	0.25%
鄂中丘陵地区	样本数	23	19	15	2	0
	所占比例	38.98%	32.20%	25.42%	3.39%	0.00%
总体样本		409	353	156	58	4
所占比例		41.57%	35.87%	15.85%	5.89%	0.41%

从表 3.7 中可以看出，在所有样本中完全分工型农户样本数为 409 户，占总样本的 41.57%；不完全分工农户样本数为 353 户，占总样本比例为 35.87%；农业专业型农户样本数为 214 户，占总样本数的 21.75%，

① 本书以此为确定农业专业型农户中自给自足型农户之依据的原因为：农业专业型农户做出农产品销售决策时考虑了家庭对农产品的消费需求，根据文定理，最优决策下农户不会销售和购买同一种产品，因此农户在保留了家庭对农产品足够的需求量后向市场出售其剩余产品，以获得下一期农业再生产的成本，对于自给自足型农户而言，其农业生产动机仅为维持家庭粮食需求而不是追求市场利润，因此其出售剩余产品所得利润与投入成本保持基本一致时符合其最优生产决策，因此本书以此为依据确定农业专业型农户中自给自足型农户划分的依据。

· 66 ·

其中参与市场的农业专业户有 156 户，分别占农业专业户和总样本数的比例为 72.89% 和 15.85%；自给自足的农业专业户有 58 户，分别占农业专业户和总样本数的比例为 27.10% 和 5.89%；专业化从事非农业生产的农户仅 4 户，占总样本的比例为 0.41%，这是由于专业化从事非农业生产的农户大部分已离开农村，或定居于城市，因此在调查过程采样的难度较大，可调查到的该类型农户也较少。

由于各调查区域的自然属性和经济属性差异，各地区的农户分化形态表现出一定的差异，其中江汉平原地区完全分工型农户所占比例最高，为 48.56%，而其他三个地区之间该类型农户所占比例差异较小。不完全分工型农户地区差异最为明显，其中江汉平原地区该类型农户所占比例最低，为 20.50%；鄂中丘陵地区该类型农户比例为 32.20%，略高于江汉平原；湖南丘陵地区该类型农户比例为 40.48%，高于前两个区域；太湖平原地区该类型农户所占比例最高，为 44.30%。在专业型农户中，江汉平原地区该类型农户所占比例最高，为 29.86%；鄂中丘陵地区该类型农户所占比例略低，为 28.81%；湖南丘陵地区和太湖平原地区该类型农户所占比例均较低，分别为 19.84% 和 16.20%；而在该类型农户中，参与市场型农户在专业化从事农业生产的农户中所占比例又以鄂中丘陵地区为最高，为 88.23%；江汉平原地区其次，所占比例为 87.95%；湖南丘陵地区和太湖平原地区该类型农户所占比例远低于以上两个地区，分别为 56.00% 和 62.50%。

4. 不同类型农户家庭基本特征

由于专业化从事非农业生产的农户在总样本中所占比例较小，且该类型农户已不具有耕地投入行为，因此后文的分析将不对此类型农户的特征及耕地投入行为进行分析。

表 3.8 描述了完全分工型农户的家庭基本特征，从表 3.8 中可以看出，从事非农业生产的家庭成员数量总体上多于从事农业生产的家庭成

员，专业化从事农业生产的家庭成员平均年龄为 54.67 岁，其中最小年龄为 31 岁，最大为 78 岁，主要从事农业生产的家庭成员年龄普遍偏高。主要农业劳动者的平均教育水平为 2.42，低于初中教育水平，说明从事农业生产者普遍受教育程度较低，而其中以太湖平原地区专业化从事农业生产者的平均教育水平为最低，仅为 2.11。鄂中丘陵地区家庭人均耕地数量在 4 个地区中最高，为 0.21 公顷，湖南丘陵地区和太湖平原地区人均耕地面积最低，仅为 0.07 公顷。湖南丘陵地区耕地细碎化程度最高，江汉平原地区耕地细碎化程度最低，这是由不同地区的自然属性所决定的。不完全分工型农户、农业专业（参与市场）型农户和农业专业（自给自足）型农户家庭特征分别如表 3.9 至表 3.11 所示。

表 3.8   **完全分工型农户家庭基本特征**

家庭特征	家庭总人口	劳动人口		农业劳动人口平均年龄	主要农业劳动者教育水平	家庭人均耕地面积	耕地细碎化程度
		农业劳动人口	非农业劳动人口				
单位	（人）	（人）	（人）	（岁）	（N）	（公顷）	（块）
湖南丘陵地区	4.93	1.75	2.06	56.80	2.53	0.07	1.04
江汉平原地区	4.87	2.03	2.05	52.14	2.53	0.19	4.95
太湖平原地区	4.61	1.64	2.00	57.68	2.11	0.07	1.48
鄂中丘陵地区	4.09	1.87	1.57	52.04	2.52	0.21	1.11
总体样本	4.63	1.82	1.92	54.67	2.42	0.13	2.14

注：主要农业劳动者教育水平（N）中 N＝1、2、3…。根据我国教育体制的设定，以 1 表示文盲；2 表示小学；3 表示初中；4 表示高中；5 表示大专；6 表示大学及以上。耕地细碎化程度＝农户家庭耕地总面积/耕地块数，数值越小代表耕地细碎化程度越大，下同。

表 3.9   **不完全分工型农户家庭基本特征**

家庭特征	家庭总人口	劳动人口		农业劳动人口平均年龄	主要农业劳动者教育水平	家庭人均耕地面积	耕地细碎化程度
		农业劳动人口	非农业劳动人口				
单位	（人）	（人）	（人）	（岁）	（N）	（公顷）	（块）
湖南丘陵地区	4.20	2.06	2.48	50.02	2.62	0.09	1.13
江汉平原地区	4.30	2.47	1.47	46.47	2.66	0.19	4.61

续表

家庭特征	家庭总人口	劳动人口		农业劳动人口平均年龄	主要农业劳动者教育水平	家庭人均耕地面积	耕地细碎化程度
		农业劳动人口	非农业劳动人口				
单位	（人）	（人）	（人）	（岁）	（N）	（公顷）	（块）
太湖平原地区	4.13	2.02	2.57	52.38	2.29	0.08	1.40
鄂中丘陵地区	3.95	2.79	2.26	43.89	2.84	0.22	0.96
总体样本	4.14	2.33	2.20	48.19	2.60	0.15	2.03

注：表中农业劳动人口和非农业劳动人口数相加之和可能出现的大于家庭总人口的现象正是由于农户家庭成员的兼业行为造成的。

表 3.10　　　　　　农业专业（参与市场）型农户家庭基本特征

家庭特征	家庭总人口	劳动人口		农业劳动人口平均年龄	主要农业劳动者教育水平	家庭人均耕地面积	耕地细碎化程度
		农业劳动人口	非农业劳动人口				
单位	（人）	（人）	（人）	（岁）	（N）	（公顷）	（块）
湖南丘陵地区	2.64	2.11	0.00	56.57	2.29	0.17	1.48
江汉平原地区	2.86	2.16	0.00	50.58	2.52	0.41	5.95
太湖平原地区	2.73	2.13	0.00	57.67	2.10	0.20	3.51
鄂中丘陵地区	3.80	2.80	0.00	46.93	2.60	0.19	0.94
总体样本	3.01	2.30	0.00	52.94	2.38	0.33	4.28

表 3.11　　　　　　农业专业（自给自足）型农户家庭基本特征

家庭特征	家庭总人口	劳动人口		农业劳动人口平均年龄	主要农业劳动者教育水平	家庭人均耕地面积	耕地细碎化程度
		农业劳动人口	非农业劳动人口				
单位	（人）	（人）	（人）	（岁）	（N）	（公顷）	（块）
湖南丘陵地区	2.64	1.91	0.00	53.08	2.45	0.09	1.13
江汉平原地区	2.70	2.10	0.00	53.85	2.10	0.20	3.41
太湖平原地区	2.50	2.00	0.00	60.77	2.08	0.09	1.41
鄂中丘陵地区	2.50	2.00	0.00	56.50	2.00	0.13	0.61
总体样本	2.58	2.00	0.00	56.05	2.16	0.13	1.64

对四种类型农户的家庭特征进行横向比较，可以发现：主要从事农业劳动生产的家庭成员平均年龄间存在一定的差异，农业专业（自给自足）型农户家庭从事农业劳动生产者的平均年龄最大，完全分工型农户其次；结合不同类型农户家庭成员受教育水平横向比较情况，可以发现：农业专业（自给自足）型农户、农业专业（参与市场）型农户和完全分工型农户中从事农业生产的家庭成员平均受教育水平低于不完全分工型农户。根据前文的理论，这是由于年龄较大和受教育水平较低的农户家庭成员在家庭成员间的专业化选择过程中具有比较弱势，他们在选择进入非农产业过程中需要付出的学习成本或者从事非农产业的机会成本（k值）过大，使得他们在专业选择的均衡状态下从事专业的农业生产。由于农业专业（参与市场）型农户的家庭人均耕地面积远大于农业专业（自给自足）型农户，资源禀赋的差异导致了专业化从事农业生产类型农户在市场行为选择中的分化。

通过对不同类型农户家庭特征的横向比较不难发现，由于区域间不同类型农户间的家庭特征，特别是家庭人均耕地面积的差异，导致了不同地区农户分化情况的差异。江汉平原地区由于农户家庭人均耕地面积较大，因此江汉平原地区完全分工型农户和专业型农户所占比例均高于湖南丘陵地区和太湖平原地区。鄂中丘陵地区农业专业（参与市场）型农户的家庭人均耕地面积小于江汉平原地区，仅略高于湖南丘陵地区，且耕地细碎化程度严重，但该区域农业专业（参与市场）型农户所占比例仍然与自然资源条件优越的江汉平原地区基本相同，其原因主要是由于鄂中丘陵地区的样本农户所在区域成立了农业专业化组织，具有"组织化"农户的特征，农户经营农业生产的风险和成本均较小，农业生产收益高于其他区域，因此在自然条件并不理想的状况下仍然有较多的农户选择专业化从事农业生产。

不同类型农户家庭总收入反映了不同分工结构下农户的分工经济特征，表3.12为不同类型农户家庭的平均年总收入，由农业收入和非农业收入构成，需要说明的是，非农业收入不仅包括农户家庭成员从事非农产业的收入，还包括可获得的农业补贴、地区性福利和补贴以及其他转移性收入。可以看出，完全分工型农户分工经济效果明显，该类型农户家庭年收入高于其他三种类型农户，在我国非农产业劳动报酬率高于农业劳动报酬率的背景下，不完全分工型农户的家庭年总收入高于专业化从事农业生产的农户，而专业化从事农业生产且自给自足型的农户由于参与市场程度低，其家庭年收入在四种类型的农户家庭中为最低，这也证明了分工经济在农户分化中的客观存在性。

表 3.12　　　　　　　　不同类型农户家庭平均年总收入　　　　　　　单位：元

农户类型	湖南丘陵地区	江汉平原地区	太湖平原地区	京山县	总体样本
完全分工型农户	21337.17	22369.79	42889.79	26051.91	28162.17
不完全分工型农户	18822.31	21191.74	36522.31	22342.26	24719.66
农业专业（参与市场）型农户	8059.00	18063.22	32319.13	20844.80	19821.54
农业专业（自给自足）型农户	6238.74	9113.33	12482.63	6346.00	7482.67

数据来源：笔者通过调查数据计算所得。

3.5

本章小结

本章应用新兴古典分工理论从分工与专业化经济角度对我国农户分化形态从理论上进行了分析。

（1）第 1 节分析了新兴古典框架的生产环境以及在分析农户分化理论中的优势。由于农户家庭存在分工经济、农户及家庭成员间存在绝对和比较优势和农户及家庭成员间存在专业化分工等特点，使得新兴古典框架下的分工与专业化经济理论在研究农户分化中具有较强的优势。

（2）第 2 节和第 3 节根据家庭内部成员之间的分工与专业化经济分析

框架对我国农户可能出现的几种分化情况进行了分析，并提出了农户分化与家庭生产效率的相关理论假设。根据本章对农户家庭内部分化和农户家庭间分化的分析，我们可以对农户的类型进行划分，各类型农户的区分及特征见表3.13。

表3.13   农户分化类型及特征

农户类型			农户特征
家庭内部分化		完全分工型农户	农户不同家庭成员分别专业化从事不同专业的生产活动，家庭成员间实现完全分工，具有较强分工经济特征
		不完全分工型农户	农户家庭成员中有部分成员同时从事不同专业的生产活动，分工经济特征较弱
	专业型农户	农业专业（参与市场）型农户	农户家庭成员全部专业化从事农业生产且参与市场，无分工经济特征
		农业专业（自给自足）型农户	农户家庭成员全部专业化从事农业生产且自给自足，无分工经济特征
		专业化从事非农业生产	农户家庭成员全部专业化从事非农业生产，无分工经济特征
家庭间分化		组织化农户	具有较低的市场交易成本和较强的风险应对能力，家庭经营效率高
		自由化农户	具有较高的市场交易成本和较弱的风险应对能力，家庭经营效率相对"组织化农户"较低

（3）第4节首先对我国改革开放以来农户的总体分化情况进行了分析。虽然我国没有本书分析角度的统计数据，但是从农村从业人员中第一产业从业人员所占比例和农户家庭收入结构的变化仍然可以反映出我国农户分化现象是客观存在的。其次对湖南丘陵地区、江汉平原地区、太湖平原地区和鄂中丘陵地区4个调查区域的样本农户分化情况进行了分析。由于各地区的自然和经济属性差异，各地区不同类型农户分化的情况也呈现出一定的差异。总体上看完全分工型农户样本数为409户，占总样本的41.57%；不完全分工农户样本数为353户，占总样本比例为35.87%；

农业专业型农户样本数为 214 户，占总样本数的 21.75%；专业农户在总样本中所占比例较低，与我国第一产业从业人员所占比例较低的现象基本一致。同时，对调查区域不同类型农户家庭年平均收入高低进行比较分析，证实了分工经济在农户分化中的客观存在性。

第4章

不同类型农户耕地投入
行为的一般分析

　　每个人的经济活动都源于对自身幸福和满足的追求，他的生产及消费行为均受其目的的驱使。为了度量人们在经济活动中的满足、享受或者感觉等，"效用"的概念被开发出来并用以解释人们如何将有限的收入分配在能给他们带来效用的各种物品上。在新古典经济学中，需求曲线和供给曲线是对消费者行为和生产者行为进行分析的工具。农户作为消费者—生产者的综合体，这是农户区别于其他经济组织的最大特征（钟甫宁，2005），其消费行为和生产行为相互影响（陈和午，2004），作为生产者，农户需要配置劳动力和其他投入要素，作为消费者则要决定如何将农业利润和劳动收入配置到商品和服务的消费之中，其生产、劳动力配置和消费决策三者相互影响，在一般的形式下，农户家庭目标是在众多的约束条件下，通过消费一系列产品以最大化其效用，农户家庭消费的产品中有自己生产的产品，也有从市场购买的产品以及消费的闲暇。因此，农户在最大化消费行为的同时也确定了其生产行为。

　　农户的耕地投入行为是农户农业生产行为的主要内容，包括劳动时间投入、资本投入、耕地数量投入，其中耕地数量为农户耕地投入总面积（考虑复种指数）。而不同类型农户由于资源禀赋差异、应对风险的能力差异等因素将对其耕地投入行为产生不同的影响。因此本章将通过对农户消费行为和生产行为的分析，讨论不同类型农户在效用最大化条件下以及不同风险状态下的耕地投入行为。

4.1

不同类型农户的消费决策行为

4.1.1 农户家庭成员的效用函数

消费者通过消费不同的商品获得效用，同时消费商品数量受其预算约束限制，因此，普通的消费者行为理论认为消费者要在受限制的商品购买量上使其效用达到最大化。一个一般形式的效用函数表达如下：

$$U = u(x_1, x_2, \cdots, x_n) \tag{4.1}$$

单一时期内的收入约束为：

$$I = \sum_{i=1}^{n} x_i p_i \tag{4.2}$$

式（4.1）和式（4.2）中，x_i 表示消费者消费的商品，p_i 表示商品 x_i 的价格，I 表示货币收入。收入提高增加了对多数商品的需求，因为增加的收入必定要消费。该理论的一个更复杂和更实际的意义在于每个人配置时间就像把货币收入配置到不同的活动上一样，从花费在市场上的劳动时间中得到收入，而从花费在吃饭、睡觉、看电视和参加其他活动的时间中获得效用，因此效用函数可以扩展为：

$$U = u(x_1, x_2, \cdots, x_n, t_{h_1}, t_{h_2}, \cdots, t_{h_j}) \tag{4.3}$$

式（4.3）中 t_{h_j} 是花费在第 j 项活动上的时间。时间预算约束加入货币收入约束：

$$\sum_{j=1}^{r} t_{h_j} + t_w = t \tag{4.4}$$

式（4.4）中 t 是可利用的总时间，t_w 是花费在有劳动报酬的工作上的时间。因此，消费者的收入不再由外生给定，而是由时间配置所决定的，式（4.2）中的收入约束与时间约束综合起来可以得到：

$$\sum p_i x_i + w \sum t_{h_j} = wt + v = S \tag{4.5}$$

式（4.5）中 w 表示单位时间的劳动报酬，v 表示财产收入，S 表示全部收入（Singh，Squire and Strauss，1986）。式（4.5）说明消费者全部收入中有一部分时间直接花费在市场商品上，而另一部分间接用在产生效用而非取得工资上。

将以上理论结合新古典要素供给理论（劳动供给理论），劳动供给涉及消费者对其拥有的时间资源的分配。消费者选择一部分时间作为闲暇来享受，选择其余时间作为劳动供给。闲暇直接增加了效用，劳动供给可以带来收入，通过收入用于消费从而增加消费者的效用。因此，从实质上来看，消费者并非是在闲暇和劳动两者之间进行选择，而是在闲暇和劳动收入之间存在一个两难的冲突。

农户的经济行为由每一个农户家庭成员的经济行为组合而成，并且在家庭成员之间存在着利益上的冲突，如果某一个家庭成员在生产过程中过多地选择闲暇来提高自身的效用，那么他的这种行为将导致家庭总收入的减少，其他家庭成员由于利他主义行为的影响，需要转移部分自身收入给该家庭成员以使其维持生活，因此其他家庭成员的效用发生下降，而转移给家庭其他成员的自身收入也包含于该成员所获得总收入之中。因此，用闲暇和收入来表征每位农户家庭成员的效用函数是非常符合农户经济行为的。此时效用函数表征为：

$$U = u(Y, T_c) \tag{4.6}$$

其中 Y 表示农户家庭成员的劳动收入，T_c 表示农户家庭成员享受的闲暇。后面关于效用函数具体形式的分析将在此基础形式上进行。

思恩（Singh）、斯奎尔（Squire）和斯特拉斯（Strauss）的农户效用模型是最具影响力的模型，该模型是将农户作为一个生产者—消费者的整体进行分析，并未考虑每个农户家庭成员的效用情况，但是该模型极具代表性。其基本假说是：农户是一个效用最大化追求者，农户效用受农户收入、生产效益和农户休闲等因素的影响，农户的决策行为受到农户现金、劳动力和技术等资源的限制。对于一个生产周期来说，农户的效用模型可以表示如下（张林秀，1996）：

$$\text{Max} U = U(X_a, X_m, X_L) \qquad (4.7)$$

$$s.t. \quad Q = Q(A \cdot L \cdot V) \qquad \text{生产约束条件} \qquad (4.8)$$

$$T = X_L + T_f \qquad \text{时间约束条件} \qquad (4.9)$$

$$P_m X_m = P_a(Q - X_a) - w(L - T_f) - P_v V \qquad \text{收入约束条件} \qquad (4.10)$$

式中，U：农户的效用函数；X_a：农户所消费的自己生产的农产品；X_m：农户从自由市场购进的商品；X_L：农户对休闲时间的需求；Q：农户总生产量；A：农户耕种的土地面积（假定为不变量）；L：农户生产总劳动时间投入（包括自由劳动时间和雇佣劳动时间）；V：农户生产中的可变物质投入；T：劳动总时间储备；T_f：农户用于生产的时间；$Q - X_a$：农产品市场出售量；P_a，P_m，P_v：分别是农产品价格、市场购进品价格和物质投入物价格；$L - T_f$：用于从事工资收入的劳动时间（负值表示雇进工时，正值则表示雇出工时）；W：劳动价格。

将三个约束条件合并整理后得到：

$$P_m X_m + P_a X_a + W X_L = WT + P_a Q - WL - P_v V \qquad (4.11)$$

式（4.11）中左边是农户的总支出，包括市场购买支出（$P_m X_m$）、农户消费的自己生产的农产品（$P_a X_a$）、农户消耗自有劳动时间和休闲支出（$W X_L$）；等式右边是农户的总收入，（WT）是农户劳动时间内储备的内生价值，（$P_a Q - WL - P_v V$）是农户的利润。

对以上效用函数构建拉格朗日函数极值问题进行求解可以得到农户家庭成员需求函数的一般形式：

$$X_i^* = X_i(P_m, P_a, P_v, W, Y) \qquad (4.12)$$

其中 $i = m$，a，v，L。该结果表示农户的产品需求及对生产资料的需求受产品本身价格、其他产品价格、工资和收入的影响。而对于农户来说，他的收入 Y 则要受到其本身的生产活动影响，同时收入又影响到农户消费行为。该模型反映了一种正常商品价格的上涨对其需求的影响及一种产品价格上涨带来的收入增长对需求的影响。

4.1.2 各类效用函数的特征及比选

前文中对农户效用模型的分析只是建立在一般形式的效用函数之上，而选择符合农户行为特征的效用函数是研究农户消费行为的基础。效用函数的存在形式由消费品的边际效用特征和消费品之间的替代关系特征所确定，因此可以依据消费品之间的不同替代特征来选择适用于农户家庭成员消费行为的效用函数形式。效用函数根据商品之间替代弹性的不同可以分为五类：（1）替代弹性固定为 0 的里昂惕夫（Leontief）效用函数，该效用函数的特征为两种商品之间完全互补，且两种商品必须按照固定不变的比例同时被消费；（2）替代弹性固定为 1 的柯布—道格拉斯（Cobb - Douglas）效用函数；（3）固定替代弹性效用函数（CES）；（4）替代弹性为无穷大的线性效用函数，该函数特征为两种商品完全可替代，且替代比例固定不变；（5）可变替代弹性的效用函数（VES）。各类效用函数的数学形式如表 4.1 所示。

表 4.1 不同的效用函数形式

效用函数形式	数学表达式	替代弹性	参数性质
Leontief 效用函数	$U = \min(Y,\ aT_c)$	$\sigma = 0$	$a > 0$
C - D 效用函数	$U = Y^a T_c^{(1-a)}$	$\sigma = 1$	$0 < a < 1$
CES 效用函数	$U = \left[aY^\rho + (1-a) T_c^\rho \right]^{\frac{1}{\rho}}$	$0 < \sigma < 1$ 或 $\sigma > 1$	$0 < a < 1,\ \rho > 0$
线性效用函数	$U = Y + aT_c$	$\sigma = +\infty$	$a > 0$
VES 效用函数	$U = T_c^{(1-\delta h)} \left[Y + (h-1) T_c \right]^{\delta h}$	σ 不固定	

根据农户对收入和闲暇的偏好特征及两者之间的替代关系,洪建国(2010)结合劳动供给理论以及各效用函数的性质对以上五种效用函数进行了比较,并认为具有固定替代弹性的 CES 效用函数适用于分析我国农户的消费行为,本书将采用此分析结论。CES 效用函数的形式及主要特征如下:

CES 效用函数的形式为:

$$U = \left[aY^\rho + (1-a) T_c{}^\rho \right]^{\frac{1}{\rho}} \quad (0 < a < 1, \ \rho > 0) \tag{4.13}$$

其替代弹性 $\sigma = \dfrac{1}{1-\rho}$ ($0 < \sigma < 1$ 或 $\sigma > 1$)。

收入(Y)与闲暇(T_c)的边际替代率为:

$$MRS_{YT_c} = -\frac{a}{1-a}\left(\frac{T_c}{Y}\right)^{1-\rho} \tag{4.14}$$

对式(4.5)中农户的收入约束进行简化处理,假设农户的财产收入均由劳动时间配置所决定,此时农户的收入约束可表示为:

$$wT = Y + wT_c \tag{4.15}$$

式(4.15)中 w 表示劳动报酬率,等式左边表示农户家庭成员付出除生理休息时间以外其他所有时间应该得到的报酬,等式右边表示农户家庭成员将所得收入花费在商品消费和闲暇消费的情况,若将 Y 看做是消费商品的总量,则单位商品的价格为 1。闲暇的价格为劳动的机会成本 w。

考察农户闲暇 T_c 与劳动报酬率之间的关系,根据两者之间的边际替代率等于其价格的比率之关系以及替代弹性的公式有:

$$\sigma = \frac{\dfrac{d(Y/T_c)}{Y/T_c}}{\dfrac{d(w/1)}{w/1}} = \frac{\ln\left(\dfrac{Y}{T_c}\right)}{\ln\left(\dfrac{w}{1}\right)} \tag{4.16}$$

根据式(4.16)可计算出闲暇与替代弹性的关系:

$$T_c = \frac{T}{w^{\sigma-1}+1} \tag{4.17}$$

CES 效用函数中替代弹性的取值范围为:$0 < \sigma < 1$ 或 $\sigma > 1$,结合式

（4.17）可以绘制出农户家庭成员的劳动供给特征，当 $0<\sigma<1$ 时，农户家庭成员的闲暇随劳动报酬率的增加而增加，当 $\sigma>1$ 时，农户家庭成员的闲暇随劳动报酬率的增加而减少，见图4.1和图4.2。

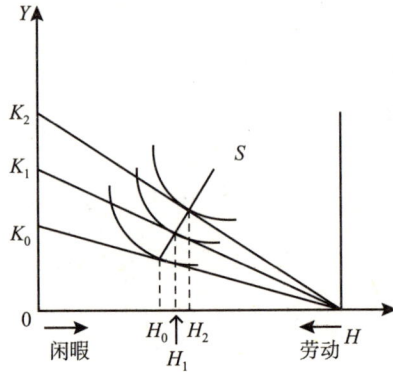

图4.1　农户家庭成员劳动供给曲线（$0<\sigma<1$）

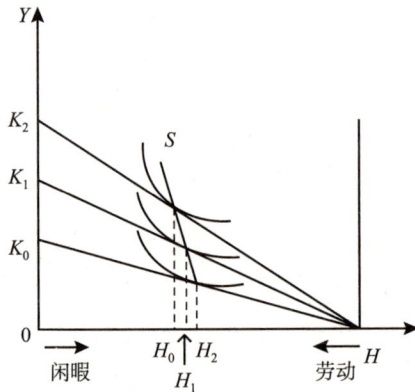

图4.2　农户家庭成员劳动供给曲线（$\sigma>1$）

　　图中 K_0、K_1、K_2 分别代表不同的劳动报酬率，且 $K_0<K_1<K_2$，S 为农户家庭成员的劳动供给曲线。我国农户大量从劳动报酬率较低的农业转移到劳动报酬率较高的非农业，说明我国农户在劳动报酬率提高的时候愿意提供更多的劳动，此现象与CES效用函数中当 $\sigma>1$ 时的劳动供给曲线比较符合，因此选择 CES 效用函数来分析我国农户的经济行为是合适的。

4.1.3 不同类型农户的家庭效用

1. 均衡条件下的个人效用最大化

根据前面对农户家庭成员效用函数的分析，最大化条件下一个农户家庭成员的效用函数形式及其约束条件可以表示如下：

$$\text{Max} U = \left[aY^p + (1-a)T_c^\rho \right]^{\frac{1}{\rho}} \tag{4.18}$$

$$s.t.\ Y + wT_c = wT \tag{4.19}$$

通过构建拉格朗日函数可以求解效用最大化条件下农户家庭成员对消费和闲暇的需求函数。构建拉格朗日函数形式如下：

$$L(U) = \left[aY^p + (1-a)T_c^\rho \right]^{\frac{1}{\rho}} + \lambda(wT - wT_c - Y) \tag{4.20}$$

通过拉格朗日函数最优化求解方法对式（4.20）求最优解，为了后文分析的需要，将其简单求解过程陈列如下：

首先对参数 Y、T_c 和 λ 求偏导，构建如下形式的方程组：

$$\begin{cases} \dfrac{\partial L(U)}{\partial Y} = aY^{p-1}\left[aY^p + (1-a)T_c^\rho \right]^{\frac{1}{\rho}} - \lambda \\[3mm] \dfrac{\partial L(U)}{\partial T_c} = (1-a)T_c^{\rho-1}\left[aY^p + (1-a)T_c^\rho \right]^{\frac{1}{\rho}} - \lambda w \\[3mm] \dfrac{\partial L(U)}{\partial \lambda} = wT - wT_c - Y \end{cases} \tag{4.21}$$

在均衡条件下，即当 $MRS_{Y,T_c} = \dfrac{1}{w}$ 时，进一步利用最大化法则对方程组（4.21）求解可以得到最优化条件下农户家庭成员对 Y 和 T_c 的需求函数如下（求解过程略）：

$$Y = \left(\frac{aw}{1-a} \right)^{\frac{1}{1-\rho}} \cdot \frac{wT}{w + \left(\dfrac{aw}{1-a} \right)^{\frac{1}{1-\rho}}} \tag{4.22}$$

$$T_c = \frac{wT}{w + \left(\frac{aw}{1-a}\right)^{\frac{1}{1-\rho}}} \qquad (4.23)$$

令 $\left(\frac{a}{1-a}\right)^{\frac{1}{1-\rho}} = \eta$，则

$$Y = \frac{\eta w^{\frac{2-\rho}{1-\rho}} T}{w + \eta w^{\frac{1}{1-\rho}}}, \quad T_c = \frac{wT}{w + \eta w^{\frac{1}{1-\rho}}} \qquad (4.24)$$

将 Y 和 T_c 代入到式（4.18）中可以得到农户家庭成员的间接效用函数：

$$U_{(Y, T_c)} = (wT)^\rho \cdot \frac{(a\eta + 1 - a)^{\frac{1}{\rho}}}{w + \eta w^{\frac{1}{1-\rho}}} \qquad (4.25)$$

式（4.25）说明均衡条件下，农户家庭成员的效用与其总收入有关，总收入越高，其效用越大，同时也与劳动报酬率和参数 a 和参数 ρ 相关。参数 a 在经济意义代表了农户家庭成员对收入（Y）和闲暇（T_c）的相对偏好程度，a 越大则表示农户家庭成员更偏好于取得更多的收入，反之则表示农户家庭成员更偏好于享受闲暇。参数 ρ 反映了农户家庭成员对收入（Y）和闲暇（T_c）两种消费品的替代弹性，ρ 越大，则替代弹性越大，表示农户家庭成员劳动时间配置对劳动报酬率 w 的变化越敏感（洪建国，2010）。

2. 不同类型农户效用比较

无差异曲线作为描述消费者行为的主要方法，确立了序数效用函数的主导地位。CES 效用函数具备序数效用函数的性质，与基数性质的效用函数不同，消费者之间的效用无法进行加总，因此需要对均衡条件下的 CES 效用函数进行一定形式的转换，求解可以用收入表示的每个消费者所得的边际效用，从而实现农户家庭成员之间效用的加总，使得不同类型农户之间的家庭总效用具有可比性。

前文中利用拉格朗日函数，通过式（4.19）对农户家庭成员对收入（Y）和闲暇（T_c）的需求函数进行了求解，但是并未对拉氏算子（λ）进

行求解和讨论，虽然在一般经济问题的比较静态分析中只将拉氏算子（λ）作为求解最优值的媒介参数，但是其所包含的经济意义是值得我们深入讨论的，并且其经济意义将对消费者的效用分析作出巨大的贡献。

（1）拉氏算子的经济意义。

在最优化问题的分析中引入拉氏算子绝不是由于某种艺术魅力的吸引也不是图简单（Dixit，1974），拉格朗日方法的重要性在于它提供了求解最基本比较静态经济学问题的方法。下面利用具有两个变量和一个约束条件的简单问题对拉氏算子的经济意义进行说明。

假设效用函数的形式为 $U = F(x_1, x_2)$，约束条件为 $G = G(x_1, x_2) = m$，式中 x_1，x_2 表示两种商品，m 为收入。最大化条件下的拉格朗日函数形式为：

$$U(x) - \lambda G(x) = 0 \tag{4.26}$$

当最优选择为 $\bar{x}$ 时，最大化效用表达式为 $u = U(\bar{x})$，考虑当其他条件不变，收入约束条件发生变化时的情况，当收入有边际增量 dm 时，约束方程变为 $G(x) = m + dm$。此时，我们期望最优效用的差值为 $d\bar{x}$，最优效用的改变量为 $U(\bar{x} + d\bar{x}) - U(\bar{x})$。将此差值的一阶近似值用 U 和 G 在 $\bar{x}$ 点的导数表达的一阶泰勒展开式和条件式（4.24）求得，求解过程如下：

$$du = U_1(\bar{x})d\bar{x}_1 + U_2(\bar{x})d\bar{x}_1 = \lambda[G_1(\bar{x})d\bar{x}_1 + G_2(\bar{x})d\bar{x}_1]$$
$$= \lambda[G(x + d\bar{x}) - G(\bar{x})] = \lambda[(m + dm) - m] = \lambda dm \tag{4.27}$$

从式（4.27）可以导出 $\lambda = \dfrac{du}{dm}$，从此表达式可以清晰地看出，拉氏算子的经济意义为其他条件不变的情况下，收入每增加一单位带来的效用变动率，也即边际效用的货币价值。因此，对一个可以用收入来表示的拉氏算子的表达式，效用最大化条件下，消费者的反需求函数可以表示为：$P_x = P(x; m)$，且 $\dfrac{\partial P_x}{\partial x} < 0$，其中 P_x 为商品价格。此时可以用 $\int_0^{x_0} P_x(z)dz$ 代表消费量为 x_0 时消费者的"总效益"，见图4.3中阴影部分，其中 $P_x(z)$

为消费者的反需求函数形式。

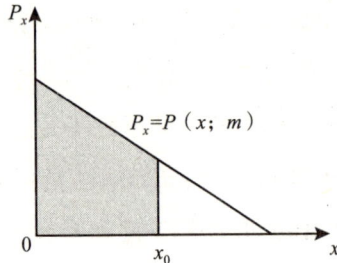

$P_x = P(x; m)$

图 4.3 消费者"总效益"图

因此在一个给定的收入下，消费者的总效用可以表示为：

$$U(x) = \int_0^{x_0} \frac{MU_x(z, m)}{\lambda(m)} dz \qquad (4.28)$$

当消费者总效用表示为以上形式时，我们便可以通过不同消费者的收入情况对其效用进行加总和比较了。对于一个农户家庭来说，家庭总效用可表示为：

$$\overline{U}(x) = \sum_{i=1}^{n} \int_0^{x_0} \frac{MU_x(z_i, m)}{\lambda(m)} dz_i \qquad (4.29)$$

式（4.29）中 z_i 为不同家庭成员的反需求函数，n 为家庭成员数量。

（2）不同类型农户家庭成员总效用及消费行为。

根据以上对拉氏算子经济意义的分析，对农户家庭成员 CES 效用函数形式下，且效用最大化条件下的 λ 求解（求解过程略），可得到农户家庭成员总收入对其的表达式为：

$$\lambda = (wT)^{2\rho-1} \cdot \frac{a\eta^{\rho-1} \cdot (a\eta+1-a)^{\frac{1}{\rho}}}{w \cdot (w + \eta w^{\frac{1}{1-\rho}})^{\rho}} \qquad (4.30)$$

要比较不同类型农户的效用，我们首先要对不同专业化程度的农户家庭成员的收入进行比较分析。根据本书第 3 章的分析，农户家庭成员的专业化形式有以下几种：农业专业（参与市场）型农户（Ⅰ）；专业化从事非农业生产（Ⅱ）；同时从事农业生产和非农业生产（Ⅲ）；农业专业（自给自足）型农户（Ⅳ）。

由于农户家庭成员的专业化程度为外生给定，因此在对以上不同专业化程度的农户家庭成员收入进行比较之前，我们需要做出以下假设：每个农户家庭成员特征外生相同，每个农户家庭成员的工作时间相同，家庭成员对收入（Y）和闲暇（T_c）的相对偏好程度相同（即参数 a 相同），农户家庭成员劳动时间配置对劳动报酬率 w 的变化敏感度相同（即参数 ρ 也相同）。此时农户家庭成员的效用只与其获得的总收入有关，设农业和非农业的劳动报酬率分别为 w_f 和 w_i，在我国非农业劳动报酬率高于农业劳动报酬率（$w_i > w_f$）的现实情况下，不同专业化程度[1]农户家庭成员的收入（wT_i，$i \in$（农户家庭成员类型Ⅰ，Ⅱ，Ⅲ，Ⅳ））比较情况如下：

$$(wT)_{\text{Ⅱ}} > (wT)_{\text{Ⅲ}} \geqslant (wT)_{\text{Ⅰ}} > (wT)_{\text{Ⅳ}} \qquad (4.31)$$

从式（4.31）中可以看出，当农户家庭成员专业化从事非农业生产时其总收入最高，同时从事农业生产和非农业生产的农户家庭成员其次，再次为专业化从事农业生产的家庭成员，收入最低的是专业化从事农业生产且未参与市场（自给自足）的家庭成员。其中 $(wT)_{\text{Ⅲ}} \geqslant (wT)_{\text{Ⅰ}}$ 的结论是由于专业化经济理论使得农业生产效率提高，从而使得总收入提高并可能与同时从事非农业生产和农业生产所获得总收入相同。当然，当农户家庭成员从事非农业生产的劳动报酬率仅略高于农业生产的劳动报酬率时可能出现 $(wT)_{\text{Ⅲ}} \leqslant (wT)_{\text{Ⅰ}}$ 的情况，因此，该理论假设需要放到不同的经济环境中进行实证检验。

在式（4.31）所给出的条件下，结合式（4.30）的表达形式，不同类型农户家庭成员的总效用大小关系可以用图4.4所示的形式表示。

---

[1]　不同专业化程度农户家庭成员与不同类型农户家庭成员意义相同，本书将根据表达需要在文中交替出现以上两种表述方法。

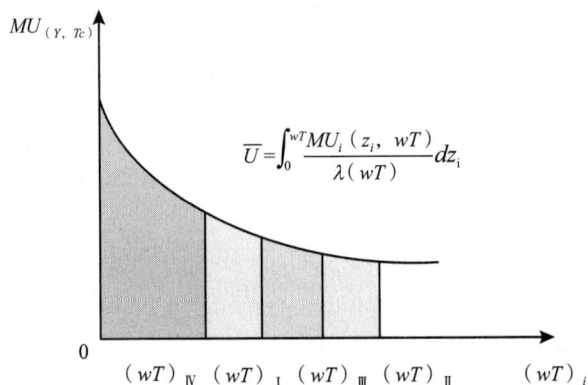

$$\overline{U} = \int_0^{wT} \frac{MU_i(z_i, wT)}{\lambda(wT)} dz_i$$

（a）$(wT)_{Ⅲ} > (wT)_{Ⅰ}$ 时不同类型农户家庭成员总效用

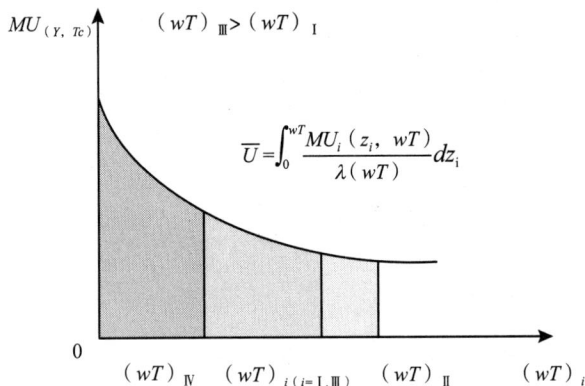

$(wT)_{Ⅲ} > (wT)_{Ⅰ}$

$$\overline{U} = \int_0^{wT} \frac{MU_i(z_i, wT)}{\lambda(wT)} dz_i$$

（b）$(wT)_{Ⅲ} > (wT)_{Ⅰ}$ 时不同类型农户家庭成员总效用

图4.4　不同类型农户家庭成员总效用

根据式（4.29）中对农户家庭成员总效用的计算方法，当 $(wT)_{Ⅲ} > (wT)_{Ⅰ}$ 时，不同类型农户家庭成员的总效用从大到小依次为：

$$\overline{U}_{(Y, T_c)Ⅱ} > \overline{U}_{(Y, T_c)Ⅲ} > \overline{U}_{(Y, T_c)Ⅰ} > \overline{U}_{(Y, T_c)Ⅳ}$$

当 $(wT)_{Ⅲ} = (wT)_{Ⅰ}$ 时，不同类型农户家庭成员的总效用从大到小依次为：

$$\overline{U}_{(Y, T_c)Ⅱ} > \overline{U}_{(Y, T_c)Ⅲ} = \overline{U}_{(Y, T_c)Ⅰ} > \overline{U}_{(Y, T_c)Ⅳ}$$

用无差异曲线表示不同类型农户家庭成员的效用，可以考察其在效用最大化条件下的消费行为差异。为了简化不同类型农户家庭成员之间的效用比较，假设每种类型农户家庭成员的劳动时间相同，即预算约束能享受的最大闲暇时间不变，当总收入发生变化时，预算约束线围绕最大闲暇时间约束点（T_0）转动，见图 4.5（a）和图 4.5（b）。

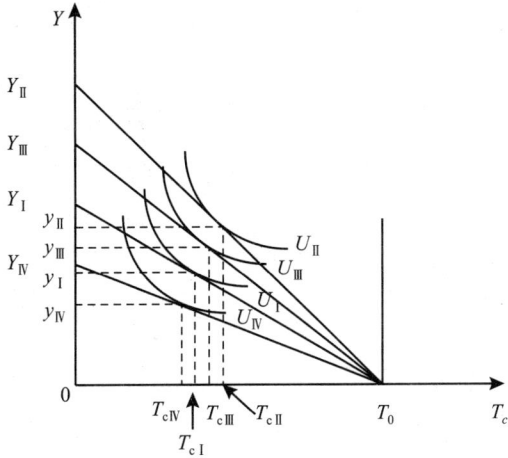

（a）$(wT)_{III} > (wT)_I$ 时不同类型农户家庭成员效用曲线

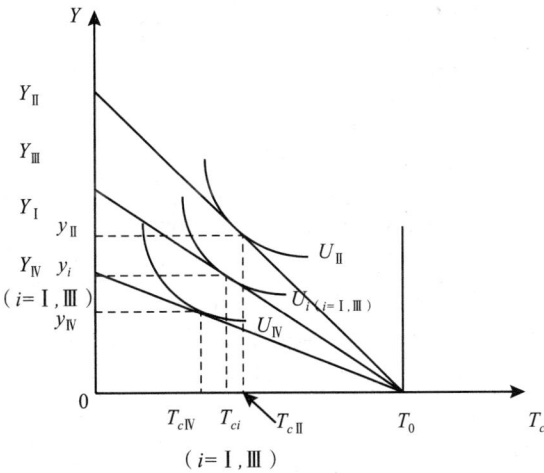

（b）$(wT)_{III} = (wT)_I$ 时不同类型农户家庭成员效用曲线

图 4.5　不同类型农户家庭成员消费行为比较

图 4.5（a）和图 4.5（b）中纵轴表示农户家庭成员获得的劳动收

入,横轴表示农户家庭成员享受的闲暇。$Y_i(i \in (I, II, III, IV))$是四种不同类型农户家庭成员的劳动收入约束,$U_i(i \in (I, II, III, IV))$是四种不同类型农户家庭成员的效用无差异曲线,分别与各自的预算线相切(效用最大化条件)。$y_i[i \in (I, II, III, IV)]$和$T_{ci}[i \in (I, II, III, IV)]$分别表示在效用最大化条件下消费的商品(用劳动收入所购买的商品)和闲暇。

可以看出,农户家庭成员总效用越大,消费的商品(用劳动收入所购买的商品)和闲暇就越多,如专业化从事非农业生产的农户家庭成员由于总效用最大,因此其可以享受的商品消费和闲暇最多。

(3)不同类型农户家庭总效用比较。

家庭的目的是在其预算约束限制下最大化其效用,而预算约束又依赖于产品的生产。对于家庭来说,效用最大化的解通常是在预算约束的条件下,家庭位于可得到的那条最高的无差异曲线之上。然而,预算约束则根据家庭自身所处的市场环境和家庭特征而具有不同的形式。根据本书第3章中对农户家庭类型的分析,不同类型农户家庭中的家庭成员组成特征见表4.2,为了使分析具有一般性,只讨论家庭成员中生产者的组成情况,且生产者数量为两人。

表4.2 不同类型农户家庭成员组成情况

农户类型		家庭成员组成特征
完全分工型农户		成员 I 、成员 II
不完全分工型农户		成员 I 或成员 II 、成员 III
专业型农户	专业化从事农业生产(参与市场)	成员 I 、成员 I
	专业化从事农业生产(自给自足)	成员 IV 、成员 IV
	专业化从事非农业生产	成员 II 、成员 II

注:(成员 I)专业化从事农业生产(有市场交易);(成员 II)专业化从事非农业生产;(成员 III)同时从事农业生产和非农业生产;(成员 IV)农业专业(自给自足)型农户。

根据前文中农户家庭成员总效用的计算及比较方法,我们同样可以计算和比较不同类型农户家庭的总效用。根据定积分的性质：$\int_a^b [f(x) + g(x)]\,dx = \int_a^b f(x)\,dx + \int_a^b g(x)\,dx$，$\int_a^c f(x)\,dx = \int_a^b f(x)\,dx + \int_c^b f(x)\,dx$，其中 $c > b > a$ 且函数 $f(x)$ 和 $g(x)$ 在定积分区间上连续可微。因此可以根据以上法则对各农户家庭成员的总效用进行加总，求得农户的家庭总效用。由于各农户家庭成员效用函数中的参数无具体的估计值，无法求解效用的具体值，因此本书通过图形法对农户家庭总效用进行分析和比较。为了简化分析，下文将以 $(wT)_{\mathrm{III}} > (wT)_{\mathrm{I}}$ 时的情况为例对各类型农户家庭总效用进行比较分析，由于当 $(wT)_{\mathrm{III}} = (wT)_{\mathrm{I}}$ 时各类型农户家庭总效用的比较分析方法完全相同，本书将不对此进行情况进行赘述。

完全分工型农户家庭总效用等于专业化从事农业生产（有市场交易）的家庭成员（成员Ⅰ）总效用和专业化从事非农业生产的家庭成员（成员Ⅱ）总效用之和，用图解法表示如图 4.6 所示。

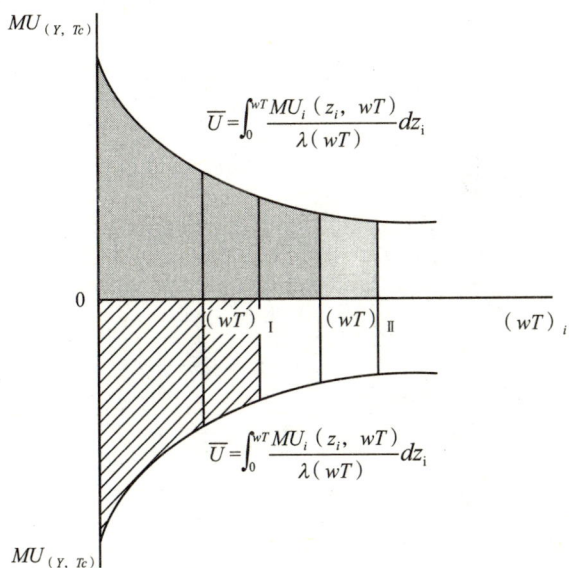

图 4.6　完全分工型农户家庭总效用

图 4.6 中横轴上半部分中阴影部分面积表示农户家庭成员 Ⅱ 的总效用，下半部分中的阴影部分表示农户家庭成员 Ⅰ 的总效用，两个阴影部分面积的总和即为完全分工型农户家庭总效用。为了比较方便，图中保留了各类型农户家庭成员的总收入水平在横轴上的刻度表示（图 4.7 至图 4.10 规则也相同）。

不完全分工农户家庭由一个专业化从事农业生产或者非农业生产的家庭成员（成员 Ⅰ 或者成员 Ⅱ）和一个从事两种专业化生产的家庭成员 Ⅲ 组成，因此该类农户家庭总效用由以上家庭成员的总效用组成，用图解法表示如下（见图 4.7（a）和图 4.7（b））：

专业化农户家庭由农业专业（参与市场）型农户、专业化从事非农业生产和农业专业（自给自足）型农户三种类型组成，下面将依次对以上三种类型的农户家庭总效用进行分析。农业专业（参与市场）型农户的农户家庭由两名成员 Ⅰ 组成，此时家庭总效用如图 4.8 表示。

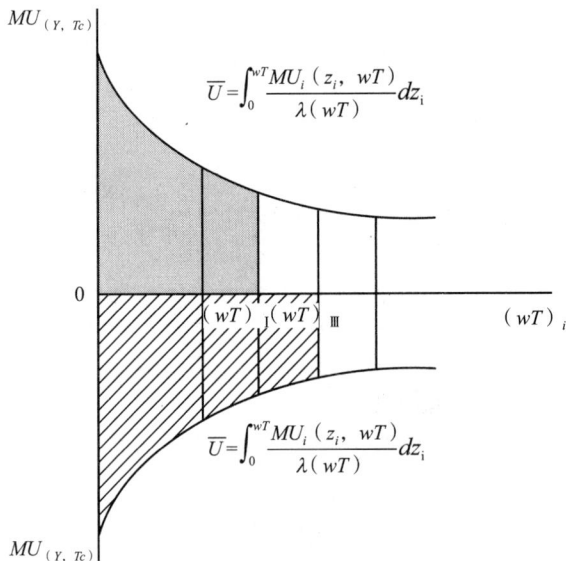

（a）家庭成员由 Ⅰ 和 Ⅲ 构成时家庭总效用

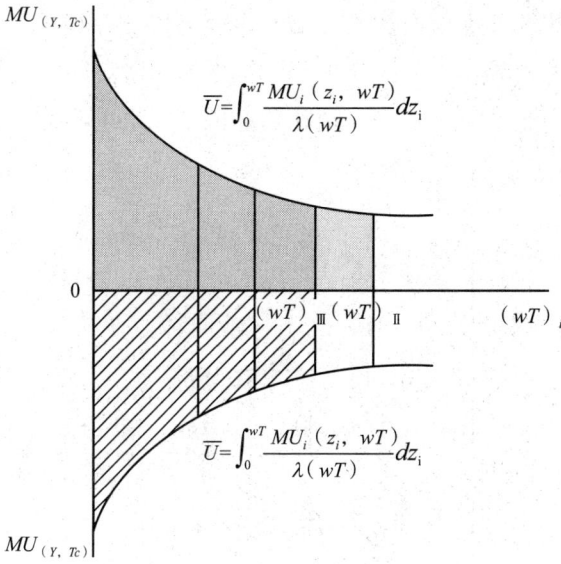

$$\overline{U}=\int_0^{wT}\frac{MU_i\,(z_i,\ wT)}{\lambda\,(wT)}dz_i$$

$$\overline{U}=\int_0^{wT}\frac{MU_i\,(z_i,\ wT)}{\lambda\,(wT)}dz_i$$

（b）家庭成员由Ⅱ和Ⅲ构成时家庭总效用

图4.7　不完全分工农户家庭总效用

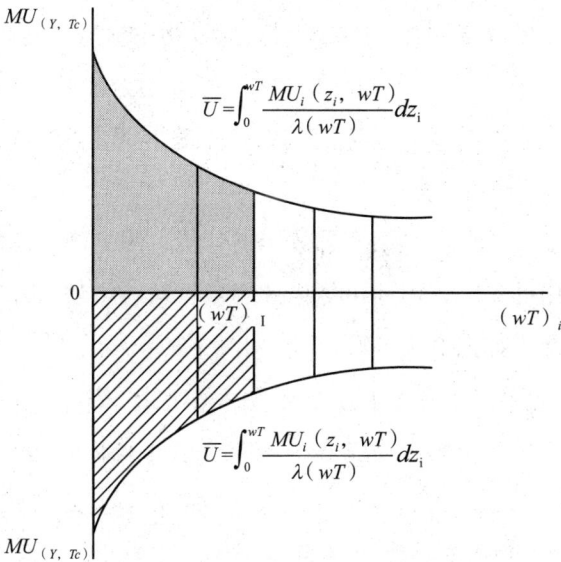

$$\overline{U}=\int_0^{wT}\frac{MU_i\,(z_i,\ wT)}{\lambda\,(wT)}dz_i$$

$$\overline{U}=\int_0^{wT}\frac{MU_i\,(z_i,\ wT)}{\lambda\,(wT)}dz_i$$

图4.8　专业化农户家庭总效用（农业专业（参与市场）型农户）

专业化从事非农业生产的农户家庭由两名成员Ⅱ构成，此时农户家庭总效用如图4.9表示。

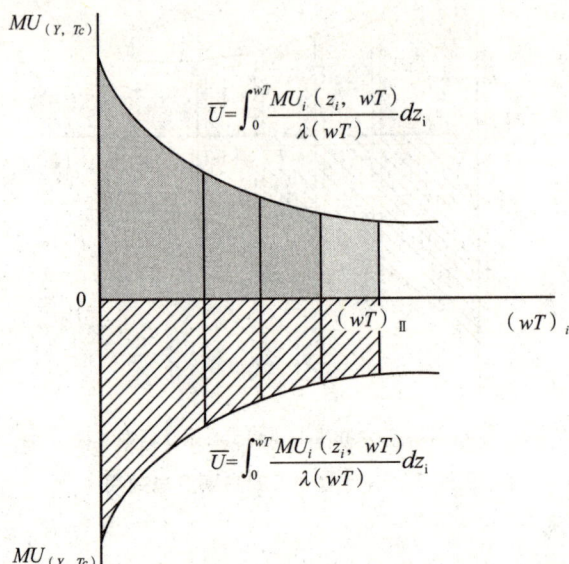

$$\overline{U}=\int_0^{wT}\frac{MU_i(z_i,\ wT)}{\lambda(wT)}dz_i$$

图4.9中，纵轴为 $MU_{(Y,\ T_C)}$，横轴为 $(wT)_i$，标注有 0、$(wT)_{\text{Ⅱ}}$。

$$\overline{U}=\int_0^{wT}\frac{MU_i(z_i,\ wT)}{\lambda(wT)}dz_i$$

图4.9　专业化农户家庭总效用（专业化从事非农业生产）

农业专业（自给自足）型农户的农户家庭由两名成员Ⅳ组成，此时农户家庭总效用如图4.10表示。

通过对以上各类型农户家庭总效用的分析，阴影部分总面积的大小代表了家庭总效用的大小，因此可以以此为依据对各类型农户家庭总效用进行比较，比较结果如图4.11所示。

从图4.11中可以看出，家庭总效用大小次序依次为专业化从事非农业生产的农户、不完全分工型农户（成员Ⅱ、Ⅲ构成）、完全分工型农户（成员Ⅰ、Ⅱ构成）、不完全分工型农户（成员Ⅰ、Ⅲ构成）、农业专业（参与市场）型农户、农业专业（自给自足）型农户。

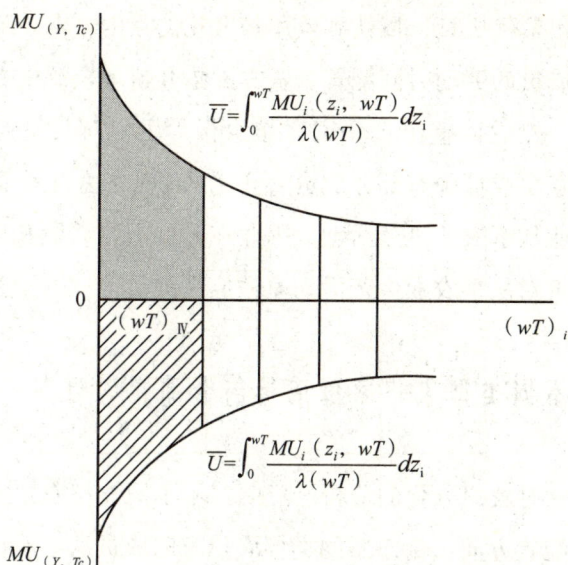

$$\overline{U}=\int_0^{wT}\frac{MU_i(z_i,\ wT)}{\lambda(wT)}dz_i$$

$$\overline{U}=\int_0^{wT}\frac{MU_i(z_i,\ wT)}{\lambda(wT)}dz_i$$

图 4.10　专业化农户家庭总效用（农业专业（自给自足）型农户）

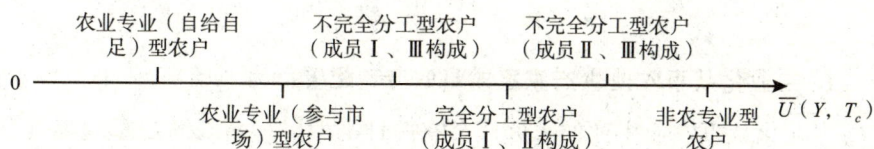

图 4.11　不同类型农户家庭总效用比较

4.2

不同类型农户的生产决策及耕地投入行为

农户家庭成员遵循自身的绝对和比较优势以及家庭内部的利他主义原则选择各自所从事的专业，并且各家庭成员均具有使得家庭总效用达到最大化的共同偏好。根据前文的分析，当农户家庭成员总收入越大时，他可以享受的商品消费和闲暇也越大，即效用越大，当每位家庭成员的效用均达到最大化时，家庭总效用达到最大化。因此，在最优状态下，每位农户家庭成员将对自身拥有和可从家庭其他成员处获得的劳动时间、资本和耕地使用配置做出最优决策，以达到效用最大化的目的。本节将首先对不同类型农户家庭成员的劳动时间配置、资本配置和耕地资源配置等决策行为做一般性分析，然后以整个农户家庭作为行为主体对其生产行为进行分析。由于农户家庭成员中有部分成员专业化从事非农业生产活动，部分成员专业或者兼业从事农业生产活动，因此在分析不同类型农户家庭成员生产行为的同时将对从事农业生产活动家庭成员的耕地投入行为进行分析。

4.2.1 不同类型农户家庭成员的劳动投入行为

本书第 3 章对农户分化的分析已经既定了不同类型农户家庭成员的劳动时间约束及配置方向，由于不同类型农户家庭成员从事不同专业的生产活动，因此其劳动时间配置行为也将因为从事专业的不同而不同，下面本书将针对各类型农户家庭成员不同特征就其劳动时间配置行为进行分析。

1. 专业化从事农业生产家庭成员的劳动配置行为

专业化从事农业生产的家庭成员有两种类型，一是既满足家庭粮食自给需求也向市场提供农产品的成员 I，二是仅满足家庭粮食自给需求的成员 IV。两者有一个共同点为满足家庭粮食自给需求，根据文定理，农户家庭不会同时生产和购买同一种产品，农户家庭不会同时生产农产品和购买农产品，这意味着农户家庭所需的农产品必须依靠自给自足，因此专业化从事农业生产的家庭成员的首要生产目标为保证家庭粮食需求（D. Maryke，2002），本书将此生产目标定义为 T_s，s 的意义为生存（subsistence）。在达到此生产目标的基础上再追求收入最大化目标 T_i，i 的意义为收入（income）。在耕地面积固定的情况下，耕地面积 A 与单位耕地劳动报酬率 w 的乘积即为农户家庭成员所要达到的生产目标，因此以劳动报酬率 w 为纵轴，农户家庭成员劳动时间 T 为横轴可以绘制出专业化从事农业生产的家庭成员劳动时间配置决策，如图 4.12 所示。

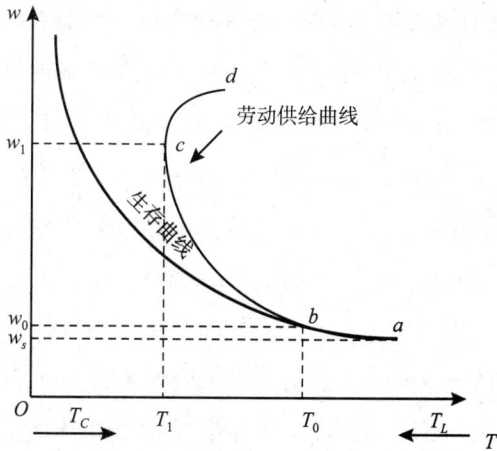

（a）农业专业（参与市场）型农户家庭成员劳动供给曲线

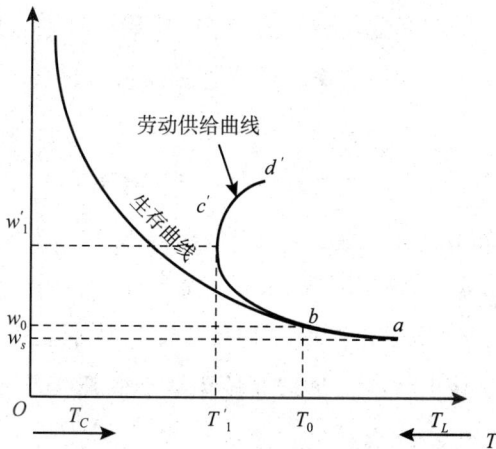

（b）农业专业（自给自足）型农户家庭成员劳动供给曲线

图 4.12　专业化从事农业生产家庭成员劳动供给曲线

图 4.12（a）和图 4.12（b）分别表示农业专业（参与市场）型和农业专业（自给自足）型农户家庭成员劳动供给曲线。图中，劳动供给曲线上 a 点到 b 点之间为维持生存的必要劳动时间，其中点 a 为农户家庭对粮食的最低需求量，即最低生存条件，农业专业（参与市场）型和农业专业（自给自足）型农户均需要满足此生存条件，此时的劳动报酬率为

w_s。b 点为农户家庭成员使家庭离开生存曲线（即解决温饱问题）的劳动投入时间，此时的劳动投入时间为 T_0。点 c 和点 c' 分别为参与市场和自给自足目标下专业化从事农业生产家庭成员的最大劳动供给点，即图中的 T_1 和 T'_1，此时劳动报酬率为分别为 w_1 和 w'_1，由于两种类型农户家庭成员面临的生产目标不同，参与市场型农户家庭成员期望得到的劳动报酬率高于自给自足型，即 $w_1 > w'_1$，当劳动报酬率继续上升时两种类型农户家庭成员的劳动投入时间均发生了下降，如图中的 cd 段和 $c'd'$ 段曲线所示，农户家庭成员选择更多的闲暇。这是因为对于专业从事农业生产且参与市场的农户家庭成员而言，在可获得的最高劳动报酬率 w_1 下，投入超过 T_1 的劳动水平使其边际成本增加，边际收益降低，因此产生了劳动投入不经济，此时该类型农户家庭成员会选择更多的闲暇来增加自身的效用水平。而专业化从事农业生产的农户家庭成员之所以选择自给自足，是因为其总产出受到耕地面积、资本或者劳动力素质①的约束，在其耕地面积、资本和劳动力的最优组合下，点 c' 为其生产曲线的最高点，超过 c' 点后继续增加的劳动供给是不经济的，因此 T'_1 为自给自足专业化从事农业生产农户家庭成员的最优劳动投入决策。

从图 4.12 中还可以看出参与市场且专业化从事农业生产的农户家庭成员的劳动投入要高于自给自足且专业化从事农业生产的农户家庭成员，并且具有较高的劳动报酬率和农业收入。

2. 专业化从事非农业生产家庭成员的劳动配置行为

专业化从事非农业生产的农户家庭成员缺乏生产资料②，其收入来源主要为向非农劳动市场提供劳力而获得的报酬。该家庭成员可以根据市场

---

① 此处劳动力素质约束主要是指专业化从事农业生产的农户家庭成员的身体素质约束，如因疾病或者年龄等原因造成的劳动力素质低下等情况。

② 本书中对专业化从事非农业生产农户家庭成员的从业形式仅限于在非农劳动力市场提供劳力并获得报酬的形式，对于独立经营非农产业（如经营小型企业等）的农户家庭成员经济行为不做讨论。

所提供的劳动报酬大小决定其劳动时间配置，同时其劳动时间配置也将受到家庭收入目标的影响。图 4.13 为专业化从事非农业生产农户家庭成员的劳动供给曲线。

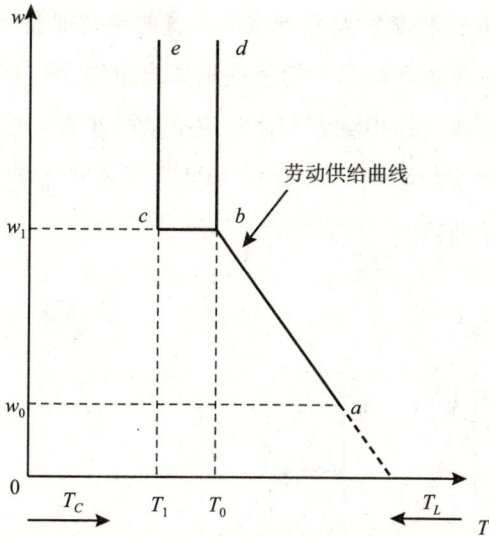

图 4.13　专业化从事非农业生产农户家庭成员劳动供给曲线

图 4.13 中点 a 以下用虚线表示该农户家庭不会在劳动报酬低于 w_0 时从事非农产业，其中 w_0 为该农户家庭成员从事农业生产的劳动报酬率。当非农劳动报酬率高于 w_0 时，并且随着劳动报酬率的增长，该农户家庭成员向市场提供的劳动时间也随之增加。当市场工资至 w_1 时（该农户家庭成员可获得的最高市场工资），该农户家庭成员劳动供给均衡点为 b 点，此时均衡条件为：$MRS_{(Y, T_C)} = w_1$，该家庭成员的劳动时间投入为 T_0，在此状态下该家庭成员的个人总效用达到最大，市场工资上涨将会使该成员的总收入增加，但不能使其劳动时间增加，此时该农户家庭成员的劳动供给曲线为 abd 段曲线。

如果家庭收入目标对其劳动配置决策产生影响，如家庭需要更多的收入来维持家庭正常经营，此时该成员将选择家庭内部的利他主义行为，牺牲部分闲暇，选择更多的劳动时间投入，以获取更多的非农收入，此时其劳动时间将左移至点 c，劳动供给曲线为 $abce$ 段曲线。

3. 兼业从事农业和非农业生产家庭成员的劳动配置行为

兼业从事农业和非农业生产的家庭成员将面临劳动时间在两种专业上进行配置的两难选择。该类型农户家庭成员从事非农劳动的时间将受到家庭对农业劳动力需求的影响。图 4.14 为兼业从事农业和非农业生产的家庭成员的劳动供给曲线。

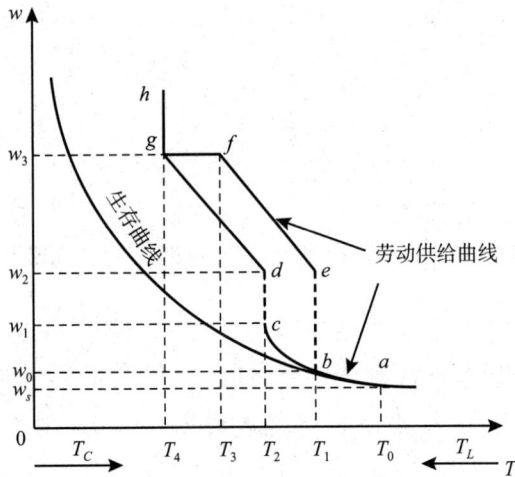

图 4.14　兼业从事农业和非农业生产农户家庭成员劳动供给曲线

图 4.14 中仍然引用了农户家庭的生存曲线，这是由于兼业从事两种专业的农户家庭成员也需要为满足家庭基本粮食需求而付出劳动，图 4.14 中 abc 段曲线为该成员在农业生产上的劳动供给曲线，如果该成员为家庭中农业生产的主要从事者，那么他需要完成家庭对粮食需求的自给自足，此时其农业劳动投入时间为 T_2。在达到此目标后该成员才能将剩余

劳动时间配置到非农生产上，图中 cd 段以虚线表示，其意义为农户家庭成员的劳动供给曲线在农业生产报酬和非农业生产报酬之间跳转时并不是连续的，这是由于农户家庭成员在非农市场上可获得的非农劳动报酬普遍高于农业生产的劳动报酬，$(w_2 - w_1)$ 代表了这一差额，w_2 代表该成员直接从农业生产跳转到非农产业时可获得的最低非农生产报酬。当非农生产劳动报酬率增加时，该成员会选择增加其劳动供给以提高其总收入，当劳动供给曲线到达点 g 时，其效用达到最大化，此时的均衡条件为 $MRS_{(Y, T_C)} = w_3$，劳动供给时间为 T_4。因此曲线 $abcdgh$ 代表了家庭中农业生产主要从事者的兼业农户家庭成员的劳动供给曲线。

当兼业从事两种专业的农户家庭成员不是家庭中农业生产的主要从事者时，其从事农业生产的目的在于帮助其他家庭成员完成家庭对粮食的基本需求。其劳动供给曲线到达点 b 时便达到该目标，此时该成员将直接跳转到非农业生产，在非农市场上可获得的最低报酬为 w_2，$(w_2 - w_0)$ 代表该成员从事非农生产的最低劳动报酬与从事农业生产所得报酬的差额。当非农产业劳动报酬增加时，该成员将增加其劳动供给以获得更多的总收入。假设 w_3 为该成员可以从非农市场获得的最高劳动报酬率，当其劳动供给曲线到达点 f 时，其获得的总收入不足以使得效用达到最大，因此该成员将选择继续提供劳动供给，即图中 fg 段曲线，当其劳动供给曲线到达点 g 时，其效用达到最大化，此时的均衡条件为 $MRS_{(Y, T_C)} = w_3$，劳动供给时间为 T_4，曲线 $abefgh$ 代表了家庭中农业生产非主要从事者的兼业农户家庭成员的劳动供给曲线。

4.2.2　不同类型农户家庭耕地投入要素配置行为

以上分析了农户家庭中不同类型家庭成员的劳动配置行为，不同家庭成员的劳动配置行为对家庭总收入产生不同的影响，从而影响到农户家庭的农业生产决策，本节将在从事不同专业化生产农户家庭成员生产决策相互影响的基础上对不同类型农户家庭耕地投入要素的配置行为进行讨论，为了分析的简便，我们仍然只考虑具有两名生产者的农户家庭。

1. 完全分工型农户

完全分工型农户中两名家庭成员分别专业化从事农业生产和非农业生产，各成员的效用函数仍然表示为：$U = U(T_c, Y)$，专业化从事农业生产家庭成员的收入为 $Y_1 = P_a(Q - Q_a)$，其中 P_a 为农产品市场价格，$(Q - Q_a)$ 为农产品的市场出售量，Q_a 为家庭对农产品的总消费量。专业化从事非农业生产家庭成员的收入为 $Y_2 = wL - C$，其中 w 为市场工资，L 为该成员向市场提供的劳动时间，C 为该成员的个人生活及生产支出，用 w' 表示该成员的市场净工资，则其的净收入为 $Y'_2 = w'L$，其净收入为家庭总收入的一部分。此时专业化从事农业生产家庭成员的最优决策为：

$$\text{Max} U = U(T_c, Y) \qquad \text{最优决策} \qquad (4.32)$$

$$s.t. \ p_m x_m + p_a Q_a + w_1 T_c + p_v V \leqslant p_a Q + Y'_2 \qquad \text{收入约束} \qquad (4.33)$$

$$L = T - T_c \qquad \text{劳动时间约束} \qquad (4.34)$$

$$Q = f(L, V) \qquad \text{生产函数} \qquad (4.35)$$

式（4.33）中各参数意义与式（4.11）相同，该式的经济意义为从事农业生产的农户家庭成员自己消费的商品和闲暇以及家庭消费的农产品总量的价值之和不得超过农产品销售所得与家庭成员 2 向家庭转移的收入 Y'_2 之和。此最优决策问题为不等式约束优化问题，根据不等式约束优化问题的求解规则，通过构建拉格朗日函数可以求解专业化从事农业生产家庭成员耕地投入的要素需求函数。构建拉格朗日函数如下：

$$\text{Max} L(U) = U(T_c, Y) + \lambda[p_m x_m + p_a Q_a + w_1 T_c + p_v V - p_a Q - Y'_2]$$

$$(4.36)$$

将生产函数代入效用函数中可得：

$$\text{Max} L(U) = U[T_c, P_a f(L, V)] + \lambda[p_m x_m + p_a Q_a + w_1 T_c + p_v V - p_a Q - Y'_2]$$

$$(4.37)$$

依据拉格朗日函数求解法则可以得出农户耕地投入要素供给函数的简要表达形式如下：

$$L^* = f(P_a,\ w,\ P_m,\ P_v,\ Y_2')\tag{4.38}$$

$$V^* = f(P_a,\ w,\ P_m,\ P_v,\ Y_2')\tag{4.39}$$

图 4.15 表示的是家庭农业生产不存在规模报酬情况下的农户生产要素配置行为，图 4.16 表示的是家庭农业生产存在规模报酬情况下的农户生产要素配置行为，坐标系 $L_1 - V$ 表示从事农业生产的家庭成员耕地投入要素配置关系集合，称为坐标系 1，坐标系 $L_2 - Y_2$ 表示从事非农业生产家庭成员的劳动供给及收入关系集合，称为坐标系 2。坐标系 1 中 $IsoQ$ 为等产量曲线，$V_1L_1^1$ 为从事非农生产家庭成员未向家庭转移收入时的农户耕地投入要素约束线，$V_2L_1^2$ 为从事非农生产家庭成员向家庭转移收入时的农户耕地投入要素约束线，其中 $V_2 - V_1 = Y_2' = Y_2^0 - Y_2^1$。点 a 和点 b 分别为以上两种情况下农户农业生产的配置效率最优点。可以看出，当从事非农生产的家庭成员向家庭转移其净收入时可以提高农户家庭耕地投入资本约束的上限，资本约束从 V_1 上升至 V_2，当从事非农生产的家庭成员对闲暇的偏好较大时，即 CES 效用函数中参数 a 值越小时，其耕地投入要素配置行为将较为接近图 4.15 所示情形，即在保证当前产量的前提下投入更多的资本以获得更多的闲暇。

考察图 4.16 所示的农户家庭耕地投入要素配置行为，$IsoQ_1$ 和 $IsoQ_2$ 为等产量曲线，当从事非农业生产的家庭成员向家庭转移其净收入时，农户家庭耕地投入资本约束上限得到提高，从事农业生产的家庭成员在既定的劳动投入下投入更多的资本，使得耕地产出得以提高，即从原始的 $IsoQ_1$ 提高到 $IsoQ_2$，配置效率最优点从点 a 跳跃到点 b，当然，农户家庭选择此种行为的前提条件为增加资本投入的边际成本小于等于边际收益。

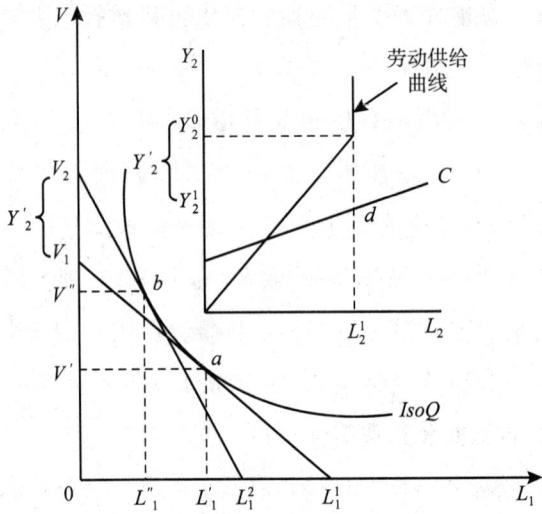

图4.15 完全分工型农户家庭耕地投入要素配置行为（a）

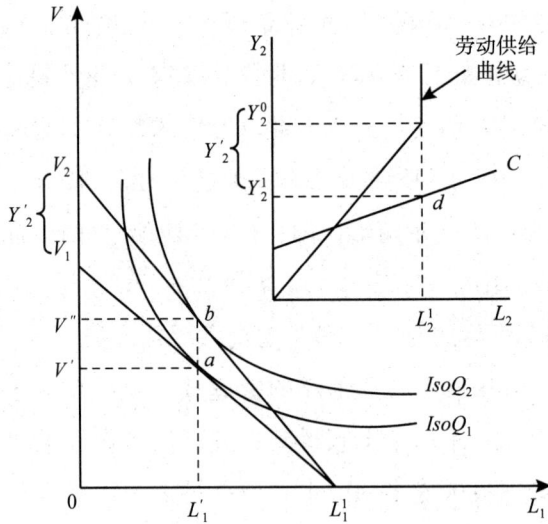

图4.16 完全分工型农户家庭耕地投入要素配置行为（b）

2. 不完全分工型农户

不完全分工型农户家庭中至少有一名成员同时从事农业生产和非农业生产，本书上一节分析了此类型农户家庭成员的劳动供给曲线，采用与完全分工型农户家庭耕地投入要素配置行为相同的分析方法，通过构建农户家庭成员间的效用函数分析不同家庭成员经济行为对农户家庭耕地投入要素配置行为的影响，效用函数构建及分析过程与完全分工型农户家庭相同，此处不再赘述。下文主要通过对不完全分工型农户家庭耕地投入要素配置行为进行分析。

图 4.17 分析了当兼业从事农业和非农业生产家庭成员不是家庭中农业生产的主要从事者时，其经济行为对农户家庭耕地投入要素配置的影响。图中坐标系 $L-V$ 代表农户家庭耕地投入要素配置关系组合，称为坐标系 1，坐标系 $L_2 - Y_2$ 表示从事非农业生产家庭成员的劳动供给及收入关系集合，称为坐标系 2。坐标系 1 中 $IsoQ_i$（$i = 1$，2）为等产量曲线，L_i^n（$i = 1$，2；$n = 0$，1，2）代表不同农户家庭成员的耕地劳动投入量，如 L_1^0、L_2^1 分别表示家庭成员 1 和家庭成员 2 的耕地劳动投入量，且 $L_1^0 + L_2^1 = L$，L 为农户家庭耕地劳动投入总量。坐标系 2 中家庭成员的劳动供给曲线与图 4.14 相同，曲线 C_1 和 C_2 分别表示兼业从事农业生产家庭成员为家庭主要农业生产者和非主要农业生产者时个人生活及生产支出，L_2^0 为该家庭成员最大劳动供给量，由农业劳动供给量 L_2^1（或 L_2^2）和非农业劳动供给量 $L_2^0 - L_2^1$（或 $L_2^0 - L_2^2$）两部分组成。$Y_2' = Y_2^0 - Y_2^1$ 和 $Y_2'' = Y_2^0 - Y_2^2$ 分别表示两种情况下（兼业从事农业生产家庭成员为家庭主要农业生产者和非主要农业生产者两种情况）该家庭成员可向家庭转移的净收入，可以看出，当该家庭成员不是家庭主要农业生产者时，由于其从事非农生产时间较长，可获得非农收入较多，因此其可向家庭转移的净收入多于该成员为家庭主要农业生产者时转移量，即 $Y_2' > Y_2''$。

初始状态下，家庭成员 1 耕地劳动投入约束为 L_1^0，资本约束为 V_1，家庭成员 2 未参与农业生产时农户家庭的耕地投入要素约束线为 $V_1 L_1^0$，从图中可以看出，此时农户家庭未能在最低等产量线上进行生产，即农户家庭未能达到基本生存目标，因此家庭成员 2 必须投入必要农业生产劳动量

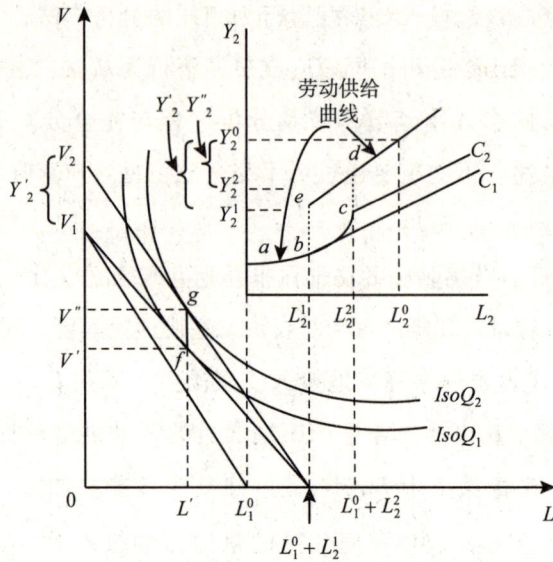

图 4.17 不完全分工型农户家庭耕地投入要素配置行为（a）

L_2^1，使家庭完成必要的农业生产量 $IsoQ_1$，此时配置效率最优点为点 f，对应的农户家庭最优劳动投入为 L'，资本投入为 V'。当其向家庭转移净收入 Y_2' 后，农户家庭耕地资本投入约束上限由 V_1 上升至 V_2，劳动力约束未发生变化，农户家庭的耕地投入要素约束线变为 $V_2(L_1^0 + L_2^1)$，等产量曲线跳跃至 $IsoQ_2$，此时耕地投入要素配置最优点为点 g，对应的农户家庭最优劳动投入为 L'，资本投入为 V''。

图 4.18 分析了当兼业从事农业和非农业生产家庭成员是家庭中农业生产的主要从事者时，其经济行为对农户家庭耕地投入要素配置的影响。图中各参数所代表意义与图 4.17 相同。由于家庭成员 2 为家庭农业生产主要从事者，其农业生产投入劳动量为 $L_2^2(L_2^2 > L_2^1)$，农户家庭耕地劳动投入总量为 $L_1^0 + L_2^2$，初始资本约束仍然为 V_1，在此约束下对应的等产量曲线为 $IsoQ_3$，耕地投入要素配置效率最优点为 f'，对应最优劳动投入为 L''，最优资本投入为 $V^{*'}$，对比图 4.17 和图 4.18 可以看出，由于 $L_1^0 + L_2^2 > L_1^0 + L_2^1$，因此 $IsoQ_3 > IsoQ_1$。当该家庭成员向家庭转移其净收入后，农户家庭

耕地投入要素中资本约束上限提高，从 V_1 上升至 V'_2，劳动约束未发生变化，此时对应的约束线为 $V'_2 (L_1^0 + L_2^2)$，等产量线为 $IsoQ_4$，耕地投入要素配置最优点为点 g'，对应最优劳动投入为 L''，最优资本投入为 $V^{*''}$，对比图 4.17 和图 4.18 可知，$V^{*''} < V''$，$L'' > L'$，其意义为当农户家庭资本稀缺时，农户将向农业生产提供更多的劳动来替代相对较为稀缺的资本；当农户家庭劳动稀缺时，农户将向农业生产提供更多的资本来替代相对较为稀缺的劳动。

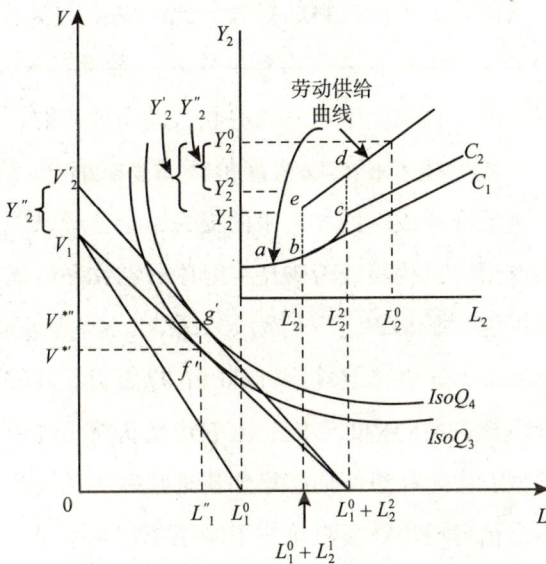

图 4.18　不完全分工型农户家庭耕地投入要素配置行为（b）

3. 专业型农户

专业型农户包括专业化从事非农业生产农户和专业化从事农业生产农户。由于专业化从事非农业生产的农户家庭一般选择将土地租赁给他人或者以其他方式不直接参与农业生产，从而不存在耕地投入行为，因此本书不对该类型农户的耕地投入行为进行分析。

专业化从事农业生产的农户又分为参与市场和自给自足两种类型，专业化农户家庭内部不存在专业间分工，农户家庭成员的耕地投入行为较少受到其他家庭成员经济行为的影响，因此可将两名家庭成员视作一个整体（即将农户家庭作为一个行为主体）进行分析。

对于专业化从事农业生产且参与市场的农户家庭来说，其耕地投入决策主要受到要素价格及产品价格的影响，当农产品价格上涨或者生产资料价格下跌时，该类型农户将按照一般的规律进行耕地投入决策，即增加资本和劳动投入，扩大农业生产，供给有一定弹性。当农产品价格下跌或者生产资料价格上涨时，该类型农户则可能采取"逆向反应"，即不会减少生产资料的投入反而扩大生产资料的投入，此时供给高度无弹性，这是因为作为专业化从事农业生产且参与市场的农户一般具有较大的耕地规模，农产品商品化程度高，且农业生产是家庭收入的主要来源，因此在完全竞争的市场结构下，该类型农户在农产品价格下跌或者生产资料价格上涨时，为了抵消价格下降或成本增加带来的损失，会选择试图通过增加生产要素投入来提高产出，以提高或者维持自身的收益水平，该类型农户耕地投入决策行为可视为"价格逼迫"行为。

对于专业化从事农业生产但自给自足的农户而言，其耕地投入决策主要也受到要素价格及产品价格的影响，当农产品价格上涨或者生产资料价格下降时，该类型农户也一般倾向于增加耕地投入和扩大生产。但当农产品价格上升到一定幅度或生产资料价格下降至一定水平时，该类型农户的耕地投入会停滞于一定水平。这是由于该类型农户从事农业生产的目的仅为自给，农业并不是家庭主要收入来源，因此该类型农户往往并不热衷于增加耕地投入和扩大生产，其对农产品价格上升或生产资料价格下降所做出的决策反应是为了增加其农产品出售收入以维持生产中不可避免的现金支出（广义的自给自足）。同时，专业化从事农业生产但选择自给自足的农户往往是受到耕地规模和劳动者素质的限制。因此在有限的条件下该类型农户耕地投入要素配置对价格的反应程度也是有限的，其耕地投入要素配置也将受到其资源禀赋的限制，其对价格变化的反应可以使得耕地产出无限接近生产可能性边缘，实现农业生产的技术有效率，但是投入要素的配置效率却不一定能达到最优，后文将通过实证对此进行检验。

4.3

风险状态下不同类型农户耕地投入行为

除了农户家庭禀赋特征对农户耕地利用效率产生重要影响外，来自自然、市场和政策等方面的风险也是影响农户耕地利用效率的重要因素，这种风险因素不仅直接影响到耕地产出的大小，还将影响到农户对耕地投入要素的变动以及农业生产项目种类的变动，因此风险因素也是在分析农户耕地利用效率问题中不可忽略的因素。本节将从理论层面分析风险状态下农户耕地投入行为的一般情况。

考虑一个简单的情况，假设风险状态下农户的农业生产函数为以下形式：

$$y = f(x, \kappa, \theta) \tag{4.40}$$

式（4.40）中 y 为农户的农业总收入，x 为耕地可变投入要素，包括农户的劳动和资本投入以及可以以资本形式表示的其他投入，κ 为风险属性[①]，θ 为农户耕地利用效率参数。即农户的农业总收入由其要素投入、风险态度及其耕地利用效率参数共同决定。假定风险属性 κ 分为有利于农业生产和不利于农业生产两种属性，且风险水平越低，农户可获得的农业总收入越高，即 $\frac{\partial y}{\partial \kappa} > 0$。由于农户不可预知未来自然环境、市场环境和政策环境属性，因此农户在未知的风险状态下选择一组投入组合 $\sum x_i$ 进行农业生产，并预期得到最大利润和效用，根据冯诺依曼—摩根斯顿（Von Neuman -

---

① 风险属性指对农户耕地利用造成影响的自然环境属性、市场环境属性和政策环境属性等方面。

Morgenstern）效用函数，此时其预期效用可表示为：

$$MaxEU(\pi) = p_y y - p_x x \tag{4.41}$$

其中 $EU(\pi)$ 是预期利润，p_y 为农业产出品的出售价格，p_x 为投入要素的价格。将农户生产函数的具体形式设为 $C-D$ 生产函数的形式，可以将式（4.39）表示为：

$$y = x^\alpha \kappa \theta \tag{4.42}$$

式（4.42）中 α 为生产技术效率指数，为了使分析更加简便和具有一般性，假设农户面对的风险属性概率服从 0 到 1 的概率分布，此时农户的预期利润函数表达式转换为以下具体形式：

$$MaxEU(\pi) = \int_0^1 U(p_y x^\alpha \kappa \theta - p_x x) f(\kappa) d\kappa \tag{4.43}$$

满足冯诺依曼—摩根斯顿效用函数的形式有幂效用函数和负指数型效用函数，为了便于分析，本书选择负指数型效用函数形式。因此可以进一步对式（4.43）中预期效用函数形式具体化，得到以下表达形式：

$$MaxEU(\pi) = \int_0^1 - e^{\phi(p_y x^\alpha \kappa \theta - p_x x)} f(\kappa) d\kappa \tag{4.44}$$

由于生产环境属性的概率密度 $f(\kappa) = 1$，并假定农业生产技术效率为规模报酬不变，为了简化分析过程，令 $\alpha = 1$。此时式（4.44）简化为：

$$MaxEU(\pi) = \int_0^1 - e^{\phi(p_y x \kappa \theta - p_x x)} d\kappa \tag{4.45}$$

对式（4.45）中生产环境属性参数 κ 求积分可得：

$$MaxEU(\pi) = \left[\frac{1}{p_y x \phi \theta} e^{-\phi(p_y x \theta - p_x x)} - \frac{1}{p_y x \phi \theta} e^{p_x x \phi} \right] \tag{4.46}$$

对式（4.46）关于农户耕地投入参数 x 求导并使其等于 0，则可得到风险状态下农户耕地投入要素的最优决策，即：

$$\left(\frac{e^{p_x x \phi}}{\phi p x^2 \theta} \right) [e^{-\phi p_y x \theta} (p_x x \phi - p_y \theta x \phi) + (1 - p_x x \phi)] = 0 \tag{4.47}$$

经计算得到参数 x 的简化表达式为：

$$x^* = x(p_y, p_x, \theta, \phi) \tag{4.48}$$

由式（4.48）可以看出，风险状态下农户最优耕地投入决策与农产品价格、投入要素价格、农户农业生产技术效率参数以及风险偏好有关。根据式（4.47）可以计算出 $\frac{\partial x^*}{\partial \phi}<0$，即农户风险态度对其要素投入有负作用，当农户风险规避系数越高，其要素投入越少，相反则要素投入越多。

图 4.19 描述了农户在风险状态下的耕地投入行为，与弗兰克·艾里斯（1987）对农户风险行为分析不同，本书在风险中综合考虑了自然和市场风险，因此纵轴表示农户在不同风险态度下可获得的农业收入。在一个正常收成年份（未发生自然和市场灾难的年份，下同），TVP_0 是农户为风险中性时的总产出曲线，当达到最优生产状态时，成本曲线与产出曲线的切点为 b 点，此时对应的耕地总投入为 x_0，对应可获得的农业收入为 Y_0。TVP_1 和 TVP_2 分别是农户为风险偏好型和风险规避型时的总产出曲线，在最优生产状态下他们可获得的农业收入分别为 Y_1 和 Y_2，对应的耕地投入量分别为 x_1 和 x_2。

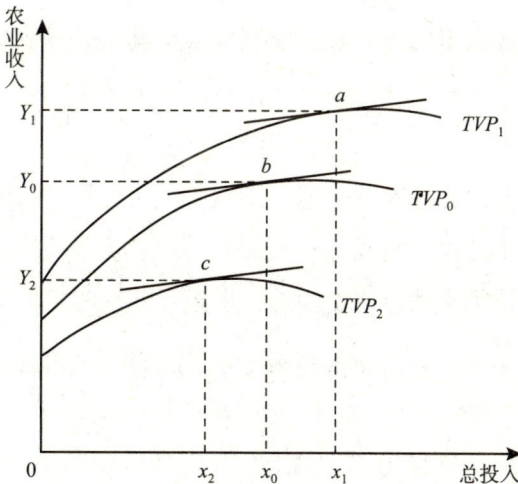

图 4.19　风险状态下农户耕地投入行为

由图 4.19 的分析可以看出，在正常的自然状态下（正常的收成年份下），风险偏好者（风险规避系数较小者）投入更多的生产要素，并获得更多农业产出，而风险规避者（风险规避系数较大者）投入较少的生产要素，获得较低的农业产出。

在我国农户间职能分化的背景下，组织化农户具有较强的风险应对能力，自由化农户风险应对能力则较弱，因此在相同家庭资源禀赋条件下，组织化农户风险规避系数低于自由化农户，其耕地生产要素投入将多于自由化农户，在正常收成年份里，组织化农户将获得更多的农业产出。

4.4

本章小结

在农户家庭内部专业分化和家庭间职能分化的基础上，本章对不同类型农户家庭的消费行为、生产行为及风险状态下的生产行为进行了分析。

本章首先分析了农户家庭的消费行为，通过对各类效用函数性质的分析及比选，选择了适合我国农户家庭现状的 CES 效用函数，并通过构建拉格朗日函数计算出不同类型农户家庭成员的间接效用函数为：$U_{(Y, T_c)} = (wT)^\rho \cdot \dfrac{(a\eta + 1 - a)^{\frac{1}{\rho}}}{w + \eta w^{\frac{1}{1-\rho}}}$，其中 $\eta = \left(\dfrac{a}{1-a}\right)^{\frac{1}{1-\rho}}$。为了求解不同类型农户家庭的总效用，第 1 节内容还对拉格朗日函数中的拉氏算子的经济意义进行了探讨，并得出以下结论：拉氏算子的经济意义为其他条件不变的情况下，收入每增加一单位带来的效用变动率，即边际效用的货币价值。以总收入表示的农户家庭成员的总效用可以表示为：$U(x) = \displaystyle\int_0^{x_0} \dfrac{MU_x(z, m)}{\lambda(m)} dz$，而家庭总效用为各农户家庭成员总效用之和，表示为：$\overline{U}(x) = \displaystyle\sum_{i=1}^{n} \int_0^{x_0} \dfrac{MU_x(z_i, m)}{\lambda(m)} dz_i$。通过图解法对不同类型农户家庭总效用进行比较，并得出不同类型农户家庭间总效用的大小关系（见图 4.11）。其中专业化从事非农业生产的农户家庭总效用最高，其他类型农户家庭总效用从高到低依次为：不完全分工家庭（成员Ⅱ、Ⅲ构成）、完全分工家庭（成员Ⅰ、Ⅱ）构成、不完全分工家庭（成员Ⅰ、Ⅲ构成）、农业专业（参与市场）型农户家庭和农业专业（自给自足）型农户家庭。

然后分析了不同类型农户的劳动投入决策，同时对其耕地投入要素配置行为进行了分析。分析结果表明：（1）参与市场且专业化从事农业生产的农户家庭成员的劳动投入要远高于自给自足且专业化从事农业生产的农户家庭成员，并且具有较高的劳动报酬率和农业收入；（2）当农户家庭有从事非农产业的成员时，其经济行为将对从事农业生产家庭成员的耕地投入决策产生影响；（3）专业化从事农业生产且参与市场的农户，其耕地投入要素配置受农产品价格和生产资料价格变化的影响，两类价格的变化对该类型农户的耕地投入行为具有"价格逼迫"特征。专业化从事农业生产且自给自足的农户由于受到资源禀赋的限制，该类型农户耕地投入要素配置对价格的反应程度也是有限的。

最后对风险状态下不同类型农户的耕地投入行为进行了分析，应用冯诺依曼—摩根斯顿（von Neuman – Morgenstern）预期效用函数讨论了风险状态下农户投入要素的最优决策，得到以下结论：风险状态下农户最优耕地投入决策与农产品价格、投入要素价格、农户农业生产技术效率参数以及风险偏好有关。即农户风险态度对其要素投入有负作用，当农户风险规避系数越高，其要素投入越少，相反则要素投入越多。再结合我国农户分化情况，讨论了组织化农户与自由化农户在风险状态下的耕地投入行为差异，并得到以下结论：组织化农户具有较强的风险应对能力，自由化农户风险应对能力则较弱；因此在相同家庭资源禀赋条件下，组织化农户风险规避系数低于自由化农户，其耕地生产要素投入将多于自由化农户，在正常收成年份里，组织化农户将获得更多的农业产出。

第5章

不同类型农户耕地投入
特征及效率估计

本书第 3 章和第 4 章从理论上对不同类型农户的耕地投入特征进行了分析，并提出了相关理论假设，本章将对以上所提到的假设进行实证检验。本章结构安排如下，一是对样本农户的耕地投入特征进行描述分析，对前文所提出的理论假设进行初步检验；二是简要介绍农户耕地投入效率的测度和分解方案；三是对样本农户耕地投入技术效率进行测度和分析；四是对样本农户耕地投入成本效率进行测度和分解，并分析产生效率差异的原因；五是对本章内容进行总结。

5.1

不同类型农户的耕地投入特征

本节将从耕地规模、耕地时间投入、耕地资本投入等方面对不同类型农户的耕地投入特征进行分析，除有特殊说明外，所有指标的数值均由样本农户相关指标数值的一般平均数表示。

5.1.1 完全分工型农户耕地投入特征

表 5.1 反映了完全分工型农户耕地投入特征，表中农户的总劳动时间

投入为所有从事农业生产的家庭成员劳动投入时间之和，其中雇佣劳动时间折算为资本已汇总至资本投入之中，因此，耕地资本投入是农户在单位耕地上投入的化肥、农药、种子、灌溉费用、机械费用和雇佣劳动费用的总和，由于调查样本中土地租赁行为较少，因此资本投入中未包含土地使用价格。这种处理方法与传统的将化肥、农机、种苗费等中间投入分项纳入生产函数相比，更符合经济学原理，减少多重共线性困扰（李谷成，2008）。单位耕地劳资比则反映了不同地区不同类型农户耕地投入配置中劳动投入和资本投入的基本替代关系，其数值越小代表单位耕地投入中资本对劳动的替代性更强（本章余下表说明相同）。

表 5.1　　　　　　　　　完全分工型农户耕地投入特征

调查区域	耕地面积（公顷）	总劳动时间投入（工日）	单位耕地劳动时间投入（工日/公顷）	资本投入（元）	单位耕地资本投入（元/公顷）	单位耕地劳资比
湖南丘陵地区	0.33	191.78	451.40	1439.41	3387.91	0.13
江汉平原地区	0.87	423.25	362.15	6388.06	5352.37	0.07
太湖平原地区	0.30	148.80	353.54	2931.18	8934.13	0.04
鄂中丘陵地区	0.83	330.55	349.17	5679.88	5999.88	0.06
总样本	0.58	273.60	379.07	4076.45	5918.57	0.07

注：单位耕地劳资比 = 单位耕地劳动时间投入/单位耕地资本投入。

从表 5.1 中可以看出，湖南丘陵地区完全分工型农户单位耕地劳动时间投入最高，单位耕地资本投入最低，因此其单位耕地投入的劳资比之值也相应的在四个调查区域中处于首位，这也反映了经济欠发达地区完全分工型农户家庭资本相对于劳动而言更为稀缺的事实，农户用较多的劳动投入来替代稀缺的资本，以维持家庭在完全分工结构下的运行，从而获得最大化的家庭收入（见表 3.12 的分析结论）。太湖平原单位耕地资本投入为四个调查区域中最高，达到 8934.13 元/公顷，劳资比为 0.04，为四个调查区域中最低，这反映了在经济发达地区的农户家庭中，从事农业劳动的机会成本更高，劳动时间相对于资本而言更为稀缺的事实，农户用较多的资本投入来代替稀缺的劳动时间。同处于经济较发达的中部地区的江汉平原地区和鄂中丘陵地区两个调查区域内，鄂中丘陵地区调查样本所在区域由于存在农民专业合作组织，农户从事农业生产的风险小，且销售渠道和农业收入有保障，因此鄂中丘陵地区的样本农户资本投入要略高于江汉平原地区，这也符合本书第 4 章中所提出的在正常年份下"组织化"农户耕地投入要素数量大于"自由化"农户耕地投入要素数量的结论。

表 5.2 反映了不同调查地区完全分工型农户单位耕地产值和利润的情况。可以看出，太湖平原地区完全分工型农户的单位耕地产值最高，为28230.78 元/公顷；湖南丘陵地区最低，为 14180.55 元/公顷；而作为农民专业合作组织所在地的鄂中丘陵地区农户单位耕地产值要高于处于同等经济发展水平地区的江汉平原地区，这是由于京山县样本区域生产的"京山桥米"市场价值较高的原因造成的。

表 5.2   **不同区域完全分工型农户单位耕地产值**

	湖南丘陵地区	江汉平原地区	太湖平原地区	鄂中丘陵地区	总样本
单位耕地产值（元/公顷）	14180.55	18330.76	28230.78	23300.32	21010.60
单位耕地利润（元/公顷）	7277.09	11155.35	18595.97	16448.72	13369.28

表 5.2 中所指单位耕地利润中包含了农户家庭自身农产品消费量和自身的劳动价值，该利润的计算值为单位耕地产值减去单位耕地资本投入后的剩余。通过比较可以发现，对于完全分工型农户而言，太湖平原地区单位耕地的利润最高，达到 18595.97 元/公顷；湖南丘陵地区单位耕地利润率最低，仅为 7277.09 元/公顷；造成此结果的原因，可能是由于不同地区农户耕地投入技术效率和成本效率差异造成的。

5.1.2　不完全分工型农户耕地投入特征

不完全分工型农户家庭中由于有部分家庭成员兼业从事农业生产和非农业生产，根据第 4 章中对该类型农户耕地投入行为的理论分析结果，其劳动和资本的投入决策也主要取决于农户家庭对于两种要素的稀缺程度。通过比较发现对于不完全分工型的农户家庭而言，四个调查区域该类型农户中，湖南丘陵地区农户单位耕地劳动和资本投入均为最大，江汉平原地区农户为最低，但是四个区域单位耕地劳资比却并没有太大的差异，这说明不完全分工型农户家庭由于需要同时兼顾农业和非农业生产，而从事非农生产的劳动报酬率高于农业生产，农业劳动时间的机会成本较高，使得该类型农户不论地区经济发展差异，劳动相对于资本均较稀缺。如表 5.3 所示。

表 5.3　　　　　　　　　　不完全分工型农户耕地投入特征

调查区域	耕地面积（公顷）	总劳动时间投入（工日）	单位耕地劳动时间投入（工日/公顷）	资本投入（元）	单位耕地资本投入（元/公顷）	单位耕地劳资比
湖南丘陵地区	0.36	184.59	426.39	3168.13	8837.59	0.05
江汉平原地区	0.82	363.11	331.80	6271.98	7665.45	0.04
太湖平原地区	0.35	127.69	348.88	2525.24	7280.60	0.05
鄂中丘陵地区	0.79	316.24	360.36	5918.37	7489.94	0.05
总样本	0.58	247.91	366.86	4470.93	7818.39	0.05

表 5.4 反映了不同地区不完全分工型农户的单位耕地产值及利润情况。鄂中丘陵地区该类型农户单位耕地产值和利润分别为 24690.59 元/公顷和 17200.64 元/公顷，位居四个调查区域首位，而其他三个调查区域的单位耕地产值和利润无较大差异。与完全分工型农户相比，江汉平原和太湖平原地区该类型农户的单位耕地产值和利润发生了明显的下降，而湖南丘陵地区和鄂中丘陵地区该类型农户与完全分工型农户相比，单位耕地产值和利润略有上升，后文将通过对该类型农户的耕地投入技术和成本效率

的测算，并对造成此现象的原因进行解释。

表5.4   不同区域不完全分工型农户单位耕地产值

	湖南丘陵地区	江汉平原地区	太湖平原地区	鄂中丘陵地区	总样本
单位耕地产值（元/公顷）	16721.78	15719.99	16093.43	24690.59	18306.45
单位耕地利润（元/公顷）	7884.19	8054.54	8812.83	17200.64	10488.05

5.1.3 农业专业型农户耕地投入特征

农业专业型农户由参与市场和自给自足两种类型农户组成，犹豫其行为因为参与市场程度的不同而呈现不同的特征，所以下面将分别对以上两种类型农户的耕地投入特征进行分析。

1. 农业专业（参与市场）型农户的耕地投入特征

农业专业（参与市场）型农户家庭所有劳动者均专业化从事农业生产，且家庭收入主要来源于剩余农产品的销售，因此其耕地投入的目标是要实现农业生产利润最大化。表5.5反映了农业专业（参与市场）型农户耕地投入的特征。由于农业专业（参与市场）型农户专业化从事农业生产，因此其主要劳动时间均配置于农业生产之中，同时为了获取更高的单位耕地产出，从而获得更多的剩余农产品，该类型农户单位耕地劳动投入和资本投入均处于较高水平。

表5.5   农业专业（参与市场）型农户耕地投入特征

调查区域	耕地面积（公顷）	总劳动时间投入（工日）	单位耕地劳动时间投入（工日/公顷）	资本投入（元）	单位耕地资本投入（元/公顷）	单位耕地劳资比
湖南丘陵地区	0.41	305.19	747.83	2733.77	6698.86	0.11
江汉平原地区	1.13	513.61	454.73	6078.81	5382.01	0.08

续表

调查区域	耕地面积（公顷）	总劳动时间投入（工日）	单位耕地劳动时间投入（工日/公顷）	资本投入（元）	单位耕地资本投入（元/公顷）	单位耕地劳资比
太湖平原地区	1.23	470.33	382.93	7748.14	6308.36	0.06
鄂中丘陵地区	0.71	462.87	653.48	5367.67	7578.13	0.09
总样本	0.87	438.00	559.75	5482.10	6491.84	0.09

表 5.6 反映了不同区域农业专业（参与市场）型农户单位耕地产值和利润情况，可以看出，虽然鄂中丘陵地区农户单位耕地产值以 25740.67元/公顷位于四个区域的首位，但是其单位耕地利润却并不是最高，这可能是由于该地区的农户耕地投入要素配置效率未达到最优，产生了成本损失，后文将对此原因进行详细的分析。从总样本平均值与完全分工型农户和不完全分工型农户相比的情况来看，农业专业（参与市场）型农户的单位耕地产值和单位耕地利润均高于其他两种类型农户，这也与本书第 3章中关于专业化可以带来生产效率提升的理论假设基本吻合。

表 5.6　　　　不同区域农业专业（参与市场）型农户单位耕地产值

	湖南丘陵地区	江汉平原地区	太湖平原地区	鄂中丘陵地区	总样本
单位耕地产值（元/公顷）	16605.15	18550.63	25619.13	25740.67	21628.90
单位耕地利润（元/公顷）	9906.29	13168.63	18903.69	18162.54	15035.29

2. 农业专业（自给自足）型农户的耕地投入特征

农业专业（自给自足）型农户的农业生产目标为保证家庭基本粮食需求，并将剩余农产品拿到市场出售，以换取生产农产品必需的生产资料。根据表 3.11 对该类型农户家庭特征的分析可知，该类型农户具有劳动者年龄偏高、受教育程度较低、家庭人均耕地数量少等特征。其生产目标和以上家庭特征也决定了该类型农户的耕地投入特征，表 5.7 反映了该类型农户耕地投入的相关特征。对比农业专业（参与市场）型农户可以看出，不同区域农业专业（自给自足）型农户单位耕地劳动和资本投入呈现了不同的变化，其中湖南丘陵地区该类型农户单位耕地劳动投入有所减少，但是单位耕地资本投入变化不大，江汉平原地区该类型农户单位耕地劳动时间投入减少，单位耕地资本投入却有所增加，而太湖平原地区该类型农户耕地投入要素配置的变化方向却刚好相反，鄂中丘陵地区该类型农户单位耕地劳动投入略为减少，而单位耕地资本投入却发生了明显的降低。造成以上无规则变化的原因与不同地区该类型农户家庭的特征有关，当该类型家庭中劳动力缺乏（数量上或质量上的缺乏）时，单位耕地劳动投入时间减少，为了维持家庭粮食的基本需求和农业的再生产，农户会选择投入更多的资本（由于雇佣劳动力所需成本集中于资本中，农户增加资本投入可能是由于雇佣了更多的劳动力所致）以完成其生产目标，如江汉平原地区该类型农户的耕地要素投入行为。而当该类型家庭中资本缺乏时，会降低单位耕地的资本投入，而提高单位耕地的劳动投入以完成其生产目标，如太湖平原地区。

表 5.7　　　　　农业专业（自给自足）型农户耕地投入特征

调查区域	耕地面积（公顷）	总劳动时间投入（工日）	单位耕地劳动时间投入（工日/公顷）	资本投入（元）	单位耕地资本投入（元/公顷）	单位耕地劳资比
湖南丘陵地区	0.22	178.97	623.66	1439.41	6643.43	0.09
江汉平原地区	0.47	385.86	411.63	3811.65	8026.40	0.05
太湖平原地区	0.20	161.57	728.62	1324.61	6623.04	0.08
鄂中丘陵地区	0.37	225.00	613.64	1332.50	3634.09	0.17
总样本	0.32	237.85	594.39	2082.61	6731.74	0.10

通过表 5.8 对不同区域农业专业（自给自足）型农户单位耕地产值和利润的分析，可以更明显地看出，该类型农户的农业生产目标并不是为了追求利润最大化，在未考虑劳动者自身劳动价值和家庭农产品消费量时，

与其他类型农户相比，该类型农户单位耕地利润已经处于非常低的水平，这与该类型农户的耕地投入特征是密切相关的。

表5.8 不同区域农业专业（自给自足）型农户单位耕地产值

	湖南丘陵地区	江汉平原地区	太湖平原地区	鄂中丘陵地区	总样本
单位耕地产值（元/公顷）	9811.05	12393.43	14337.72	5972.73	10628.73
单位耕地利润（元/公顷）	3167.62	4367.02	5714.69	2338.64	3896.99

5.2

农户耕地投入效率测度方案

5.2.1 生产技术、技术有效性及经济有效性

生产有效性（productive efficiency）是指生产者为了达到一定的生产目标在分配他们可支配的投入和生产的产出时所实现的成功度（Subal C. Kumbhakar and C. A. Knox Lovell，1977）。因此要衡量生产有效性首先要明确生产者的生产目标，然后根据其生产目标对其生产的有效性进行量化。生产者生产的目的是要通过在给定的投入下使产出最大化或在给定的产出下使投入最小化。然而并不是所有的生产者都能成功解决最优化问题，并非所有生产者都能在特定的技术条件下能实现技术有效，或者在技术有效的条件下实现配置最优或者成本最小，从而实现利润最大化。实现技术或者配置效率只是保证经济效率的必要但非充分条件，只有两种效率同时实现才是经济效率的充分条件。因此通过对生产者的技术有效性和经济有效性的测度可以衡量生产者是否达到了技术和经济的最优状态，同时也可以分解生产者技术和经济效率损失的原因。

下文的分析建立在以下假设之上：生产者的生产行为是追求成本最小化或利润最大化（经济理性）；生产者的产出为单一产出①。

1. 生产技术

生产者用非负投入向量 $x = (x_1, x_2, \cdots, x_N) \in R_+^N$ 来生产非负产出向量 $y = (y_1, y_2, \cdots, y_M) \in R_+^M$，生产技术曲线 $GR = \{(y, x): x$ 能生产 $y\}$ 描述了一组可行的投入—产出向量，如图 5.1 所示。

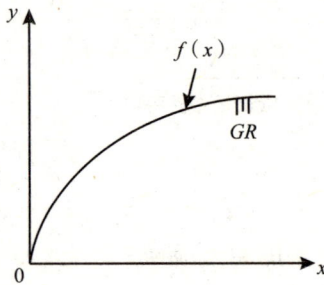

图 5.1　生产技术曲线

若在给定投入向量 x 下产出向量 y 达到最大化，则该技术曲线可以作为衡量生产技术有效性的标准，即生产边界，可用函数 $f(x) = \max\{y: y \in P(x)\} = \max\{y: x \in L(y)\}$ 表示，其中 $P(x)$ 为产出集合，$L(y)$ 为投入集合，函数的后半部分意义为在给定产出向量时可实现的最小投入。

距离函数刻画了产出集合和投入集合与生产边界距离大小的特征。产出距离函数采用了产出增长的方法来测量生产者所在的生产点到生产可能性边界的距离，它给出了产出向量增长时，在既定投入向量的情况下仍然能进行生产时的最大增长。图 5.2 展示了产出距离函数的表现形式，生产者投入水平为 x_0 时，对应的产出水平为 y_0，可以看出此时的产出水平并

---

① 关于单一产出的假设基于以下两种情况：一种是生产者实际只生产一种产出，另一种情况是生产者生产多元产出，但是多元产出能够汇总为单一产品指数来表示。

未达到生产边界，也即技术欠效率。若对投入效率进行改进，则可获得更多的产出 y_0/μ^*，其中 $\mu^* < 1$。

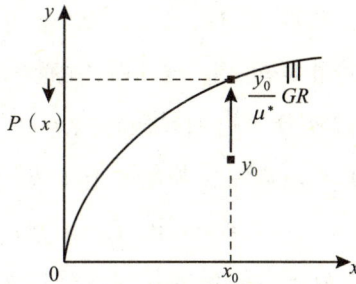

图 5.2　产出距离函数

投入距离函数采用了投入缩减的方法来测量生产者所在的生产点到生产可能性边界的距离。它给出了当生产者的投入向量呈径向收缩但对于既定产出向量依然可行的收缩最大值。图 5.3 为投入距离函数的表现形式，生产者投入水平为 x_0 时达到最优产出 y^* 是可行的，但 y^* 可以由更少的投入 x_0/λ^* 来实现生产，其中 $\lambda^* > 1$。

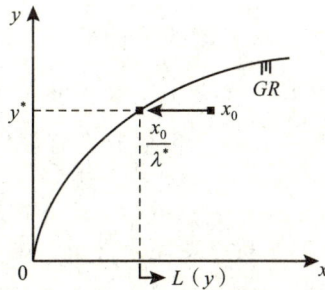

图 5.3　投入距离函数

以上生产边界和投入距离函数刻画了生产者投入生产要素并获得产出的生产技术特征。生产边界和距离函数特征为测度生产者的技术效率和经济效率提供了有效的分析方法。

2. 技术有效性

技术有效性是指在产出既定的情况下，缩小要素投入的能力，或者在投入既定的情况下扩大产出的能力，也即距离函数中投入和产出离生产边界的实际距离。技术有效性分为投入导向型（input oriented）和产出导向型（output oriented）。投入导向性技术有效性可以用函数表示如下：

$$TE_I(y, x) = \min\{\theta: \theta x \in L(y)\} \tag{5.1}$$

式（5.1）中参数 θ 为投入向量的径向收缩比例，该函数的意义为当投入不能等比例收缩且能实现既定产出时称为投入向量是技术有效的。

同样的，产出导向性技术有效性可以用函数表示如下：

$$TE_O(y, x) = [\max\{\phi: \phi y \in P(x)\}]^{-1} \tag{5.2}$$

式（5.2）中参数 ϕ 为产出向量的扩张比例，该函数的意义为当在既定投入向量下产出不能等比例扩张时称为产出向量是技术有效的。

3. 经济有效性

技术有效性以生产边界作为测度标准，缺乏生产者行为目标假设，因此只能作为生产者生产效率测度的弱标准。经济有效性加入了生产者行为假设，在生产者追求成本最小化、收入最大化和利润最大化的行为目标假设下，生产者的经济有效性包括成本有效性、收入有效性和利润有效性。

成本有效性是在投入要素价格既定条件下，用最小成本与真实成本的比率来进行表示和衡量。收入有效性是在产出价格既定时，用实际收入与最大收入的比率进行表示和衡量。利润有效性要求较成本有效性和收入有效性的条件更为严格，它是在投入要素价格和产出价格均既定的条件下，生产者试图用投入向量 x 生产产出向量 y 并得到最大化的利润，并且要求（产出导向或投入导向）技术有效且投入配置和产出配置同时有效，甚至还需要以上有效条件在恰当的规模下才能得以实现（Subal C. Kumbhakar and C. A. Knox Lovell，1977）。

5.2.2 农户耕地投入效率的测度与分解

农户耕地投入的目标是要实现在产出既定的情况下尽可能缩小投入，或是在投入既定的情况下尽可能扩大产出，这是农户耕地投入实现经济有效性的基础，在考虑投入要素价格和产出价格后，农户耕地投入目标可以具体为投入成本的最小化或者耕地产出的最大化。虽然农户本着最优化的目标进行生产，但是现实中他们几乎无法完成该目标，只能在生产边界以下部分进行生产，因此我们在理论上允许最优化失败，但是需要对失败的程度进行测度和分解，以掌握农户耕地投入过程中效率损失的程度和损失来源。下文将对农户耕地投入过程中的技术效率和经济效率的测度和分解方案进行分析。

1. 技术有效性的测度与分解

技术有效性根据导向不同可以分解为投入导向型和产出导向型，在单一产出下，将式（5.1）和式（5.2）分别具体为以下函数形式：

$$TE_I(y, x) = \min\{\theta: y \leqslant f(\theta x)\} \tag{5.3}$$

$$TE_O(y, x) = [\max\{\phi: \phi y \leqslant f(x)\}]^{-1} \tag{5.4}$$

图 5.4 描述了两种技术有效性的测度方法。图中生产者在生产边界下方进行生产，当投入 – 产出组合为 (x^A, y^A) 时技术是无效的，函数 $TE_I(y^A, x^A)$ 衡量了能生产 y^A 的 x^A 最大收缩量。因为 $y^A = f(\theta^A x^A)$，所以 $TE_I(y^A, x^A) = \theta^A < 1$。$TE_O(y^A, x^A)$ 测度了投入向量 x^A 下产出向量 y^A 的最大扩张量的导数，由于 $\phi^A y^A = f(x^A)$，所以 $TE_O(y^A, x^A) = (\phi^A)^{-1} < 1$。

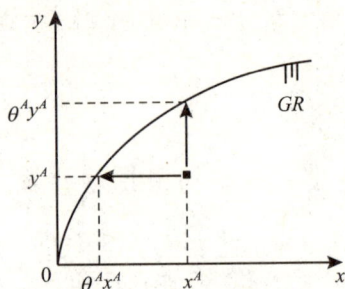

图 5.4　投入和产出导向性的技术有效性测度

2. 经济有效性的测度与分解

因为生产者的经济有效性包括成本有效性、收入有效性和利润有效性，因此需要对三种有效性的测度和分解分别进行讨论。

（1）成本有效性的测度与分解。

生产者面对投入价格 w，并试图在生产既定的产出量 y 时实现成本 $w^T x$ 最小，此时成本边界和成本有效性成为评价生产效率的标准，投入导向性技术有效性对于成本有效性是必要而非充分的，这是因为即使生产活动为技术有效，在给定的投入价格下，生产者采用的投入集合可能是不合理的，从而造成了成本无效。成本有效性可以用最小成本与真实成本的比率进行衡量，函数形式表达如下：

$$CE(y, x, w) = c(y, w)/w^T x \tag{5.5}$$

图 5.5 描述了在既定价格为 w^A 时，考虑两种投入要素，用投入向量 x^A 生产 y^A 的情况下，成本有效性的测度方式，即用最小成本 $c(y^A, w^A) = w^{AT} x^E$ 与实际成本 $w^{AT} x^A$ 之间的比率来衡量。图中 x^A 为生产者的实际投入要素组合，其成本为 $w^{AT} x^A$，$L(y^A)$ 为等产量曲线，$(\theta^A x^A)$ 点为生产者技术有效点，因此可用 $w^{AT}(\theta^A x^A)/w^{AT} x^A = \theta^A$ 来表示生产者的技术有效性。x^E 为既定产出 $L(y^A)$ 下最优投入组合，$w^{AT} x^E$ 为该组合下的成本，因此生产者的成本有效性可以用 $w^{AT} x^E/w^{AT} x^A$ 进行测度，而成本无效性则可以用 $w^{AT} x^E/w^{AT}(\theta^A x^A)$ 进行测度，即点 $(\theta^A x^A)$ 到点 x^E 的垂直距离部分，而造成

成本无效性的原因是由于未根据各种投入要素的价格对投入要素进行合理配置而产生的。至此，成本有效性可以分解为技术有效性和配置有效性两部分。

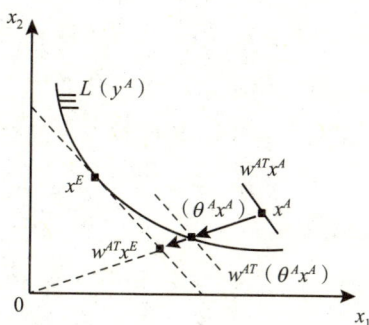

图 5.5　成本有效性测度与分解

投入要素配置的有效性可用成本有效性与投入导向型技术有效性的比率进行测度，表示为：

$$AE_I(y, x, w) = CE(y, x, w)/TE_I(y, x) \tag{5.6}$$

根据图 5.5 对成本有效性的分解，生产者投入要素组合为 x^A 时，投入要素配置的有效性可以由以下计算式进行计算：

$$AE_I(y, x, w) = c(y^A, x^A)/w^{AT}(\theta^A x^A) = w^{AT}x^E/w^{AT}(\theta^A x^A) \tag{5.7}$$

（2）收入有效性的测度与分解。

生产者在既定投入向量 x 下试图实现收入 $P^T y$ 最大化，其中 y 为产出品价格，因此可以用收入边界作为评价生产者效率的标准。生产者可能会由于产出导向性技术无效或者既定产出品价格下的产出组合不合理而导致收入有效性的损失。收入有效性可用实际收入与最大收入的比率来衡量，见式（5.8）。

$$RE(y, x, p) = P^T y/r(x, p) \tag{5.8}$$

其中 $r(x, p)$ 为最大收入，$P^T y$ 为实际收入。图 5.6 描述了生产者生产两种产品，产出组合为 y^A 时的收入有效性测度和分解。点 y^A 到点 y^E 的距离测度了生产者的收入有效性，从图5.6中可以看出，此距离由两部分组成，即点 y^A 到点 $\phi^A y^A$ 和点 $\phi^A y^A$ 到点 y^E 两部分组成，其中点 y^A 到点 $\phi^A y^A$ 的距离测度了产出导向性技术效率的有效性，即 $TE_0 = P^{AT} y^A / P^{AT}(\phi^A y^A) = (\phi^A)^{-1}$。点 $\phi^A y^A$ 到点 y^E 部分代表了收入无效的测度，收入无效是由于相对于各产出的价格对产出组合的不合理配置导致的。至此，收入有效性可以分解为产出导向型技术有效性和产出配置有效性两部分。

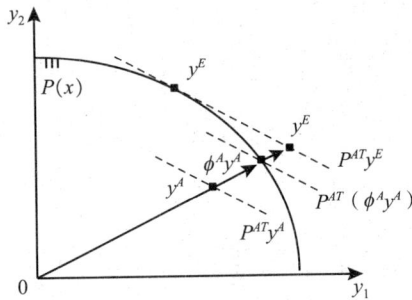

图 5.6　收入有效性的测度和分解

产出配置的有效性可以用收入有效性与产出导向型技术有效性的比率进行测度，表示为：

$$AE_0(x, y, p) = RE(x, y, p)/TE_0(x, y) \tag{5.9}$$

根据图5.6对收入有效性的分解，生产者产出要素组合为 y^A 时，产出配置的有效性可以由以下计算式进行计算：

$$AE_0(x, y, p) = P^{AT} y^E / P^{AT}(\phi^A y^A) \tag{5.10}$$

（3）利润有效性的测度和分解。

当投入要素价格 w 和产出品价格 p 既定时，生产者投入要素组合 x 生产产出 y 可得到的实际利润为 $(p^T y - w^T x)$，当生产者可得到的最大利润为 $\pi(p, w)$ 时，生产者的利润有效性可表示为：

$$\pi E(y, x, p, w) = (p^T y - w^T x)/\pi(p, w) \tag{5.11}$$

　　利润有效性的分解取决于技术有效性的导向性为投入导向型还是产出导向型，但无论技术有效性的导向是投入型还是产出型，均可导致利润无效，且作用机制基本相同，本书仅分析产出导向型技术有效性情况下的利润有效性情况。图 5.7 描述了在既定价格为 (p^A, w^A)，用投入向量 x^A 生产 y^A 的情况下，利润有效性的测度与分解。当径向增加产出至 ϕy^A 时，产出导向型技术效率增加，从而导致了利润有效性的增加，但根据图 5.5 和图 5.6 的分析，当要素投入向量为 x^A 仍然可能存在投入配置的无效，产出向量为 ϕy^A 时也仍然可能存在产出配置的无效，因此以上两种配置的失效最终导致利润有效性在 $\pi(p^A, w^A)$ 以下。

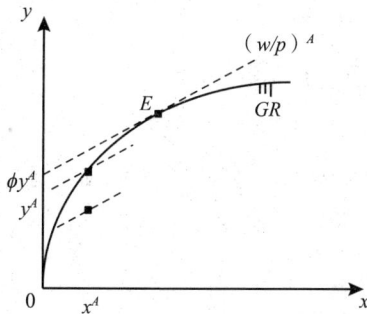

图 5.7　利润有效性的测度和分解

　　利润有效性的分解可以表示为：

$$\pi E(y, x, p^A, w^A) = \{TE_O(x, y) \cdot AE_O(x, y, p) \cdot [r(x, p)/p^T y(p, w)]$$
$$\cdot p^T y(p, w) - [AE_I(y, x, w)]^{-1}$$
$$\cdot [c(y/TE_O(x, y), w)/w^T x(p, w)]$$
$$\cdot w^T x(p, w)\}/\pi(p, w) \qquad (5.12)$$

　　式 (5.12) 中，分子中 $[r(x, p)/p^T y(p, w)]$ 和 $[c(y/TE_O(x, y), w)/w^T x(p, w)]$ 两项共同代表了规模有效性，其他三项分别代表前文分析过的产出导向型技术有效性、产出配置有效性和投入配置有效性。

可见要实现利润最大化不仅要求技术有效，且要求在既定投入价格下的合适的投入组合及产出价格下的合适的产出组合，同时要求既定投入和产出价格下的合适生产规模。

以上对经济有效性从成本有效、收入有效和利润有效三个方面进行了分析，鉴于本书以农户耕地投入为分析目的，因此以投入导向型效率测度为本书的研究重点，因此本书对农户耕地投入的经济效率测度将主要以成本有效性测度为主。

5.3

不同类型农户耕地投入技术效率测度

本书前文从理论上分析了农户耕地投入效率测度及分解的可能性，但是当面对较多数量样本农户的耕地投入截面数据时，需要依靠方便的、可操作的计量方法来实现对农户耕地投入效率的测度。本节首先将对可操作的计量方法进行选择，然后根据本书所选取的样本农户耕地投入数据对不同类型农户耕地投入技术效率进行测度，最后对不同类型农户耕地投入技术效率进行比较分析，并对产生效率差异的原因进行解释。

5.3.1 估算模型选择

由前文的分析可知，生产者用既定的非负投入向量 $x = (x_1, x_2, \cdots, x_N) \in R_+^N$ 来生产非负产出向量 $y = (y_1, y_2, \cdots, y_M) \in R_+^M$，这样可以得出一个确定性生产边界，生产边界模型可以表示为：

$$y_i = f(x_i; \beta) \cdot e^{-u_i} \tag{5.13}$$

其中，y_i 代表第 i 个生产单位的产出向量，x_i 为投入向量，$f(x_i; \beta)$ 为确定性生产边界，β 为待估技术参数，$TE_i = e^{-u_i}$ 为技术效率。给定 $f(x_i; \beta)$ 为简单的柯布—道格拉斯（Cobb - Douglas）对数线性方程，则确定性边界模型可以表示为：

$$\ln y_i = \beta_0 + \sum_n \beta_n \ln x_{ni} - u_i \qquad (5.14)$$

至此，我们可以利用目标规划法（GP）和最小二乘法（OLS）等计量方法对以上方程进行估计，从而测度出技术效率。然而在现实生产中，生产者个体差异、天气状况以及运气差异（也可理解为生产者风险态度差异）等情况会对产出造成一定的影响，如果不将此类因素进行排除，则会影响到技术效率测度的效果，艾格纳、洛弗尔和施密特（Aigner、Lovell and Schmidt，1977）和莫森和布罗耶克（Meeusen and Van den Broeck，1977）同时提出的随机生产边界模型很好地解决了这一问题，简单的柯布—道格拉斯（Cobb-Douglas）对数线性方程下的随机生产边界模型表示为：

$$\ln y_i = \beta_0 + \sum_n \beta_n \ln x_{ni} + v_i - u_i \qquad (5.15)$$

其中 v_i 为噪音误差项，其他项的意义同式（5.14），（$v_i - u_i$）称为混合误差，其中 v_i 用于测度各种随机性不可控因素，如天气、运气等，且 $v_i \sim iidN(0, \sigma_v^2)$；$u_i$ 为非负数，表征农户 i 的技术欠效率，且独立于 v_i。u_i 分布形式的不同衍生出不同随机前沿模型，可以解释效率差异的深层次原因。传统随机前沿函数估计过程为存在悖论的两步法：第一步假定 u_i 独立于投入向量 x_i，否则估计不具一致性；第二步却又假定 u_i 非独立，且决定于一系列外生变量 z，但不能保证投入向量 x_i 与 z 之间不具有相关性，因此可能会存在估计的偏差。贝泰斯和科埃利（Battese and Coelli）于 1995 年提出了一步法估计模型，有效解决了两步法中的矛盾。根据贝泰斯和科埃利模型（以下简称 B-C 模型）的计算方法，u_i 服从非负独立截断正态分布：

$$u_i \sim iidN^+(m_i, \sigma_u^2) \qquad (5.16)$$

技术效率函数表示为：

$$m_i = z_i \cdot \delta \qquad (5.17)$$

u_i 表示影响农户技术效率的外生性因素；δ 表示未知参数向量，反映

变量 z_i 对技术效率的影响。由于回归方程的误差项不同于最小二乘古典假定，因此用 $\sigma^2 = \sigma_v^2 + \sigma_u^2$ 及 $\gamma = \sigma_u^2 / (\sigma_v^2 + \sigma_u^2)$ 代替 σ_v^2 和 σ_u^2，然后利用非线性估计方法得到所有参数的极大似然法估计量。其中 $\gamma \in (0, 1)$，反映误差项中技术无效率项所占比例，当 γ 趋近于 0 时，表明误差项主要来源于不可控的随机误差，此时不存在显著的技术效率差别；当 γ 趋近于 1 时，表明误差项主要来源于技术无效率项。

农户耕地投入的技术效率估计采用以下公式计算：

$$TE_i = \frac{E(y_i^* / u_i, \ x_i)}{E(y_i^* / u_i = 0, \ x_i)} = \exp(-u_i) \qquad (5.18)$$

$E(\cdot)$ 表示数学期望，若 $u_i = 0$，$TE_i = 1$，该农户处于完全技术效率状态，耕地利用效率处于前沿生产面上。若 $u_i > 0$，则 $TE_i \in (0, 1)$，表明该农户处于技术效率损失状态，耕地利用效率处于前沿生产面之下。

随机生产边界模型最初的应用主要建立在 Cobb – Douglas 生产函数的基础上，其优点在于模型简单，待估参数较少；缺点在于需要假设投入要素的产出弹性保持不变，与实际生产行为不相符合。因此现阶段的研究中多采用超越对数生产函数形式，这解决了投入要素生产弹性保持不变的假设条件带来的缺点，使之可以作为任何生产函数的近似；其缺点在于函数形式较复杂（Colli, T. J., Rao D. S. P. and Battese G. E., 1998）。本书将采用函数形式较为灵活多变的超越对数生产函数形式对农户耕地利用效率进行估计，模型的基本形式如下：

$$Lny_i = \beta_0 + \sum_j \beta_j Lnx_{ij} + \frac{1}{2} \sum_j \sum_m \beta_{jm} Ln(x_{ij}) Ln(x_{im}) + v_i - u_i \quad (5.19)$$

式（5.19）中 y_i 表示第 i 个农户的单位耕地产出；x_{ij} 和 x_{im} 表示农户单位耕地生产要素投入向量，分别表示农户耕地投入规模（实际播种面积，为农户拥有耕地数量与复种指数的乘积）、资本投入和劳动投入，其他参数所代表意义同前文所述。

5.3.2 变量选择及预期假设

根据超越对数随机前沿生产函数形式的要求，本书对模型中各参数的设定如下：

（1）单位耕地产值 y_i。由于农户农业生产具有多元投入和多元产出的性质，且不同地区由于种植制度不同，所生产的农产品也不尽相同，若以质量（kg）为单位衡量单位耕地主要农产品产出水平，对各调查区域的产出水平进行具有可比性的统一处理将显得非常困难，因此本书利用各种农产品的价格信息对农户各类产出进行加总，并以农户单位耕地总产值作为产出变量。

（2）耕地投入规模 x_{1i}。该变量为农户所有农产品的总播种面积，由于考虑了农户的复种指数，因此该指标反映了农户的耕地利用程度，对农户耕地投入效率具有重要的影响。

（3）劳动投入变量 x_{2i}。该变量为农户家庭从事农业生产家庭成员在一个生产周期内单位耕地面积上投入的劳动时间之和，以工日为单位表示。

（4）资本投入变量 x_{3i}。该变量为农户一个生产周期内单位耕地面积上的物质费用投入，单位为元。包括农户的化肥、农药、种子、灌溉、农膜、机械和固定资产折旧等投入费用，本书在处理过程中对以上各类物质费用进行加总，这样可以减少各项物质费用之间的多重共线性，也可以增加模型的自由度。

农户耕地投入的技术效率除了受到以上3个变量的影响外，还受到其他众多外生因素的影响，如家庭资源禀赋、从事农业生产家庭成员的年龄特征、受教育程度以及区域社会经济发展水平等。本书从以上四个方面对可能影响到农户耕地投入技术效率的因素进行筛选后确定以下控制变量，同时，根据现有文献成果和本书的理论分析结论，给出了各控制变量对农户耕地投入效率的预期作用方向：

(5) 耕地面积 (z_1)。该变量为农户家庭拥有的耕地数量，包括租入的耕地数量，单位为亩。关于耕地规模对耕地产出效率的影响方向，学术界对此问题一直存在不同的意见，但是大多数学者通过理论和实证研究均证明耕地规模的扩大对耕地产出效率具有负向的影响（史正富，1995；任治君，1995，Heltberg and Rasmus，1998；Ghatak，Juliano J Assuncao and Maitreesh，2003；李谷成，2008），因此本书预期耕地规模对农户耕地投入技术效率具有负向影响，并用耕地规模的平方数（z_2）来对此关系进行测度。

(6) 劳均耕地 (z_3)。劳均耕地数量反映了农户家庭耕地总面积与家庭从事农业生产成员数之间的关系，综合了耕地规模与家庭人口特征对农户耕地投入技术效率的影响。与耕地规模对农户耕地投入技术效率作用机理相似，劳均耕地越大，对农户耕地投入技术效率可能会产生负面影响，因此本书预期该指标的作用方向为负。

(7) 耕地细碎化程度 (z_4)。耕地细碎化是我国人多地少的资源禀赋特点、农村家庭承包联产责任制下的土地均分等自然和制度因素共同作用的结果。表现为单个农户所拥有的耕地规模小，田块较多且分布分散，不利用集中的灌溉、排水以及病虫害防治等耕地经营措施的实施，同时也不利于农业机械化操作，特别是在丘陵山区表现得更为突出，以上不利条件使得农户农业生产成本增加。鉴于以上特点，耕地细碎化程度可能会对农户耕地投入的技术效率产生负面影响。现有文献中大部分学者也认为耕地细碎化影响了农业生产的效率（Simos，1987；Thomas Sikor，Danier Muller and Johannes Stahl，2009）。但是在我国农业劳动力富足，农业产业表现为劳动密集型产业的背景下，耕地细碎化促使了农户对耕地的精耕细作，同时也有观点认为耕地细碎化为农户农业结构调整，农产品多元化种植提供了便利，从而使农户分散了市场和自然风险，成为农户规避风险的一种手段，从这个角度来看，耕地细碎化对农户耕地投入技术效率似乎又起到了正向的作用，也有学者通过研究表明耕地细碎化对农户耕地利用效率没有显著的影响（Chavas and Petrie et al.，2005）。因此本书对耕地细碎化对农户耕地投入技术效率的预期影响方向不明确，需要通过实证分析进行检验。

（8）农业劳动力平均年龄（z_5）。现有文献在分析年龄对经济发展及农业生产的影响时均采用户主年龄作为依据，然而户主在现实中可能不是家庭农业生产的主要劳动者，抑或不参加农业生产活动，因此采用户主年龄分析农户农业劳动力年龄对耕地利用行为的影响可能会产生较大的偏差。本书在处理该指标时采用了农户家庭主要从事农业生产者的年龄[①]，若存在两名及以上的家庭成员从事农业生产的时间相同，那么取他们的平均年龄作为农户家庭从事农业生产者的年龄。根据伯顿（Rob J. F. Burton，2006）的研究成果，采用家庭农业劳动者的平均年龄来分析年龄对农业生产的影响同样能反映以家庭为单位的经济活动特征。随着年龄的增长，农业劳动力的生产、经营和管理等技能也在不断增加，但是能投入到生产经营管理的体能却在逐渐降低，劳动效率的下降不断中和技能带来的效率提升，使得农户耕地利用效率随着农户农业劳动力年龄的增加呈现报酬递减的趋势，因此本书假设农户农业劳动力平均年龄总体上对农户耕地投入技术效率有负面的影响。

（9）劳动人口占家庭总人口比重（z_6）。家庭劳动力数量占总人口的比例可以称作农户家庭的人口红利，众多的研究将人口红利与经济增长紧密结合，研究结果表明人口对经济增长的作用方向是不确定的，其影响也不是独立的（蔡昉，2004）。本书预期其对耕地利用效率的作用方向不明确，需要通过实证进行检验。

（10）受教育程度（z_7）。本书以农业劳动力平均受教育程度表示该指标。通常，采用农户接受的正规教育程度可以表示农户家庭的人力资本存量（Barro and Lee，1993），受教育程度作为人力资本投资重要衡量指标，

---

① 本书在调查中设计了农户家庭成员一年中从事农业生产和非农业生产的时间分配指标，当某一家庭成员一年中从事农业生产时间多于其他家庭成员，则认为该家庭成员为主要从事农业生产者。

从微观和宏观对生产率、经济增长或收入增长都会做出显著的贡献。农业劳动力平均受教育水平不同于户主受教育水平，同农业劳动力年龄对家庭经济特征的影响方式相同，采用农业劳动力平均受教育水平能更准确地从家庭角度反映农户的耕地投入行为。亢霞和刘秀梅（2005）证明了受教育水平的提高对农户家庭经营技术效率的正向影响。根据我国教育年限设置，本书设置文盲＝1，小学＝2，初中＝3，高中（中专）＝4，大专及以上＝5，并且假设农户农业劳动力平均受教育水平对耕地利用效率有正向影响。

（11）非农经营活动（z_8）。本书以农户家庭非农收入占家庭总收入的比例表示农户家庭的非农经营活动。在前文关于农户家庭分化的理论分析结论下，非农经营活动对不同类型农户家庭的影响是不同的。在完全分工型农户家庭中，非农经营活动可以增加家庭农业生产的资本约束上限，从而可以提高耕地利用效率；在不完全分工型农户家庭中，由于部分或者全部家庭成员均兼业从事农业和非农业生产，因此他们的劳动时间在两种产业之间的配置形成一种两难的冲突，当从事非农产业可获得的报酬高于农业时，非农经营行为会对农户的耕地利用效率产生负面的影响。

（12）区域经济社会条件（z_9）。区域差异主要表现为气候、土地质量和经济环境的差异，它们决定了不同地区农户耕地利用效率的前沿面的差异。气候和土地质量对农户耕地利用效率的影响是明确的，好的气候条件和土地质量对农户耕地利用效率有正向的影响。本书将主要从区域间经济环境差异考察区域差异对农户耕地利用效率的影响，设置区域虚拟变量，湖南丘陵地区＝1，江汉平原＝2，太湖平原＝3，鄂中丘陵地区＝4。孔祥智和孙陶生（1998）的论文证明了地区经济的发展程度对农户固定资本投入有正向的影响，梁流涛等（2008）从农户兼业程度对农户土地利用效率的影响进行了分析，贺振华（2005）证明了农户兼业程度与地区经济发展水平呈正向关系，以上研究成果间接证明了地区经济发展程度对农户耕地利用效率有正向的影响。影响技术效率各变量说明如表5.9所示。

表 5.9　　　　　　　　　　　　　影响技术效率各变量说明

变量符号	变量解释	单位	备注	预期效应
z_1	耕地面积	亩	农户的种植规模	-
z_2	耕地规模平方数	亩	测度耕地规模对农户耕地投入技术效率的递减效应	-
z_3	劳均耕地	亩	种植规模与家庭人口特征的关系	-
z_4	耕地细碎化程度	块/亩	验证耕地细碎化程度对农户耕地投入技术效率的影响	不明确
z_5	农业劳动力平均年龄	岁	反映农户家庭成员中从事农业生产者的平均年龄	-
z_6	劳动人口占家庭总人口比重	%	反映农户家庭的人口红利状况	不明确
z_7	受教育程度	N	反映农户家庭成员中从事农业生产者的平均受教育程度	+
z_8	非农经营活动	%	用非农收入占家庭总收入的比例进行测度	对完全分工型农户影响为 +，对不完全分工型农户影响为 -
z_9	区域经济社会条件	虚拟变量	湖南丘陵地区 = 1，江汉平原 = 2，太湖平原 = 3，鄂中丘陵地区 = 4	+

5.3.3　农户耕地投入技术效率估计结果

1. 模型检验

模型形式设定的恰当与否，直接关系到结论的正确与否。由于本书采用截面数据进行分析，未考虑技术的进步，因此本书通过构建似然检验统计量进行以下两个方面的检验[①]来选择模型：(1) 随机前沿生产函数是否

---

① 似然检验统计量检验方法为：$\mathrm{Ln}L_0$ 和 $\mathrm{Ln}L_1$ 分别表示在零假设 (H$_0$) 和备择假设 (H$_1$) 下的对数似然值，$\mathrm{LR} = -2[\mathrm{Ln}L_0 - \mathrm{Ln}L_1]$。如果零假设成立，则检验统计量 LR 服从渐进卡方分布（或者混合卡方分布），即 $LR \sim \chi^2(k)$，k 表示自由度。给定显著性水平 α，检验临界值为自由度 k 上的 α 分位数，即 $\chi_\alpha^2(k)$。当 $LR > \chi_\alpha^2(k)$ 时拒绝零假设，否则接受零假设。

适用于研究农户耕地利用效率，即检验农户耕地利用效率中是否存在技术欠效率情况，若不存在技术欠效率（变量 $u=0$），则只存在随机噪音项对农户耕地利用效率产生影响；（2）为何使用超越对数生产函数而不是简单的 Cobb – Douglas 生产函数。检验结果如表 5.10 所示。

表 5.10　　　　　　　　　　　　　假设检验结果

原假设	对数似然值	似然比	临界值 （$\alpha = 0.95$）	检验结论
H_1：原模型	-394.967	—	—	—
H_0：$\gamma = \sigma^2 = 0$	-405.715	21.496	15.500	拒绝
H_0：$\beta_{jj} = \beta_{mm} = \beta_{jm} = 0$	-425.548	61.162	7.810	拒绝

表 5.10 中检验结果说明了随机误差和效率损失的存在，即随机前沿生产函数适用于研究农户耕地利用效率。假设 2 的检验证明了简单的 Cobb – Douglas 生产函数不能有效说明农户耕地利用中的技术结构，因此使用超越对数生产函数对农户耕地投入技术效率进行估计是合理的。

2. 模型估计结果

将不同类型农户的样本数据代入式（5.19）中，利用 frontier 4.1 软件包对数据进行分析，可得到不同地区不同类型农户耕地投入的技术效率及相关参数系数和 t 检验值。根据本书第 3 章对农户分化的分析和农户类型的确定，下面将分别对完全分工型农户、不完全分工型农户、农业专业（参与市场）型农户和农业专业（自给自足）型农户四种类型农户的耕地投入技术效率进行估计和分析。

（1）完全分工型农户耕地投入技术效率估计。

表 5.11 为将完全分工型农户耕地投入数据代入模型中所计算出的各参数值的情况。

表5.11 参数估计结果

自变量	参数	系数	标准误	t检验值
常数项	β_0	27.343 ***	2.969	9.209
Lnx_1	β_1	−0.784 *	0.594	−1.520
Lnx_2	β_2	−1.214 **	0.528	−2.298
Lnx_3	β_3	−6.061 ***	0.773	−7.840
$0.5 \times (Lnx_1)^2$	β_4	−0.015	0.084	−0.176
$0.5 \times (Lnx_2)^2$	β_5	0.176 **	0.054	3.243
$0.5 \times (Lnx_3)^2$	β_6	0.983 ***	0.124	7.956
$0.5 \times Lnx_1 \times Lnx_2$	β_7	0.247 **	0.093	2.666
$0.5 \times Lnx_1 \times Lnx_3$	β_8	0.174	0.174	0.999
$0.5 \times Lnx_2 \times Lnx_3$	β_9	0.127	0.142	0.897
	σ^2	4.541 **	2.253	2.015

$\gamma = 0.9511$

log likelihood function = −394.967 **

LR test of the one-sided error = 46.875

注：符号 *** 、 ** 、 * 分别表示在1%，5%，10%的水平下通过显著性检验。

表5.11中 $\gamma = 0.9511$ 表明随机前沿函数误差中有95.11%的成分来源于技术欠效率，也证明了随机前沿函数的适用性。不同调查区域完全分工型农户的耕地投入技术效率平均值为70.33%，有29.67%的效率损失。而不同区域该类型农户的技术效率特征也存在一定差异，表5.12反映了此差异。

表5.12 完全分工型农户耕地投入技术效率 单位：%

样本区域	技术效率			
	最大值	最小值	方差	平均值
湖南丘陵地区	84.83	51.80	1.41	68.98
江汉平原地区	89.72	47.43	2.20	69.87
太湖平原地区	93.47	62.15	1.55	69.90
鄂中丘陵地区	87.83	71.67	0.13	81.79

从表 5.12 中可以看出，湖南丘陵地区、江汉平原地区、太湖平原地区和代表农民专业合作组织的鄂中丘陵地区样本农户耕地投入技术效率分别为 68.98%、69.87%、69.90% 和 81.79%，鄂中丘陵地区该类型农户耕地投入技术效率最高，且方差较小，说明该区域样本农户的耕地投入技术效率普遍较高，无明显差异。而江汉平原地区样本农户耕地投入技术效率则表现出较大差异，技术效率最大值为 89.72%，最小值为 47.43%，方差为 2.20%，为鄂中丘陵地区的 16.92 倍，湖南丘陵地区和太湖平原地区两个调查区域样本农户技术效率的变异程度分别为鄂中丘陵地区的 10.84 倍和 11.92 倍，这也说明了在完全分工型农户内部，"组织化"农户的耕地投入技术效率普遍高于"自由化"农户。表 5.13 给出了影响完全分工型农户耕地投入技术效率因素的估计结果，我们可以根据该结果对前文所提出的预期假设进行检验。

表 5.13 各解释变量估计结果

自变量	参数	系数	标准误	t 检验值
耕地面积（z_1）	δ_1	0.196 **	0.094	2.081
耕地面积二次项（z_2）	δ_2	-0.001 *	0.001	-1.785
劳均耕地（z_3）	δ_3	0.168	0.152	1.103
耕地细碎化程度（z_4）	δ_4	0.050	0.084	0.597
农业劳动力平均年龄（z_5）	δ_5	-0.042 **	0.022	-1.926
劳动人口占家庭人口比例（z_6）	δ_6	-4.489 *	2.755	-1.629
平均受教育程度（z_7）	δ_7	-1.790 *	1.055	-1.696
非农收入比例（z_8）	δ_8	-4.857 **	2.268	2.141
区域经济社会条件（z_9）	δ_9	-1.469	1.080	-1.361

注：符号 **、* 分别表示在 5%，10% 的水平下通过显著性检验。参数系数项中"-"表示该变量对农户耕地投入效率有正向影响，反之则反。

通过表 5.13 给出的分析结果可以看出，农户拥有的耕地面积对农户耕地投入技术效率有显著负向影响，耕地面积二次项系数为正说明农户的耕地利用技术效率有规模递减的趋势，这验证了前文关于该变量的预期假设。劳均耕地面积对完全分工型农户耕地投入技术效率有负影响，但是该影响并不显著，这是由于完全分工型农户家庭中专业化从事农业生产的家庭成员数量固定，当专业化从事农业生产的家庭成员所经营的耕地规模越大时，越容易造成耕地的粗放式经营，使得规模效益发生递减，技术效率产生损失。耕地细碎化程度对该类型农户耕地投入技术效率有负向影响，但是也不显著，这可能是由于完全分工型农户家庭农业劳动力有限，无法对分散的耕地进行精耕细作。农业劳动力平均年龄对该类型农户耕地投入技术效率有显著的正向影响，即农业劳动力平均年龄越大，该类型农户耕地投入技术效率越高。笔者曾对该因素对农户耕地投入技术效率的影响进行过专门的讨论①，实际上该因素对农户耕地投入技术效率的影响程度为"∩"形，具体表现为农户农业劳动力平均年龄为 60 岁之前，由于年龄增长带来的生产经验增长对农户耕地投入技术效率有正向影响，而 60 岁之后由于劳动力素质的下降使得年龄对耕地利用效率产生了负影响。由于完全分工型农户家庭农业劳动力平均年龄为 54.67 岁（见表 3.8），因此在此年龄段内，该因素对农户耕地投入技术效率呈显著的正向影响。劳动人口占家庭人口比例对该类型农户耕地投入技术效率有显著正影响，证明劳动人口占家庭人口比例越高，该类型农户耕地投入技术效率也越高。农业劳动力平均受教育程度对该类型农户耕地投入技术效率有显著正影响，验证了前文关于该因素的预期假说。非农收入比例对该类型农户耕地投入技术效率有显著正影响，与预期假说得到的结论刚好相反。这是由于在农户家庭成员分工视角下，完全分工型农户有部分成员专业化从事农业生产，另一部分成员专业化从事非农业生产，因此家庭的非农经营活动不但没有使配置于农业生产的劳动和资本减少，相反，专业化从事非农生产家庭成员向家庭转移的部分收入提高了家庭农业生产的资本投入约束上限，

---

① 见《农业劳动力老龄化对农户耕地利用效率的影响——来自不同经济发展程度地区的实证》一文。

使专业化从事农业生产的家庭成员能更好地经营农业生产，从而提高了耕地投入技术效率，这也验证了本书第4章中关于该类型农户耕地投入配置行为的分析假设。区域社会经济条件对该类型农户耕地投入技术效率有正向影响，但影响并不显著。

（2）不完全分工型农户耕地投入技术效率估计。

表5.14为将完全分工型农户耕地投入数据代入模型中所计算出的各参数值的情况。

表5.14　　　　　　　　　　　　参数估计结果

自变量	参数	系数	标准误	t检验值
常数项	β_0	10.335***	2.965	3.485
$\text{Ln}x_1$	β_1	-0.537	0.513	-1.047
$\text{Ln}x_2$	β_2	-0.461	0.546	-0.845
$\text{Ln}x_3$	β_3	-0.968*	0.290	-1.525
$0.5 \times (\text{Ln}x_1)^2$	β_4	0.171*	0.086	1.976
$0.5 \times (\text{Ln}x_2)^2$	β_5	0.047	0.064	0.739
$0.5 \times (\text{Ln}x_3)^2$	β_6	0.168*	0.076	1.541
$0.5 \times \text{Ln}x_1 \times \text{Ln}x_2$	β_7	0.030	0.114	0.266
$0.5 \times \text{Ln}x_1 \times \text{Ln}x_3$	β_8	0.110	0.143	0.765
$0.5 \times \text{Ln}x_2 \times \text{Ln}x_3$	β_9	0.090	0.159	0.565
	σ^2	1.890*	0.038	1.795

$\gamma = 0.9305$

log likelihood function = -307.055**

LR test of the one-sided error = 66.198

注：符号***、**、*分别表示在1%，5%，10%的水平下通过显著性检验。

表5.14中$\gamma = 0.9305$表明随机前沿函数误差中有93.05%的成分来源于技术欠效率，也证明了随机前沿函数的适用性。不同调查区域该类型农户的耕地投入技术效率平均值为66.27%，有33.63%的效率损失。而不同区域该类型农户的技术效率特征也存在一定差异，表5.15反映了此差异。

表 5.15 　　　　　　　　不完全分工型农户耕地投入技术效率　　　　　　单位：%

样本区域	技术效率			
	最大值	最小值	方差	平均值
湖南丘陵地区	87.17	48.49	1.72	67.72
江汉平原地区	93.59	32.61	2.87	64.57
太湖平原地区	89.97	31.97	2.93	64.79
鄂中丘陵地区	87.33	55.18	0.65	77.33

从表 5.15 中可以看出，鄂中丘陵地区不完全分工型样本农户耕地投入技术效率最高，为 77.33%，其他三个区域样本农户耕地投入技术效率分别为：湖南丘陵地区 67.72%、江汉平原地区 64.57%、太湖平原地区64.79%。由于太湖平原地区非农经济最活跃，该地区不完全分工型农户家庭成员普遍存在兼业情况，而家庭成员间不同的兼业组合差异导致该地区样本农户耕地投入技术效率变异程度最高，达到 2.93%，为变异程度最低的鄂中丘陵地区的 4.5 倍。

表 5.16 给出了影响不完全分工型农户耕地投入技术效率因素的估计结果，我们可以根据该结果对前文所提出的预期假设进行检验。

表 5.16 　　　　　　　　　各解释变量估计结果

自变量	参数	系数	标准误	t 检验值
耕地面积（z_1）	δ_1	0.161*	0.090	1.792
耕地面积二次项（z_2）	δ_2	−0.001	0.000	−1.232
劳均耕地（z_3）	δ_3	−0.029	0.074	−0.391
耕地细碎化程度（z_4）	δ_4	0.055	0.083	0.663
农业劳动力平均年龄（z_5）	δ_5	0.019	0.016	1.222
劳动人口占家庭人口比例（z_6）	δ_6	−4.906*	3.206	−1.530
平均受教育程度（z_7）	δ_7	−0.343	0.366	−0.938
非农收入比例（z_8）	δ_8	1.937**	0.908	1.932
区域经济社会条件（z_9）	δ_9	−0.119	0.186	−0.642

注：符号 **、* 分别表示在 5%，10% 的水平下通过显著性检验。参数系数项中 "−" 表示该变量对农户耕地投入效率有正向影响，反之则反。

从表 5.16 可以看出，农户家庭耕地面积对不完全分工型农户耕地投入技术效率有负向影响，这是由于不完全分工型农户主要家庭成员存在兼业行为，从事农业生产的劳动机会成本较高，当耕地规模较大时比完全分工型农户更容易发生粗放经营的现象，从而影响到其耕地投入技术效率。从耕地面积二次项的估计结果可以看出耕地投入规模报酬递减的现象并不明显。劳均耕地、耕地细碎化程度、农业劳动力平均年龄对该类型农户耕地投入技术效率影响均不显著，劳动人口占家庭人口比例对该类型农户耕地投入技术效率有显著正向影响，其作用机理类似于其对完全分工型农户技术效率的影响，在此不再赘述。农业劳动力平均受教育程度对该类型农户耕地投入技术效率的影响并不显著，可能是由于大量从事农业生产的老龄家庭成员同时兼业从事非农业生产，或者从事非农业生产的年轻家庭成员兼业从事农业生产，使得年龄因素对该类型农户技术效率影响不显著。家庭非农收入比例对该类型农户耕地投入技术效率有显著负向影响，这是由于该类型农户家庭成员的劳动时间在两种产业之间的配置形成一种两难的冲突，其耕地劳动投入决定于其非农产业可获得收入，因此非农经营行为会对农户的耕地劳动投入产生一定影响，从而对耕地利用效率产生负面的影响，这也验证了前文关于该因素的预期假说。区域经济社会条件对该类型农户耕地投入技术效率无显著影响。

（3）农业专业（参与市场）型农户耕地投入技术效率估计。

表 5.17 为将农业专业（参与市场）型农户耕地投入数据代入到模型中所计算出的各参数值的情况。

表 5.17　　　　　　　　　　　　　　　　　参数估计结果

自变量	参数	系数	标准误	t 检验值
常数项	β_0	11.794 ***	1.057	11.154
Lnx_1	β_1	-0.747	0.671	-1.112
Lnx_2	β_2	-0.943	0.807	-1.169

自变量	参数	系数	标准误	t 检验值
$\mathrm{Ln}x_3$	β_3	-1.302^{**}	0.562	-2.316
$0.5\times(\mathrm{Ln}x_1)^2$	β_4	-0.066	0.136	-0.483
$0.5\times(\mathrm{Ln}x_2)^2$	β_5	0.060	0.144	0.415
$0.5\times(\mathrm{Ln}x_3)^2$	β_6	0.288^{**}	0.122	2.359
$0.5\times\mathrm{Ln}x_1\times\mathrm{Ln}x_2$	β_7	0.394^{**}	0.204	1.928
$0.5\times\mathrm{Ln}x_1\times\mathrm{Ln}x_3$	β_8	0.064	0.147	0.432
$0.5\times\mathrm{Ln}x_2\times\mathrm{Ln}x_3$	β_9	0.105	0.200	0.524
	σ^2	0.332^{***}	0.032	10.503

$\gamma=0.7074$
log likelihood function $=-121.185^{*}$
LR test of the one-sided error $=15.93$

注：符号 *** 、** 、* 分别表示在1%，5%，10%的水平下通过显著性检验。

表 5.17 中 $\gamma=0.7074$ 表明随机前沿函数误差中有70.74%的成分来源于技术欠效率，虽然该成分低于超越对数随机前沿生产函数模型对完全分工型农户和不完全分工型农户耕地投入技术效率的解释，但基本能解释农业专业（参与市场）型农户的技术欠效率。不同调查区域该类型型农户的耕地投入技术效率平均值为86.58%，远高于完全分工型农户和不完全分工型农户。而不同区域该类型农户的技术效率特征也存在一定差异，表 5.18 反映了此差异。

表5.18　　　农业专业（参与市场）型农户耕地投入技术效率　　单位：%

样本区域	技术效率			
	最大值	最小值	方差	平均值
湖南丘陵地区	87.71	65.17	0.67	72.76
江汉平原地区	95.68	65.31	0.47	87.16
太湖平原地区	97.75	66.22	0.26	95.69
鄂中丘陵地区	98.25	96.83	0.001	97.87

　　通过表 5.18 可以看出，不同地区农业专业（参与市场）型农户耕地投入技术效率均要远高于完全分工型农户和不完全分工型农户，鄂中丘陵地区该类型农户耕地投入技术效率甚至达到了 97.87%，而该地区样本农户技术效率的方差仅为 0.001%。湖南丘陵地区该类型农户耕地投入技术效率最低，为 72.76%，且具有较大的变异。太湖平原该类型农户耕地投入技术效率为 95.69%，高于自然属性大致相同的江汉平原地区，造成区域间该类型农户耕地投入技术效率差异的原因可以从各外生变量的估计值中进行分析，表 5.19 反映了各外生变量的参数估计，需要说明的是由于大多数农业专业型农户非农收入占家庭总收入比例为 0，为了不影响模型估计结果，在农业专业型农户的参数估计中去除了该项指标。

表 5.19　　　　　　　　　　　**各解释变量估计结果**

自变量	参数	系数	标准误	t 检验值
耕地面积（z_1）	δ_1	0.621 *	0.039	1.536
耕地面积二次项（z_2）	δ_2	0.001	0.000	0.257
劳均耕地（z_3）	δ_3	− 0.034	0.085	− 0.395
耕地细碎化程度（z_4）	δ_4	0.511 *	0.016	1.681
农业劳动力平均年龄（z_5）	δ_5	0.001	0.012	0.074
劳动人口占家庭人口比例（z_6）	δ_6	0.538	0.653	0.824
平均受教育程度（z_7）	δ_7	− 0.147 *	0.084	1.752
区域经济社会条件（z_9）	δ_9	− 0.515 ***	0.151	− 3.422

　　注：符号 *** 、* 分别表示在 1%，10% 的水平下通过显著性检验。参数系数项中 "−" 表示该变量对农户耕地投入效率有正向影响，反之则反。

　　通过表 5.19 可以得出以下结论：农户家庭拥有的耕地规模对农业专业（参与市场）型农户耕地投入技术效率有显著负向影响，验证了前文关于该因素的预期假设，但是耕地规模报酬递减趋势并不明显。劳均耕地规模对该类型农户耕地投入技术效率影响不显著。耕地细碎化程度对该类型农户具有显著的负影响，对于追求市场利润的该类型农户来说，耕地细碎化影响其机械化生产、灌排水管理和病虫害防治等生产措施的执行，再产出不变条件下，耕地细碎化程度的提高使得该类型农户需要投入的资本和劳力增加，因此对其耕地投入技术效率产生了负面影响。农业劳动力平均年龄和劳动人口占家庭人口比例对该类型农户耕地投入技术效率影响不显著。农业劳动力平均受教育程度对该类型农户耕地投入技术效率有显著的正向影响，其影响机理如前文关于该因素的分析相似，在此不再赘述。与前面两种类型农户不同，地区社会经济发展水平对该类型农户耕地投入技术效率有显著的正向影响，这可能是由于经济发达地区农业生产资料成本和农产品交易成本低于经济欠发达地区，从而对农户耕地投入技术效率产生了正的影响。

（4）农业专业（自给自足）型农户耕地投入技术效率估计。

表 5.20 为将农业专业（自给自足）型农户耕地投入数据代入模型中所计算出的各参数值的情况。

表 5.20　　　　　　　　　　参数估计结果

自变量	参数	系数	标准误	t 检验值
常数项	β_0	-9.580^{***}	-1.962	2.683
Lnx_1	β_1	1.742^{*}	0.896	1.945
Lnx_2	β_2	0.925	0.765	0.032
Lnx_3	β_3	1.851^{**}	0.587	3.155
$0.5 \times (Lnx_1)^2$	β_4	-0.282	0.236	-1.198
$0.5 \times (Lnx_2)^2$	β_5	-0.032	0.167	-0.193
$0.5 \times (Lnx_3)^2$	β_6	-0.165^{**}	0.068	-1.980
$0.5 \times Lnx_1 \times Lnx_2$	β_7	-0.186	0.300	-0.622
$0.5 \times Lnx_1 \times Lnx_3$	β_8	-0.354^{*}	0.206	-1.714
$0.5 \times Lnx_2 \times Lnx_3$	β_9	0.095	0.281	0.338
	σ^2	0.886^{**}	0.093	2.002

$\gamma = 0.8173$
log likelihood function $= -131.24^{*}$
LR test of the one-sided error $= 18.32$

注：符号 *** 、** 、* 分别表示在 1%，5%，10% 的水平下通过显著性检验。

表 5.20 中 $\gamma = 0.8173$ 表明随机前沿函数误差中有 81.73% 的成分来源于技术欠效率。不同调查区域该类型型农户的耕地投入技术效率平均值为 85.03%，远高于完全分工型农户和不完全分工型农户，但略低于农业专业（参与市场）型农户。不同区域该类型农户的技术效率特征也存在一定差异，表 5.21 反映了此差异。

表 5.21　　　　农业专业（自给自足）型农户耕地投入技术效率　　　单位：%

样本区域	技术效率			
	最大值	最小值	方差	平均值
湖南丘陵地区	97.44	58.03	2.01	80.80
江汉平原地区	96.92	65.25	1.32	82.27
太湖平原地区	97.91	60.24	1.08	91.61
鄂中丘陵地区	97.90	90.80	0.001	92.35

鄂中丘陵地区农业专业（自给自足）型农户耕地投入技术效率为 92.35%，高于其他三个调查区域，其中湖南丘陵地区该类型农户技术效率最低，为 80.80%。除鄂中丘陵地区外，其他三个调查区域样本农户耕地投入技术效率方差较大，这可能是由于农户家庭资源禀赋的异质性造成的。表 5.22 反映了各外生变量对该类型农户耕地投入技术效率的影响。

表 5.22　　　　　　　　各解释变量估计结果

自变量	参数	系数	标准误	t 检验值
耕地面积（z_1）	δ_1	-0.875***	-0.326	2.684
耕地面积二次项（z_2）	δ_2	0.071***	0.026	2.687
劳均耕地（z_3）	δ_3	-0.006	0.234	-0.027
耕地细碎化程度（z_4）	δ_4	-0.061	0.106	-0.572
农业劳动力平均年龄（z_5）	δ_5	0.009	0.015	0.576
劳动人口占家庭人口比例（z_6）	δ_6	1.227	0.949	1.292
平均受教育程度（z_7）	δ_7	-0.386**	0.192	2.014
区域经济社会条件（z_9）	δ_9	-0.373***	0.153	-2.438

注：符号***、**分别表示在1%，5%的水平下通过显著性检验。参数系数项中"－"表示该变量对农户耕地投入效率有正向影响，反之则反。

从表5.22中可以看出，耕地面积对农业专业（自给自足）型农户耕地投入技术效率有显著的正影响，但存在耕地投入规模报酬递减趋势。劳均耕地、耕地细碎化程度、农业劳动力平均年龄和劳动人口占家庭人口比例等因素均对该类型农户耕地投入技术效率无显著影响。这是由于该类型农户家庭耕地规模普遍较小，且农业劳动力年龄普遍偏大，在我国农村社会中，此类农户家庭一般为子女成年且分家之后由剩下的年迈的父母组成，家庭之间在资源禀赋及特征方面异质性较差，因此在统计上使得这些因素对农户的技术效率影响表现为不显著。农业劳动力平均受教育程度和区域经济社会条件对该类型农户耕地投入技术效率有显著的正向影响，其作用与前文关于这两个因素的理论分析基本一致。

5.3.4　不同类型农户耕地投入技术效率比较及释义

前文对四种类型农户的耕地投入技术效率进行了估计，并分析了对其产生影响的因素及影响机理。下面将对不同地区不同类型农户的耕地投入技术效率进行比较分析。表5.23总结了不同地区不同类型农户耕地投入技术效率的情况。从表中可以看出总体上具有专业化从事农业生产特征的农户家庭耕地投入技术效率要高于具有兼业特征的农户家庭，具体表现为农业专业（自给自足）型农户、农业专业（参与市场）型农户和完全分工型农户的耕地投入技术效率高于不完全分工型农户，这体现了专业化给农户耕地利用效率带来的提升。对区域间不同类型农户耕地投入技术效率进行比较可以看出，具有"组织化"农户特征的鄂中丘陵地区不同类型样本农户技术效率均高于其他三个区域，这也验证了本书第3章所提出的假说3的内容，即"组织化"农户耕地利用效率要高于"自由化"农户。从对鄂中丘陵地区各类型农户的耕地投入技术效率进行比较可以看出"组织化"农户中同样也存在专业化给农户耕地投入技术效率带来提升的现象。

表5.23 不同类型农户耕地投入技术效率比较 单位：%

样本区域	农户类型			
	完全分工型	不完全分工型	农业专业（参与市场）型	农业专业（自给自足）型
湖南丘陵地区	68.98	67.72	72.76	80.80
江汉平原地区	69.87	64.57	87.16	82.27
太湖平原地区	69.90	64.79	95.69	91.61
鄂中丘陵地区	81.79	77.33	97.87	92.35
总样本	72.64	68.60	88.37	86.76

从总样本情况来看，同为专业化从事农业生产的农户类型，农业专业（参与市场）型农户耕地投入技术效率略高于农业专业（自给自足）型农户，这与各外生变量对两种类型农户技术效率影响方向及机理是不可分的，以耕地规模对其的影响最为明显，耕地规模对农业专业（参与市场）型农户的技术效率具有显著的负向影响，对农业专业（自给自足）型农户的技术效率具有显著的正向影响，但自给自足型农户家庭所拥有耕地规模远低于参与市场型农户，使得这种正向作用所发挥的能力较弱，这就不难解释农业专业（参与市场）型农户耕地投入技术效率略高于农业专业（自给自足）型农户的现象的存在。

5.4

不同类型农户耕地投入成本效率测度

前文测算了不同类型农户耕地投入的技术效率，本节将对不同类型农户耕地投入的成本效率进行测度和分解。与技术效率测度不同，成本效率的测度需要假定农户耕地投入的行为目标，即实现成本最小化或收入最大化，且对数据要求更为精确，即需要将投入要素价格、产出数量以及用于投入的总支出等信息代入模型进行测算。与上一节结构安排基本相同，本节将首先对成本效率的估计模型进行选择，然后用所选模型对不同类型农户的耕地投入成本效率进行测算，最后对不同类型农户耕地投入成本效率进行比较分析，并解释产生效率差异的原因。

5.4.1　估算模型选择

前文对成本有效性的函数表达及分解过程做了较为详细的分析，但是前文的分析主要建立在确定性成本边界基础之上，即未考虑生产者个体差异、天气状况以及运气差异（亦可理解为生产者风险态度差异）等情况对成本有效性的影响。同技术有效性估计，确定性边界条件下的模型并不是本书讨论的重点，因此需要在确定性边界模型中加入随机噪音项。在随机成本边界模型中，估算成本有效性的模型大致分为单方程成本边界模型和联立方程成本边界模型（Subal C. Kumbhakar and C. A. Knox Lovell，1977）。

1. 单方程成本边界模型

单方程成本边界模型需要的横截面数据包括投入价格、产出数量和总支出，对于一个对数线性柯布—道格拉斯（Cobb – Douglas）形式，随机成本边界模型可以表示为：

$$\ln E_i = \beta_0 + \beta_y \ln y_i + \sum_n \beta_n \ln w_{ni} + v_i + u_i \qquad (5.20)$$

式（5.20）中 E_i 为实际成本，v_i 为噪音误差项，u_i 为非负的成本效率项，$(v_i + u_i)$ 称为混合误差，因为成本边界必须是投入价格的线性齐次方程，所以 $\beta_k = 1 - \sum_{n \neq k} \beta_n$ 或将方程转换为以下形式：

$$\ln(E_i / w_{ki}) = \beta_0 + \beta_y \ln y_i + \sum_{n \neq k} \beta_n \ln(w_{ni} / w_{ki}) + v_i + u_i \qquad (5.21)$$

式（5.21）与随机生产边界模型中的式（5.15）在模型结构上除了对误差项的偏斜方向的约束和齐性限制外基本无任何差别，因此可用式（5.15）的估计方法对式（5.21）进行估计。

正如对生产技术效率估算模型中分析所说，柯布—道格拉斯（Cobb - Douglas）函数形式虽然简单易行，但是该函数形式只能反映较为简单的生产结构，对于多元产出的生产结构其解释能力将大为下降，对于单一产出的生产结构，如果其表现较为复杂，柯布—道格拉斯函数可能会将一些无法用模型模拟的复杂因素统计到误差项中，从而导致成本无效估计值的偏差。因此在进行成本有效性估计时我们仍然需要引入形式更为灵活的超越对数型函数形式，对于单一产出①的生产结构，在只考虑可变成本投入的条件下②，超越对数成本边界模型可表示为：

$$\ln VE_i = \beta_0 + \beta_y \ln y_i + \sum_n \alpha_n \ln w_{ni} + \frac{1}{2}\beta_{yy}(\ln y_i)^2$$

$$+ \frac{1}{2}\sum_n \sum_k \alpha_{nk} \ln w_{ni} \ln w_{ki} + \sum_n \alpha_{yn} \ln y_i \ln w_{ni} + v_i + u_i \qquad (5.22)$$

式中 VE_i 为可变成本，α 和 β 为待估参数，其他参数意义与式（5.20）相同。该模型也可采用与技术有效性估计中相同的方法进行估计。由于该模型简单适用，被广泛地用于各行业的成本效率测度（迟国泰等，2005；刘泽隆，范红霞，2007；李栋，2008）。

2. 联立方程成本边界模型

虽然单方程成本边界模型较容易计算估计值，但是它只能提供有限的信息，无法将成本无效性分解为技术无效和配置无效两部分，因此必须在方程中引入额外的数据和方程，组成方程组，即联立方程形式。超越对数成本边界模型的联立方程组虽然在理论上对成本有效性的测度和分解具有一定的优势，但是由于该模型在计量分析上存在较大的难度，即"格林尼

---

① 本书第5.2.1小节中对生产者的单一产出做了相应的假设，因此本书对农户耕地投入成本有效性的分析也将只考虑单一产出的情况。

② 虽然随机边界模型可以考虑准固定成本的投入，即当期投入的要素可以对当期以及以后几期的生产产生影响的投入，但是如此处理将增加模型的复杂性，本书在分析过程中将对准固定要素投入和固定要素投入进行折现处理，即将它们统一至一期生产的可变要素投入当中，这种做法即可以减少模型的复杂程度，对成本有效性的测度也无影响。

困境"[①]，因此本书在对农户耕地投入成本效率的测度和分解方法选择上将避开这一模型，选择易于估计的柯布—道格拉斯成本方程组。可分解的投入导向型技术有效性和投入配置有效性随机成本边界模型由施密特和洛弗尔（Schmidt and Lovell，1979）首次提出，并且应用了柯布—道格拉斯函数形式的对偶特性。随机柯布—道格拉斯生产边界为：

$$\ln y_i = \beta_0 + \sum_n \beta_n \ln x_{ni} + v_i - u_i \qquad (5.23)$$

假设生产者在既定产出率的情况下寻求成本 $E = \sum_n w_n x_n$ 最小化，那么成本最小化问题的一阶条件可以表示为由式（5.23）和 $N-1$ 个一阶条件组成的方程组：

$$\ln\left(\frac{x_1}{x_n}\right) = \ln\left(\frac{\beta_1 w_n}{\beta_n w_1}\right), \ n = 2, \cdots, N \qquad (5.24)$$

将式（5.24）中加入配置无效性参数可以得到投入配置无效性的表达方程式：

$$\ln\left(\frac{x_1}{x_n}\right) = \ln\left(\frac{\beta_1 w_n}{\beta_n w_1}\right) + \eta_n, \ n = 2, \cdots, N \qquad (5.25)$$

η_n 代表一对投入 x_1 和 x_n 的投入配置无效性。因为某种投入相对于投入 x_1 而言可以表现为过度使用或者使用不足，因此 η_n 可以为正、0 或负值。

式（5.23）和式（5.25）可以联立解出产出导向性技术无效和投入配置无效，即 u_i 和 η_n，根据此以上两组信息可以求解各投入要素的需求方程：

$$\ln x_n = \ln k_n + \frac{1}{r}\ln y + \frac{1}{r}\sum_{n>1}\beta_n \ln\left(\frac{w_n}{w_1}\right) + \sum_{n>1}\left(\frac{\beta_n}{r}\right)\eta_n - \eta_n - \frac{1}{r}(v - u)$$

$$(5.26)$$

其中 $r = \sum_n \beta_n$，可测量生产的规模报酬。技术无效对投入需求的影

---

①　关于格林尼困境的详细介绍可参考昆巴卡和洛弗尔（Subal C. Kumbhakar and C. A. Knox Lovell）所著《随机前沿分析》一书第四章的有关内容。

响在每个需求方程中由（u/r）表示，因为 $u \geq 0$，对于每个投入要素，技术无效使该要素的需求增加（u/r），技术无效性不随投入的使用而改变。

投入配置无效对投入需求的影响由需求方程中的 $\left[\sum\limits_{n>1}\left(\dfrac{\beta_n}{r}\right)\eta_n - \eta_n\right]$ 表示，

其中 $\sum\limits_{n>1}\left(\dfrac{\beta_n}{r}\right)\eta_n$ 表示投入配置无效对于投入要素 x_1 的影响程度，因为 η_n 的符号未知，所以不能从方程中看出投入配置的无效使要素需求增加还是降低，因此需要通过对其估计值的判断进行确定。

将投入要素的需求式（5.26）进行加总可以计算出生产者投入总成本的表达式：

$$\ln E = \ln\left[\sum_n k_n\right] + \frac{1}{r}\ln y + \sum_n\left(\frac{\beta_n}{r}\right)\ln w_n - \frac{1}{r}(v-u) + (A - \ln r)$$

$$(5.27)$$

其中 $\ln\left[\sum\limits_n k_n\right] = \ln r - \dfrac{\beta_0}{r} - \dfrac{1}{r}\ln\left[\prod \beta_n^{\beta_n}\right]$，$A = \sum\limits_{n>1}\left(\dfrac{\beta_n}{r}\right)\eta_n + \ln[\beta_1 + \sum\limits_{n>1}\beta_n e^{-\eta_n}]$，$E$ 表示生产者的总投入。成本效率由技术效率和配置效率组成，即 $CE_i = CTE_i \times CAE$，其中 $CTE_i = e^{(-u_i/r)}$ 是由技术无效引起的，$CAE_i = e^{(A_i - \ln r)}$ 是由配置无效引起的。至此，可以利用极大似然估计法对生产者的成本效率进行测度和分解。

3. 成本效率测度与分解模型定式

通过上面的分析，虽然超越对数生产函数形式的成本效率估计模型在多元化产出时具有一定的优势，但由于本书将农户耕地产出合并为单一产出，同时为了结合成本效率的分解过程，本书将首先采用式（5.21）对不同类型农户耕地投入成本效率进行估计，然后再用联立方程对其进行分解。虽然式（5.27）理论上可以通过极大似然估计对成本效率进行测度和分解，但是该模型中误差项过于复杂，且组合误差项也很难处理，在计量上也很难实现技术效率与配置效率的分离，因此可根据式（5.23）和式（5.25）将其分解为误差项较简单的联立方程组进行求解。

$$
\begin{cases}
\ln y_i = \beta_0 + \sum_n \beta_n \ln x_{ni} + v_i - u_i \\
\ln\left(\dfrac{x_{ni}}{x_{mi}}\right) = \ln\left(\dfrac{\beta_n}{\beta_m}\right) - \ln\left(\dfrac{w_{ni}}{w_{mi}}\right) - \eta_{ni}
\end{cases}
\tag{5.28}
$$

通过式（5.28）中的生产边界函数可以求出技术无效部分 u_i，将其带入 $CTE_i = e^{(-u_i/r)}$（其中 $r = \sum_n \beta_n$，下同）中可以估计出技术无效的成本。将生产边界估计出的 β_n 值代入要素配置方程可以求出配置无效部分 η_{ni}，将其带入 $CAE_i = e^{(A_i - \ln r)}$ 可以估计出配置无效的成本。

结合本书测算不同类型农户耕地投入成本效率的研究目的。可对方程组中各参数具体设定如下：y_i 为农户单位耕地产出，x_{ni} 和 x_{mi} 为农户单位耕地投入要素，其中 x_{ni} 为单位耕地资本投入，x_{mi} 为单位耕地劳动投入。w_{ni} 为资本价格，由于资本为农户耕地的化肥、农药、种苗、机械等可变资本投入之和，因此无法以具体的价格进行表示，本书以单位产出的资本投入量表示，w_{mi} 为劳动价格，本书以调查中实际的单位劳动时间价格表示，单位为：元/工日。

5.4.2　样本农户耕地投入成本有效性估计及比较

1. 完全分工型农户成本效率

式（5.21）中随机误差项 v_i 所包含内容与 5.3 节技术效率估计中内容相同，在此不一一列举。在对式（5.21）中的误差项进行相应的分布假设之后，应用极大似然估计法对其进行估计，得到各参数估算结果如表 5.24 所示。

表 5.24   成本函数参数估计

自变量	参数	参数估计值	t 检验值	自变量	参数	参数估计值	t 检验值
常数项	β_0	-0.367^{*}	-2.385	z_4	δ_4	0.078^{*}	1.943
$\mathrm{Ln}x_1$	β_1	1.018^{***}	45.093	z_5	δ_5	-0.023^{*}	-1.745
$\mathrm{Ln}x_2$	β_2	1.012^{***}	66.710	z_6	δ_6	-0.778	-0.816
z_1	δ_1	0.335^{**}	5.348	z_7	δ_7	-0.209	-1.205
z_2	δ_2	-0.004^{**}	-4.408	z_8	δ_8	0.138	0.290
z_3	δ_3	-0.178^{*}	-2.386	z_9	δ_9	-0.623^{**}	-3.359

$\gamma = 0.9878$

log likelihood function $= -342.631^{***}$

LR test of the one-sided error $= 278.880$

注：LR 符合混合卡方分布，符号 ***、**、* 分别表示在 1%，5%，10% 的水平下通过显著性检验。参数中 "$-$" 号表示对因变量有负影响。

表 5.24 中 $\gamma = 0.9878$ 说明成本效率损失中有 98.78% 来源于成本欠效率，证明了模型的适用性。利用该模型对完全分工型农户耕地投入成本效率进行测算可得到不同地区该类型农户的成本效率，如表 5.25 所示。

表 5.25   完全分工型农户耕地投入成本效率   单位：%

样本区域	成本效率			
	最大值	最小值	方差	平均值
湖南丘陵地区	88.07	44.03	0.49	79.30
江汉平原地区	85.58	56.36	0.67	73.66
太湖平原地区	91.56	69.82	0.08	86.66
鄂中丘陵地区	89.95	80.01	0.08	85.67

从表 5.25 可以看出，不同地区完全分工型农户耕地投入均存在较严重的成本效率损失，湖南丘陵地区成本效率为 79.30%，即有 21.70% 的效率损失，江汉平原成本效率为 73.66%，效率损失 26.34%，太湖平原成本效率最高，为 86.66%，鄂中丘陵地区农户成本效率略低于太湖平原地区，为 85.67%。从对各外生变量系数的估计值可以看出，农户家庭耕

地规模对其成本效率有显著正影响,且有显著的规模效应递减趋势。劳均耕地规模对其成本效率有负向影响,这可能是由于该类型农户耕地投入要素配置不合理造成的。耕地细碎化程度对其成本效率有显著正向影响,说明耕地细碎化促使了该类型农户的精耕细作,降低成本损失。劳动力年龄对其成本效率有显著负向影响,其作用机理与其对技术效率的作用机理相似。地区社会经济条件也对该类型农户耕地利用效率有显著负影响,这可能是由于不同经济发展水平地区的劳动力和资本价格存在差异,经济发达地区劳动力价格相对于资本而言较高,同等资源配置下不同的要素价格导致耕地投入要素配置效率的降低,从而对成本效率产生负向影响。家庭劳动人口比例、农业劳动力平均受教育程度和家庭非农生产活动对该类型农户耕地投入成本效率无显著影响。

2. 不完全分工型农户成本效率

对不完全分工型农户耕地投入成本效率函数参数进行估计,得到各参数估计结果如表 5.26 所示。

表 5.26 成本函数参数估计

自变量	参数	参数估计值	t 检验值	自变量	参数	参数估计值	t 检验值
常数项	β_0	0.004	0.047	z_4	δ_4	0.168 **	2.882
Lnx_1	β_1	0.979 ***	77.257	z_5	δ_5	0.034 *	1.963
Lnx_2	β_2	1.002 ***	112.009	z_6	δ_6	-0.805 *	-1.547
z_1	δ_1	0.263 ***	4.344	z_7	δ_7	-0.580 **	-2.618
z_2	δ_2	-0.003 ***	-5.024	z_8	δ_8	-7.251 ***	-7.036
z_3	δ_3	-0.095	-0.994	z_9	δ_9	-1.406 ***	-6.331

$\gamma = 0.9944$

log likelihood function = -53.94 ***

LR test of the one-sided error = 697.20

注:LR 符合混合卡方分布,符号 ***、**、* 分别表示在1%,5%,10%的水平下通过显著性检验。参数中 "−" 号表示对因变量有负影响。

从上表可以看出，效率损失中有 99.44% 来源于成本效率的损失，随机误差项带来的损失影响基本可以忽略不计。利用该模型测算各地区不完全分工型农户耕地投入成本效率，得到以下结果如表 5.27 所示。

表 5.27　　　　　　　　不完全分工型农户耕地投入成本效率　　　　　　单位：%

样本区域	技术效率			
	最大值	最小值	方差	平均值
湖南丘陵地区	93.95	54.25	0.05	80.92
江汉平原地区	94.06	56.76	0.05	79.60
太湖平原地区	94.12	39.06	0.09	78.46
鄂中丘陵地区	92.37	75.78	0.00	83.97

从表 5.27 中可以看出各地区不完全分工型农户耕地投入成本效率也存在着一定的损失，分别为：湖南丘陵地区 19.08%，江汉平原地区 21.40%，太湖平原地区 22.54%，鄂中丘陵地区 16.03%。通过外生变量系数的参数估计看出，耕地规模对该类型农户成本效率具有显著的正影响，且具有显著的规模递减效应，这是由于不完全分工型农户参与需要将时间同时配置与农业生产和非农业生产，当其资本投入一定时，耕地规模越大，分摊到单位耕地上的成本便越小，使得其成本效率也越高。耕地细碎化程度对该类型农户成本效率有显著正影响，细碎化程度越高，其成本效率也越高。农业劳动力平均年龄对其成本效率也有正向影响，其作用方式类似于该因素对其技术效率的影响（见 5.3 节相应部分的分析），家庭劳动人口比例、受教育程度和非农经营活动对其该类型农户成本效率有负影响，这可能是由于受教育程度越高和非农经营活动越活跃，该类型农户会选择以更多的资本来代替其稀缺的劳力，使得资本和劳力两种要素配置不合理，产生配置效率损失，从而导致成本效率损失。

3. 农业专业（参与市场）型农户成本效率

农业专业（参与市场）型农户耕地投入成本效率函数参数进行估计，

得到各参数估计结果如表 5.28 所示。

表 5.28　　　　　　　　　　　**成本函数参数估计**

自变量	参数	参数估计值	t 检验值	自变量	参数	参数估计值	t 检验值
常数项	β_0	3.474 **	3.514	z_4	δ_4	0.709	0.597
Lnx_1	β_1	0.922 ***	6.851	z_5	δ_5	-1.012 *	-1.441
Lnx_2	β_2	0.474 ***	13.803	z_6	δ_6	2.002	0.002
z_1	δ_1	0.014	0.753	z_7	δ_7	-0.602	-0.135
z_2	δ_2	0.100 **	-2.627	z_8	δ_8	0.811	0.034
z_3	δ_3	0.047	-0.006				

$\gamma = 0.7534$

log likelihood function = -74.807 *

LR test of the one-sided error = 8.782

注: LR 符合混合卡方分布, 符号 ***、**、* 分别表示在 1%, 5%, 10% 的水平下通过显著性检验。参数中 "-" 号表示对因变量有负影响。

从表 5.28 可以看出, 效率损失中有 75.34% 来源于成本效率的损失, 随机误差项带来的损失影响较小。利用该模型测算各地区不完全分工型农户耕地投入成本效率, 得到以下结果如表 5.29 所示。

表 5.29　　　　**农业专业 (参与市场) 型农户耕地投入成本效率**　　　　单位: %

样本区域	技术效率			
	最大值	最小值	方差	平均值
湖南丘陵地区	93.58	72.16	0.03	85.51
江汉平原地区	95.59	69.87	0.04	87.55
太湖平原地区	96.78	75.45	0.03	87.25
鄂中丘陵地区	94.51	75.25	0.03	86.81

从表 5.29 中可以看出, 农业专业 (参与市场) 型农户耕地投入成本效率普遍较高, 远高于完全分工型农户和不完全分工型农户。四个调查区

域该类型农户耕地投入成本效率损失分别为 14.49% 、12.45% 、12.75% 和 13.19% 。外生变量中仅耕地规模二次项和农业劳动力平均年龄对该类型农户成本效率有显著影响，由于耕地规模对农户效率无显著影响，因此无法判断耕地规模二次项对其的影响方式。农业劳动力平均年龄对该类型农户成本效率有负向影响，这可能是由于年龄增长带来了技术效率的损失（见 5.3 节相关部分的讨论），从而导致了成本效率的损失。其他影响因素对该类型农户耕地投入成本效率均无显著影响。

4. 农业专业（自给自足）型农户成本效率

农业专业（自给自足）型农户耕地投入成本效率函数参数进行估计，得到各参数估计结果如表 5.30 所示。

表 5.30　　　　　　　　　　　成本函数参数估计

自变量	参数	参数估计值	t 检验值	自变量	参数	参数估计值	t 检验值
常数项	β_0	− 0.006	− 0.325	z_4	δ_4	− 0.053	− 1.457
Lnx_1	β_1	1.001 ***	279.093	z_5	δ_5	− 0.022 **	− 3.004
Lnx_2	β_2	0.998 ***	431.075	z_6	δ_6	− 1.254 ***	− 6.891
z_1	δ_1	− 0.336 **	− 2.826	z_7	δ_7	0.027	0.316
z_2	δ_2	0.052 ***	3.896	z_8	δ_8	0.606 ***	6.919
z_3	δ_3	− 0.216 ***	− 5.144				

$\gamma = 0.9976$
log likelihood function = − 94.147 ***
LR test of the one-sided error = 209.708

注：LR 符合混合卡方分布，符号 *** 、 *** 分别表示在 1% , 5% 的水平下通过显著性检验。参数中 " − " 号表示对因变量有负影响。

从表 5.30 可以看出，效率损失中有 99.76% 来源于成本效率的损失，基本上全部由成本无效构成。利用该模型测算各地区不完全分工型农户耕地投入成本效率，得到以下结果如表 5.31 所示。

表 5.31　　　　　农业专业（自给自足）型农户耕地投入成本效率　　　单位：%

样本区域	技术效率			
	最大值	最小值	方差	平均值
湖南丘陵地区	100.00	44.32	2.61	75.36
江汉平原地区	100.00	53.29	3.57	81.88
太湖平原地区	100.00	41.98	3.37	74.72
鄂中丘陵地区	80.94	71.83	0.04	76.39

从表 5.31 中可以看出，农业专业（自给自足）型农户耕地投入成本效率损失比农业专业（参与市场）型农户大。四个调查区域该类型农户耕地投入成本效率损失分别为 24.64%、18.12%、25.28% 和 23.61%。大部分外生变量对该类型农户成本效率有显著影响，耕地规模对其有显著负影响，并且规模递减效应比较显著。劳均耕地面积、农业劳动力平均年龄和家庭劳动人口比例对其成本效率有显著负影响，区域社会经济条件则对其成本效率有显著正影响。以上因素对该类型农户成本效率的影响一部分可归结于这些因素对该类农户耕地投入技术效率的影响，一部分可归结于对其要素配置效率的影响。耕地细碎化程度和农业劳动力受教育程度对该类型农户耕地投入成本效率无显著影响。

5.4.3　样本农户耕地投入要素配置效率估计

通过对式（5.28）求解，可以得到各类型农户的要素配置效率。求解过程为：首先对式（5.28）中的生产边界方程求解，可以得到系数 β_n 和 β_m 值，然后将其代入要素配置方程中运用相同的估计方法，用 Frontier 4.1 软件包进行运算，最终得到各类型农户的要素配置效率如表 5.32 所示。

表5.32　　　　　　不同类型农户耕地投入要素配置效率　　　　单位：%

农户类型	统计特征	样本区域				
		湖南丘陵地区	江汉平原地区	太湖平原地区	鄂中丘陵地区	总样本
完全分工型农户	最大值	91.35	99.41	92.23	80.22	90.80
	最小值	41.29	44.30	41.07	36.49	40.79
	方差	1.29	1.37	1.68	1.94	1.57
	平均值	72.47	70.63	65.02	61.29	67.35
不完全分工型农户	最大值	79.09	81.75	83.81	78.03	80.67
	最小值	48.54	43.51	38.73	54.33	46.28
	方差	0.13	0.06	0.11	0.04	0.09
	平均值	58.06	66.82	63.58	63.57	63.01
农业专业（参与市场）型农户	最大值	77.34	80.87	79.34	82.21	79.94
	最小值	38.94	37.86	39.43	40.12	39.09
	方差	0.73	0.46	0.21	0.14	0.39
	平均值	59.11	62.34	64.23	57.54	60.81
农业专业（自给自足）型农户	最大值	79.23	77.95	80.34	84.12	80.41
	最小值	35.12	37.01	36.34	41.93	37.60
	方差	1.01	0.67	0.81	1.00	0.87
	平均值	58.23	60.87	62.79	56.23	59.53

　　从表5.32可以看出，不同地区不同类型农户耕地投入要素配置效率均存在较大的损失，其中以农业专业（自给自足）型农户要素配置效率损失情况最为严重，湖南丘陵地区、江汉平原地区、太湖平原地区和鄂中丘陵地区四个样本区域该类型农户要素配置效率损失分别高达42.77%、39.13%、37.21%和43.77%。这可能是由于农业专业（自给自足）型农户耕地规模较小，投入劳动力较多的原因造成的。而完全分工型农户的要素配置效率从总体上看为四种类型农户中最高，这与农户家庭成员间的分工经济有关，根据本书第3章的相关分析结果，分工有利于家庭生产要素的合理配置，从而使得完全分工型农户家庭的要素配置效率要高于其他类型农户家庭。但不可否认的现象是，虽然完全分工型农户在要素配置效率上因为分工经济的优势高于其他类型农户，但是其要素配置效率仍然存在较严重的损失，四个样本

区域的损失率分别达到 27.53%、29.37%、34.98% 和 38.71%。根据要素配置效率估计方程的意义，造成农户耕地投入要素配置的主要原因为农户未按照要素相对价格对资本和劳动进行合理的配置所造成，表现为在单位耕地上一种要素相对于另外一种要素投入过多或者过少，因此农户对这种不合理的要素配置进行改进后可以使得其耕地投入要素配置效率逼近最优配置点，从而达到改善其成本效率的目的。

5.4.4　不同类型农户耕地投入成本效率比较及释义

以上对不同地区不同类型农户的成本效率和要素配置效率进行了估计，并分析了各外生变量对成本效率的作用机理，下面将对不同类型农户的成本效率进行比较，试图从中寻找农户分化对农户耕地投入成本效率的影响。表 5.33 总结了不同地区不同类型农户耕地投入成本效率情况。

表 5.33　　　　　　　不同类型农户耕地投入成本效率比较　　　　单位：%

样本区域	农户类型			
	完全分工型	不完全分工型	农业专业（参与市场）型	农业专业（自给自足）型
湖南丘陵地区	79.30	80.92	85.51	75.36
江汉平原地区	73.66	79.60	87.55	81.88
太湖平原地区	86.66	78.46	87.25	74.72
鄂中丘陵地区	85.67	83.97	86.81	76.39
总样本	81.32	80.74	86.78	77.09

从表 5.33 中可以看出，从总样本情况来看，不同类型农户中农业专业（参与市场）型农户成本效率要高于其他三类农户，完全分工型农户其次，农业专业（自给自足）型农户成本效率最低。由于成本效率可以分解为技术效率和配置效率，因此对不同类型农户的耕地投入技术效率和要素配置效率共同决定了其成本效率的大小。结合 5.3 节中各类型农户耕

地投入的技术效率估计结果可以对表 5.33 中的结果进行解释。农业专业（参与市场）型农户技术效率为 88.37%，远高于完全分工型农户和不完全分工型农户，略高于农业专业（自给自足）型农户，而其配置效率仅略低于完全分工型农户和不完全分工型农户，略高于农业专业（自给自足）型农户，在技术效率和配置效率的综合作用下，导致该类型农户的成本效率为四类农户中最高。用同样的方法也可以对其他三类农户的成本效率差异现象进行比较分析。

5.5

本章小结

本章首先利用调查区域样本农户数据对不同类型农户耕地投入特征进行了分析，其投入特征主要包括农户家庭所拥有的人均耕地面积、单位耕地资本投入、单位耕地劳动投入以及单位耕地的产出等。通过比较发现，不完全分工型农户单位耕地资本投入最高，而单位耕地劳动时间投入最少，这验证了本书第 4 章中关于该类型农户耕地投入要素配置行为的分析，即劳动相对于资本对该类型农户家庭显得更为稀缺，因此不完全分工型农户家庭选择用资本替代农业生产中的劳动。专业化从事农业生产型农户单位耕地劳动投入时间要远高于完全分工型和不完全分工型农户，且其单位耕地投入劳资比也高于其他两类农户。这说明对专业型农户而言，资本相对于劳动更为稀缺。通过对比各类型农户单位耕地产值可以发现，农业专业（参与市场）型农户由于存在追求利润最大化的农业生产目标，其单位耕地产值和单位耕地利润均为四类农户最高；而完全分工型农户由于有部分家庭成员专业化从事农业生产，其单位耕地产值和单位耕地利润也高于不完全分工型农户，这也初步证明了农户农业生产中存在专业化经济的现象。

随后对农户耕地投入效率的测度方法进行了分析和选择，并运用随机前沿生产函数不同类型农户的耕地投入技术效率进行了分析。通过对不同类型农户耕地投入技术效率的比较得出了以下结论：具有专业化从事农业生产特征的农户家庭耕地投入技术效率要高于具有兼业特征的农户家庭，具体表现为农业专业（自给自足）型农户、农业专业（参与市场）型农户和完全分工型农户的耕地投入技术效率高于不完全分工型农户，这体现了专业化给农户耕地利用效率带来的提升。对区域间不同类型农户耕地投入技术效率进行比较可以看出，具有"组织化"农户特征的鄂中丘陵地区不同类型样本农户技术效率均高于其他三个区域，这也验证了本书第 3 章所提出的假说 3 的内容，即"组织化"农户耕地利用效率要高于"自由化"农户。从对鄂中丘陵地区各类型农户的耕地投入技术效率进行比较可以看出"组织化"农户中同样也存在专业化给农户耕地投入技术效率带来提升的现象。

本章最后对不同类型农户耕地投入的成本效率进行了估计，并通过联立方程组分解出了农户耕地投入的要素配置效率，通过对不同类型农户成本效率和要素配置效率的比较，得到以下主要结论：不同类型农户中农业专业（参与市场）型农户成本效率要高于其他三类农户，完全分工型农户其次，农业专业（自给自足）型农户成本效率最低。由于成本效率可以分解为技术效率和配置效率，因此对不同类型农户的耕地投入技术效率和要素配置效率共同决定了其成本效率的大小。在要素配置效率方面，不同地区不同类型农户耕地投入要素配置效率均存在较大的损失，其中以农业专业（自给自足）型农户要素配置效率损失情况最为严重；完全分工型农户的要素配置效率从总体上看为四种类型农户中最高，这与农户家庭成员间的分工经济有关，根据本书第 3 章的相关分析结果，分工有利于家庭生产要素的合理配置，从而使得完全分工型农户家庭的要素配置效率要高于其他类型农户家庭。但不可否认的现象是，虽然完全分工型农户在要素配置效率上因为分工经济的优势高于其他类型农户，但是其要素配置效率仍然存在较严重的损失，四个样本区域的损失率分别达到 27.53%、29.37%、34.98% 和 38.71%。

第 *6* 章

不同类型农户耕地投入效率改进

前文分析了不同类型农户耕地投入技术效率和成本效率的损失及原因，从所得到的结论可知，农户耕地投入技术效率和成本效率的提高在很大程度上取决于对各类投入要素的优化组合。因此只有合理地配置耕地投入要素，才能减少耕地投入的技术和经济效率损失。本章将以此为出发点来寻找改进不同类型农户耕地投入效率的途径。本章内容安排如下：一是介绍几种改进农户耕地投入效率途径的分析方法并对其进行比选；二是用选定的 target – MOTAD 模型对不同类型农户耕地投入要素和产出组合进行优化，以改进农户耕地投入效率；三是对本章分析所得结论进行小结。

6.1

农户耕地投入效率的改进途径

农户耕地投入效率的改进将主要体现在投入要素配置的优化和产出组合的优化上，即可以抽象为农户耕地投入最优决策问题。关于最优化问题的求解方案，学术界已经做了较多的研究并形成了一系列解决方法。本书将对采用较多的主要方法进行说明和分析，并通过比较确定一个适用于分析农户耕地投入效率改进的最优决策方法。

6.1.1 农户耕地投入效率改进方法比选

本书第5章用随机生产边界和成本边界对农户耕地投入技术效率和成本效率损失进行了估计，在随机边界中对技术效率和成本效率产生影响的噪音项由农户的个体差异、自然条件差异、运气差异等因素共同构成，正如本书第4.3节所分析的，农户的风险回避态度也对农户耕地投入效率产生重要的影响，因此随机边界的噪音项中除了自然条件差异为不可抗拒的因素之外，个体差异和运气差异的大部分内容可以解释为农户对风险的态度不同而产生的差异。风险在农户耕地投入过程中是无法避免和客观存在的，农业生产对自然条件和市场环境具有极强烈的依赖性，自然风险的发生是无法避免和抗拒的，但是市场风险的发生是可以通过对市场风险的认识来进行合理回避的，我国在实行家庭联产承包责任制之后，特别是我国加入WTO体系之后，农户的农业生产受到市场环境的影响显得更为强烈，同时随着农业技术的发展，农业政策的不断更新和农产品市场需求的不断变化，农户必须不断地调整生产决策来使得生产效率尽可能达到最优。由于自然条件的不可控性及信息的不对称性，农户在进行生产决策调整时往往面临着一定的风险。农户对风险的态度影响着农户的农业耕地投入行为和资源利用效率。有学者指出，大部分农户都是风险规避的（risk-averse），这一特点在小农户中表现得更为突出（Wiens，1976；Dillon et al.，1978），农户在风险状态下的生产效率也无法达到最优（Umoh，2008）。围绕着农户如何在风险状态下尽可能提高农业生产效率和资源利用效率，学者们做了大量富有成效的研究。例如，齐梅特和斯普林（Zimet and Spreen，1986）等分析了农场主在不同风险态度下的最优生产组合；鲍尔（Bauer，1991）分析了市场风险状态下农户马铃薯收获时间及出售时间的最优选择；杨慕义（1999）采用以期望值—基尼均差（mean-mini difference）为集合空间的决策模型分析了草地农业系统的农户决策行

为，其研究发现，在相同风险回避的要求下，不同区域农户的期望收益是
不同的；陆文聪、西爱琴（2005）的研究证明，中国农户在风险状态下
的生产结构仍具有一定的优化空间。因此如何使风险状态下的农户耕地投
入进行合理的优化，提升耕地投入效率是促进农业增效、农民增收的有效
途径。

近年来，学术界对风险分析模型的构建和改进做出了较多努力，形成
了众多的分析模型，而大部分模型均基于均值—方差（mean-variance）模
型和总绝对方差最小（minimization of total absolute deviations，MOTAD）模
型，这类模型被广泛应用于农场经营风险的分析中（Hassan and Hallam，
1990，Hardaker，2000）。均值—方差（mean-variance）模型以及由此衍生
的其他模型均要以生产者收益呈正态分布或者效用函数为二次函数为假设
前提，且计算过程复杂，在实际应用中具有一定的局限性。而 MOTAD 模
型虽然在计算方法上可以被转换为线性方程求解，计算量得到了降低，但
是其计算结果并不具有二阶随机优势（second-degree stochastic domi-
nance），这就意味着 MOTAD 模型仍然需要以生产者的效用函数为二次函
数为假设前提。下面将对以上风险决策模型进行比较和分析，选择适用于
分析风险状态下农户耕地投入优化的决策模型。

1. 均值—方差（mean-variance）模型

均值—方差模型建立于冯诺依曼—摩根斯顿（Von Neuman – Morgen-
stern）效用函数理论之上，生产者对农业生产组合的选择将基于其期望收
益 $E(y)$ 和相应收益的方差 $V(y)$，其表达式为：

$$E(y) = \alpha E(y) + \beta E(y^2) = \alpha E(y) + \left[\beta E(y^2) - \beta E(y)^2 \right] + \beta E(y)^2$$
$$= \alpha E(y) + \beta V(y) + \beta V(y)^2 \tag{6.1}$$

式（6.1）意义为给定生产者一个期望收益水平，生产者将选择收益
方差最小的生产计划。但是此模型建立的基础是生产者具有以下形式的二
次效用函数：

$$U(y) = \alpha y + \beta y^2 \qquad (6.2)$$

以上生产者决策优化过程可用图 6.1 表示，图中曲线 Q 为有效生产边界，$U(y)$ 为效用无差异曲线，效用无差异曲线和有效生产边界的交点 A 为最优生产计划。

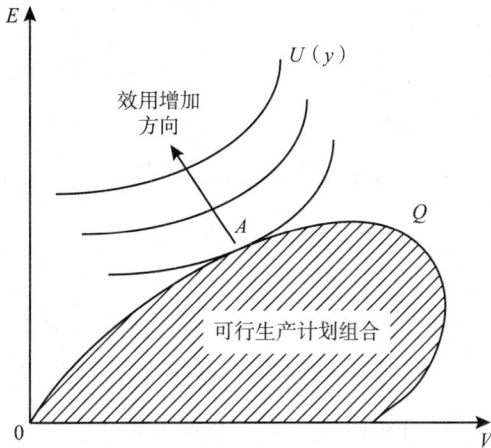

图 6.1　均值—方差决策模型最优生产计划

可以看出，生产者所选择的最优生产计划为风险最小，同时也是生产者效用最小的生产计划，这也正是该方法的缺点之一，另外该方法需要假设生产者的收益分布服从正态分布或者效用函数为二次函数形式，然而在实际情况中却很难达到该要求。从均值—方差（mean-variance）模型中衍生出的二次规划模型和线性规划模型等均具有同样的缺点，但是在计算方法上得到了很大的简化，本书不对其进行详细介绍。

2. 总绝对方差最小（MOTAD）模型

总绝对方差最小（minimization of total absolute deviations，MOTAD）模型由哈泽尔（Hazell，1971）提出，其具体形式如下：

$$\min_{x} sA = \sum_{h=1}^{s} \left(y_h^+ + y_h^- \right) \qquad (6.3)$$

$$s. t. \sum_{j=1}^{n} (c_{hj} - g_j)x_j - y_h^+ + y_h^- = 0 \qquad (6.4)$$

$$\sum_{j=1}^{n} g_j x_j = \lambda \qquad (6.5)$$

$$\sum_{j=1}^{n} a_{ij} x_j \leqslant b_i \qquad (6.6)$$

$$x_j, \ y_h^+, \ y_h^- \geqslant 0 \qquad (6.7)$$

式（6.3）中，y_h^+ 表示某自然状态下各生产项目中实际收益水平高于样本平均水平的绝对偏差之和，y_h^- 表示某自然状态下各生产项目中实际收益水平低于样本平均水平的绝对偏差绝对值之和，g_j 代表第 j 项生产活动的单位期望毛利，$\sum_{j=1}^{n} g_j x_j$ 为总期望收益，λ 为期望收益参数，a_{ij} 为第 j 项生产活动的技术参数，代表单位产出所需要消耗的资源数量，b_i 为生产者的资源约束。

通过方程形式及各参数所代表的意义可以看出，生产者的最优生产计划与期望收益和最小化收益总绝对偏差有关。正如前文所提到的，虽然 MOTAD 模型将计算的复杂性大大降低，但是其计算结果并不具有二阶随机优势（second-degree stochastic dominance），这就意味着生产者选择的最优生产计划仍然为风险最小时的生产计划，生产者的效用不能实现最大化。

6.1.2 农户耕地投入效率改进模型定式

鉴于以上方法中所存在的缺点，陶诶尔（Tauer，1983）在 MOTAD 模型的基础上定义了 target – MOTAD 模型，该模型不需要对生产者的效用函数进行严格的假设。更为吸引人的是，这一模型可以假设生产者效用函数对收入递增而对风险递减（Berbel，1990），因此更具适用性。由于存在以上优势，target – MOTAD 模型得到了广泛的应用（Hatch，1987，Israel，1993，Shahid，1997）。本书将采用 target – MOTAD 模型来分析风险状态下不同类型农户的最优耕地投入决策。根据分析需要，本书建立以下形式的 target – MOTAD 模型：

$$\text{Max} E(z) = \sum_{j=1}^{n} c_j x_j \tag{6.8}$$

$$\text{S. t.} \sum_{j=1}^{n} a_{kj} x_j \leqslant b_k (k = 1, \cdots, m) \tag{6.9}$$

$$\sum_{j=1}^{n} c_{rj} x_j - y_r \geqslant T (r = 1, \cdots, s) \tag{6.10}$$

$$\sum_{r=1}^{s} p_r y_r = \lambda (\lambda = M \rightarrow 0) \tag{6.11}$$

式 (6.8) 为目标函数，其中，$E(z)$ 表示农户的期望收益，c_j 表示农户的第 j 项生产活动的收益，x_j 表示农户第 j 项生产活动的规模。式 (6.9) 为农户的资源禀赋约束，其中，a_{kj} 表示农户第 j 项生产活动对 k 项生产资料的需求，b_k 表示农户拥有资源的总量。式 (6.10) 表示在风险状态 r 下农户收益与设定的目标收益之间的差值，其中，c_{rj} 表示在状态 r 下农户的第 j 项生产活动的收益，y_r 表示农户实际收益与目标收益的偏差，T 表示目标收益。式 (6.11) 是 target – MOTAD 模型的关键部分，表示农户所面临风险的强弱，其中，p_r 表示风险状态 r 发生的概率，$p_r = 1/s$；λ 代表农户生产组合的风险值，取值范围为 $[0, M]$，M 为足够大的正数；m 表示农户拥有资源的种类，s 表示所观测到的风险状态下样本农户进行农业生产的周期数。

为了更清楚地反映农户面临的风险与其目标收益之间的关系，将式 (6.10) 代入式 (6.11) 中，则得到：

$$\lambda = \sum_{r=1}^{s} p_r \cdot \begin{cases} \left(T - \sum_{j=1}^{n} c_{rj} x_j \right), & T - \sum_{j=1}^{n} c_{rj} x_j \geqslant 0 \\ 0, & T - \sum_{j=1}^{n} c_{rj} x_j < 0 \end{cases} \tag{6.12}$$

从式 (6.12) 中可以看出，当 $T - \sum_{j=1}^{n} c_{rj} x_j \geqslant 0$ 时，农户生产活动面临

的风险是目标收益与实际收益偏差的增函数。λ 的最大值为给定目标收益 T 下的最大收益，随着 λ 值逐渐减小至趋近于 0，在给定的目标收益 T 下，农户生产经营所面临的风险程度逐渐降低，最优生产组合也随之发生变化。

target – MOTAD 模型的求解过程可分为以下三个步骤，一是确定目标收益 T；二是在给定的 T 值下求出最大收益组合，并以此确定 λ 的最大值；三是求解 λ 值在逐渐减小过程中农户不同的农业生产组合，也即不同风险状态下的最佳收益组合，最后在既定的最优收益组合下求解最优的要素投入组合，从而实现农户耕地投入要素配置效率的改进。

target – MOTAD 模型具有以下优势：（1）不需要了解决策者的风险承受能力；（2）决策者追求效用最大化的同时也是风险厌恶的（二阶随机优势）；（3）决策者可以根据自己的收益目标确定不同的生产组合及风险水平。

6.2

基于 target – MOTAD 不同类型农户耕地投入效率改进

上一节介绍了不同类型农户在风险状态下耕地投入效率改进的途径，下面本书将采用 target – MOTAD 模型对不同类型农户在风险状态下耕地投入要素配置结构及耕地利用结构进行优化，达到改进其耕地投入效率的目标。由于 target – MOTAD 模型的计算方法适用于不同地区不同类型农户的耕地投入要素配置结构及耕地利用结构优化，限于篇幅，本节将以江汉平原地区不同类型农户为例介绍该模型的参数设定等过程，并对优化过程进行分析。湖南丘陵地区、太湖平原地区和鄂中丘陵地区三个调查区域仅列出相应的分析结果，三个调查区域样本农户的家庭特征、模型参数设定及求解部分关键步骤结果见附录 A。

6.2.1　典型农户的设定及特征描述

target – MOTAD 模型起初主要应用于农场的耕地利用结构优化和农场主投入配置优化分析中，因此要求分析区域需要具有相同的农业耕作制度。因此根据 target – MOTAD 模型对数据的要求和本节的分析内容，以耕作制度大致相同的江汉平原地区不同类型农户为例，对模型分析所需要的不同类型农户的家庭特征进行总结如表 6.1 所示。表 6.1 中所列各种家庭特征分别对应 target – MOTAD 模型中的耕地面积约束、劳动力约束和资本约束等参数的设定，而家庭收入和家庭开支等特征将对应模型中的收益目标参数的设定。

表 6.1　　　　　　　　　江汉平原地区不同类型农户家庭特征

家庭特征	完全分工型农户	不完全分工型农户	农业专业（参与市场）型农户	农业专业（自给自足）型农户
家庭总人口（人）	4.87	4.30	2.86	2.70
劳动人口（人）	4.08	3.95	2.16	2.10
其中：农业劳动人口（人）	2.03	2.47	2.16	2.10
耕地总面积（亩）	13.09	12.27	16.94	7.32
水田面积（亩）	8.63	8.13	12.48	4.03
旱地面积（亩）	4.46	4.14	4.46	3.29
家庭总毛收入（元/年）	28873.56	23664.42	22515.50	13021.12
农业毛收入（元/年）	16931.63	14069.33	20952.36	7185.50
家庭纯收入（元/年）	22485.5	17392.44	16436.69	9209.47
家庭开支（元/年）	16744.78	19263.05	14089.76	8511.65
生产开支（元/年）	6388.06	6271.98	6078.81	3811.65
生活开支（元/年）	10356.72	12991.07	8010.96	4700.00

同时为了反映农产品生产收益波动，农产品生产的收益数据中 2006 ~ 2008 年数据采用《全国农产品成本收益汇编》年湖北地区的数据，由

于尚未公布 2009 年和 2010 年《全国农产品成本收益汇编》数据，因此 2009 年和 2010 年相关数据采用从湖北省及地市农业部门网站所查询的数据进行补充。虽然采用更长时间区间的数据能更准确的反映农产品收益的波动状况，但农户在做生产决策时由于信息和技术的缺乏，不会通过长时间序列数据进行判断，而往往只能通过最近年份的农产品收益波动状况进行判断，因此用近 5 年的时间序列数据分析农产品收益波动状况能更近似的模拟风险状态下农户的农地投入决策行为。

6.2.2 模型参数设定

1. 种植制度约束

江汉平原地区大田作物以早稻、中稻、晚稻、小麦、油菜和棉花为主。各类生产活动的时间安排见表 6.2。早稻种植时间为 3 月下旬或 4 月初至 7 月下旬，中稻种植时间为 5 月下旬至 9 月中旬，晚稻种植时间为 7 月下旬至 10 月下旬，小麦种植时间为 10 月下旬至次年 5 月上旬，油菜种植时间为 10 月中旬至次年 4 月下旬，棉花种植时间为 4 月下旬至 10 月中旬。以上各类农产品生产活动在时间及耕地资源利用上存在冲突，这使得农户必须选择一种合理的生产组合来实现最优的农业生产状态。

表 6.2　　　　　　　　　江汉平原地区耕作制度

农产品	1月	2月	3月	4月	5月	6月	7月	8月	9月	10月	11月	12月
早稻												
中稻												
晚稻												
小麦												
油菜												
棉花												

2. 资源约束

根据不同类型样本农户的资源禀赋，可以确定 target – MOTAD 模型中的各项资源约束如下：

（1）耕地资源约束。完全分工型农户耕地面积为 13.09 亩，不完全分工型农户耕地面积为 12.27 亩，农业专业（参与市场）型农户耕地面积为 16.94 亩，农业专业（自给自足）型农户耕地面积为 7.32 亩。根据江汉平原地区一年两熟为主、三熟为辅的耕作制度，设定该区域水田和旱地最大复种指数均为 2.0，且假设土壤条件为均质的，播种面积不大于耕地面积与最大复种指数的乘积。因此得到各类型农户水田和旱地的播种面积约束情况如表 6.3 所示。

表 6.3　　　　　　江汉平原地区不同类型农户耕地资源约束

耕地资源	完全分工型农户	不完全分工型农户	农业专业（参与市场）型农户	农业专业（自给自足）型农户
耕地总面积（亩）	26.18	24.54	33.88	14.64
水田面积（亩）	17.26	16.26	24.96	8.06
旱地面积（亩）	8.92	8.28	8.92	6.58

（2）资本约束。农业生产资金总投入不大于样本农户农业生产成本的平均值，且不考虑农户在农业生产方面的借贷行为①。根据江汉平原地区不同类型样本农户农业生产平均开支可以确定各类型农户资本约束如表 6.4 所示。

---

① 根据本书的调查，农户的农业生产借贷行为属于短期借贷行为，且多为亲戚朋友间的借贷，是不需要支付利息的，借贷期多为三至六个月，一般在一个生产周期内归还贷款。本书分析农户的农业生产周期为一个生产周期，因此未考虑农户在农业生产方面的借贷行为。

表 6.4 江汉平原地区不同类型农户资本约束

	完全分工型农户	不完全分工型农户	农业专业（参与市场）型农户	农业专业（自给自足）型农户
资本约束（元）	6388.06	6271.98	6078.81	3811.65

（3）劳动力约束。农户家庭劳动力投入不大于家庭农业劳动力的劳动工日，结合调查的实际情况设定每个农业劳动力每年的劳动工日为300个。雇佣劳动力数量按工价折算后计入生产资金约束，根据调查结果，雇佣劳动力工价为60元/天。各类型农户劳动力约束如表6.5所示。

表 6.5 江汉平原地区不同类型农户劳动约束

	完全分工型农户	不完全分工型农户	农业专业（参与市场）型农户	农业专业（自给自足）型农户
劳动约束（工日）	609	741	648	630

3. 目标收益

确定 target - MOTAD 模型的目标收益是整个模型运行的关键步骤之一。由于不同农户的家庭资源禀赋存在差异，其农业生产的目标收益也不尽相同，因此，学术界关于目标收益的确定目前仍没有好的解决办法。杨俊（2011）曾通过以下两种方法来确定 target - MOTAD 模型的目标收益，一是将研究区域农户的平均农业毛收入作为农户农业生产的目标收益，并称为"正常目标收益"；二是将农户的最低生存目标作为确定目标收益的标准，并称为"生存目标收益"。本书也将采用以上两种方法对不同类型农户的收益目标进行确定。

"正常目标收益"表示为"T_{1i}"（$i=1$，2，3，4，其中 1＝完全分工型农户，2＝不完全分工型农户，3＝农业专业（参与市场型）农户，4＝农业专业（自给自足）型农户），生存目标收益表示为"T_{2i}"（$i=1$，2，3，4，含义同上）。其中"生存目标收益"的确定方法为：完全分工型农户和不完全分工型农户由于有非农收入来源，因此这两种类型农户的农业毛收入必须要满足家庭基本农业生产成本需求；农业专业（参与市场）型农户和农业专业（自给自足）型农户家庭的主要收入来源和生活保障均依靠农业生产，因此这两种类型农户农业毛收入必须要满足基本农业生产成本和家庭基本生活开支需求。本书将分别根据以上两种方法确定不同类型农户的农业生产目标收益。通过对调查数据的计算，各类型农户的两种目标收益如表 6.6 所示。

表 6.6　　　　　　江汉平原地区不同类型农户目标收益　　　　单位：元

目标收益	完全分工型农户	不完全分工型农户	农业专业（参与市场）型农户	农业专业（自给自足）型农户
正常目标收益（T_{1i}）	16931.63	14069.33	20952.36	7185.50
生存目标收益（T_{2i}）	6388.06	6271.98	14089.76	8511.65

6.2.3　不同类型农户耕地最优利用结构及收益

上一部分对模型的各参数进行了具体设定，将以上参数分别代入式（6.8）至式（6.11）中，用 Lingo 9.0 软件对模型进行模拟计算，可以得到在资源约束条件不变时，各目标收益和不同风险状态下各类型农户最优的耕地利用结构和对应的最优收益。为了体现不同类型耕地利用结构及对应收益的优化过程，需要对不同类型农户耕地利用现状结构及收益情况进行分析，表 6.7 反映了此情况。

表 6.7　　　江汉平原地区不同类型农户耕地利用结构及收益现状　　单位：亩

农户类型	早稻	中稻	晚稻	小麦	油菜	棉花	总收益（元）
完全分工型	0.00	8.63	0.00	6.00	5.00	4.46	16931.63
不完全分工型	0.00	8.13	0.00	8.00	0.00	4.14	14069.33

续表

农户类型	早稻	中稻	晚稻	小麦	油菜	棉花	总收益（元）
农业专业（参与市场）型	0.00	10.00	0.00	8.46	8.00	6.94	20952.36
农业专业（自给自足）型	0.00	4.03	0.00	6.00	0.00	3.29	7185.50

表 6.8、表 6.9、表 6.10 和表 6.11 分别为通过 target – MOTAD 模型计算得到的各类型农户不同生产目标下的最优耕地利用结构及相应的最优收益。

从表 6.8 可以看出，完全分工型农户在给定的两种目标收益下进行农业生产均不存在风险（$\lambda = 0.00$），耕地利用结构与现状结构相比发生了较大的变化，由现状结构的中稻 8.63 亩、小麦 6.00 亩、油菜 5.00 亩和棉花 4.46 亩变为较优的早稻 8.63 亩、晚稻 8.63 亩、小麦 1.07 亩、油菜 3.38 亩和棉花 4.46 亩，耕地利用结构发生了优化，耕地利用程度得到提高，相应可得到的最佳收益也由现状的 16931.63 元提高为 22827.60 元。

表 6.8 完全分工型农户最优耕地利用结构及最优收益

生产活动	正常目标收益（T_{11}）	生存目标收益（T_{21}）
实际收益（元）	22827.60	22827.60
风险值（λ）	0.00	0.00
早稻（亩）	8.63	8.63
中稻（亩）	0.00	0.00
晚稻（亩）	8.63	8.63
小麦（亩）	1.07	1.07
油菜（亩）	3.38	3.38
棉花（亩）	4.46	4.46

从表 6.9 可以看出，不完全分工型农户在给定的两种目标收益下进行

农业生产也均不存在风险（λ＝0.00），耕地利用结构与现状结构相比发生了较大的变化，由现状结构的中稻8.13亩、小麦8.00亩和棉花4.14亩变为较优的早稻8.13亩、晚稻8.13亩、小麦2.45亩、油菜3.33亩和棉花4.14亩，耕地利用结构发生了优化，耕地利用程度得到提高，相应可得到的最佳收益也由现状的14069.33元提高为22376.45元。

表6.9 **不完全分工型农户最优耕地利用结构及最优收益**

生产活动	正常目标收益（T_{12}）	生存目标收益（T_{22}）
实际收益（元）	22376.45	22376.45
风险值（λ）	0.00	0.00
早稻（亩）	8.13	8.13
中稻（亩）	0.00	0.00
晚稻（亩）	8.13	8.13
小麦（亩）	2.45	2.45
油菜（亩）	3.33	3.33
棉花（亩）	4.14	4.14

从表6.10可以看出，当农业专业（参与市场）型农户的目标收益分别设定为正常目标收益（T_{13}）和生存目标收益（T_{23}）时，该类型农户可获得的最佳收益均为22402.52元，高于现状收益。但是当该类型农户的目标收益设定为正常目标收益（T_{13}）时，其在最优耕地利用结构下进行生产具有一定的风险，风险值λ＝446.59。在两种目标收益下该类型农户的耕地最优利用结构均为12.48亩早稻、4.47亩晚稻、4.46亩油菜和4.46亩棉花。

表6.10 **农业专业（参与市场）型农户最优耕地利用结构及最优收益**

生产活动	正常目标收益（T_{13}）	生存目标收益（T_{23}）
实际收益（元）	22402.52	22402.52
风险值（λ）	446.59 *	0.00

续表

生产活动	正常目标收益（T_{13}）	生存目标收益（T_{23}）
早稻（亩）	12.48	12.48
中稻（亩）	0.00	0.00
晚稻（亩）	4.47	4.47
小麦（亩）	0.00	0.00
油菜（亩）	4.46	4.46
棉花（亩）	4.46	4.46

注：＊表示当 target – MOTAD 模型有最优解时 λ 的最大值。

从表 6.11 可以看出，农业专业（自给自足）型农户目标收益分别设定为正常目标收益（T_{14}）和生存目标收益（T_{24}）时，该类型农户可获得的最佳收益均为 13000.34 元，高于现状收益，且均不存在风险。最优耕地利用结构为早稻 4.03 亩、晚稻 4.03 亩、小麦 3.29 亩和棉花 3.29 亩，优于现状结构。

表 6.11　农业专业（自给自足）型农户最优耕地利用结构及最优收益

生产活动	正常目标收益（T_{14}）	生存目标收益（T_{24}）
实际收益（元）	13000.34	13000.34
风险值（λ）	446.59＊	0.00
早稻（亩）	4.03	4.03
中稻（亩）	0.00	0.00
晚稻（亩）	4.03	4.03
小麦（亩）	3.29	3.29
油菜（亩）	0.00	0.00
棉花（亩）	3.29	3.29

注：＊表示当 target – MOTAD 模型有最优解时 λ 的最大值。

6.2.4　不同类型农户耕地投入要素的改进

上面分析了江汉平原地区不同类型农户在耕地投入资源约束不变情况

下的最优耕地利用结构及对应的最优收益。为了考察在现有耕地面积约束下农户的最优耕地利用结构和最优收益以及将面临的风险，我们将逐渐改变资本和劳动力投入水平对此进行考察，并得到在最优耕地利用结构和最优收益下，不同类型农户耕地投入要素的最优配置。此时对不同类型农户的目标分别设定为其在耕地投入资源约束不变情况下的最优收益，即完全分工型农户目标收益为 $T_1 = 22827.60$，不完全分工型农户目标收益为 $T_2 = 21571.31$，农业专业（参与市场）型农户目标收益为 $T_3 = 22402.52$，农业专业（自给自足）型农户目标收益为 $T_4 = 13000.34$。

1. 劳动投入不变时资本投入改进情况

表 6.12 反映了当劳动投入不变时完全分工型农户资本投入改进的过程，从表中可以看出，当资本投入发生变化时，该类型农户的耕地利用结构和实际收益均发生变化，并对应一定的风险值。若资本投入增加，该类型农户的实际收益也就会增加，当资本投入增加至 6560.00 元时，该类型农户可以得到最优收益 23019.85 元，对应风险值 $\lambda = 451.95$，耕地利用结构也变为早稻 8.63 亩、晚稻 8.63 亩、小麦 4.46 亩和棉花 4.46 亩。与资本投入为 6388.06 元时（即各类型农户耕地投入约束固定时）相比，实际收益增加了 192.26 元，耕地利用结构中小麦种植面积扩大，替代了油菜的种植。当资本投入低于 6388.06 元时，该类型农户可获得实际收益发生下降，且在设定收益目标下对应较高的风险值，耕地利用结构也逐渐变得简单。因此，当该类型农户劳动投入不变时，其最优资本投入水平为 6560.00 元。

表 6.12　　　　　　　　完全分工型农户资本投入改进

生产活动	生产组合				
	组合 1	组合 2	组合 3	组合 4	组合 5
劳力（工日）	609.00	609.00	609.00	609.00	609.00
资本（元）	≥6560.00	6388.06	6000.00	5000.00	4000.00

续表

生产活动	生产组合				
	组合 1	组合 2	组合 3	组合 4	组合 5
实际收益（元）	23019.85	22827.59	22010.00	19555.76	15849.05
风险值（λ）	451.95*	545.38*	854.17*	1907.53*	4253.84*
早稻（亩）	8.63	8.63	8.63	8.63	8.63
中稻（亩）	0.00	0.00	0.00	0.00	0.00
晚稻（亩）	8.63	8.63	6.22	0.00	0.00
小麦（亩）	4.46	1.07	0.00	0.00	0.00
油菜（亩）	0.00	3.38	6.87	13.09	13.09
棉花（亩）	4.46	4.46	4.46	4.06	1.12

注：* 表示当 target – MOTAD 模型有最优解时 λ 的最大值。

表 6.13 反映了当劳动投入不变时不完全分工型农户资本投入改进的过程，从表中可以看出当资本投入发生变化时，该类型农户的耕地利用结构和实际收益均发生变化，并对应一定的风险值。若资本投入增加，该类型农户可得到的实际收益也将增加；当资本投入达到 6450.00 元时，可以获得最优收益 22565.80 元，略高于耕地投入要素固定时可获得的实际收益。当资本投入大于 6450.00 时实际收益将不再增加，此时对应的风险值 $\lambda = 594.41$，耕地利用结构为早稻 8.13 亩、晚稻 8.13 亩、小麦 5.78 亩和棉花 4.14 亩。当资本投入低于 6271.98 元时（即各类型农户耕地投入约束固定时），该类型农户可获得的实际收益开始降低，在设定的收益目标下对应的风险值增加，耕地利用结构也逐渐变得简单。

表 6.13 不完全分工型农户资本投入改进

生产活动	生产组合				
	组合 1	组合 2	组合 3	组合 4	组合 5
劳力（工日）	741.00	741.00	741.00	741.00	741.00
资本（元）	≥6450.00	6300.00	6271.98	6000.00	5000.00
实际收益（元）	22565.80	22408.53	22376.45	21897.03	19398.84

续表

生产活动	生产组合				
	组合 1	组合 2	组合 3	组合 4	组合 5
风险值（λ）	594.41 *	670.83 *	545.38 *	879.56 *	1999.39 *
早稻（亩）	8.13	8.13	8.13	8.13	8.13
中稻（亩）	0.00	0.00	0.00	0.00	0.00
晚稻（亩）	8.13	8.13	8.13	7.04	0.72
小麦（亩）	5.78	3.01	2.45	0.00	0.00
油菜（亩）	0.00	2.77	3.33	6.86	12.27
棉花（亩）	4.14	4.14	4.14	4.14	4.14

注：* 表示当 target – MOTAD 模型有最优解时 λ 的最大值。

表 6.14 反映了当劳动投入不变时，农业专业（参与市场）型农户资本投入改进的过程，从表中可以看出当资本投入发生变化时，该类型农户的耕地利用结构和实际收益均发生变化，并对应一定的风险值。若资本投入增加时，该类型农户可得到的实际收益也增加，当资本投入达到 8450.00 元时，可以获得最优收益 29580.25 元，当资本投入大于 8450.00 时实际收益将不再增加，此时对应的风险值 λ = 0.00，耕地利用结构为早稻 12.48 亩、晚稻 12.48 亩、小麦 4.46 亩和棉花 4.46 亩。当资本投入低于 8450.00 元时（即各类型农户耕地投入约束固定时），该类型农户可获得的实际收益开始降低，在设定的收益目标下对应的风险值增加，耕地利用结构也逐渐变得简单。

表 6.14　　　　农业专业（参与市场）型农户资本投入改进

生产活动	生产组合				
	组合 1	组合 2	组合 3	组合 4	组合 5
劳力（工日）	648.00	648.00	648.00	648.00	648.00
资本（元）	≥8450.00	7000.00	6078.81	6000.00	5000.00
实际收益（元）	29580.25	25369.55	22402.52	22148.68	18927.80
风险值（λ）	0.00 *	110.49 *	1026.65 *	1118.90 *	2676.68 *

续表

生产活动	生产组合				
	组合 1	组合 2	组合 3	组合 4	组合 5
早稻（亩）	12.48	12.48	12.48	12.48	12.48
中稻（亩）	0.00	0.00	0.00	0.00	0.00
晚稻（亩）	12.48	7.89	4.47	4.17	0.44
小麦（亩）	4.46	0.00	0.00	0.00	0.00
油菜（亩）	0.00	4.46	4.46	4.46	4.46
棉花（亩）	4.46	4.46	4.46	4.46	4.46

注：* 表示当 target - MOTAD 模型有最优解时 λ 的最大值。

表 6.15 为当劳动投入不变时，农业专业（自给自足）型农户资本投入改进的过程，从表中可以看出当资本投入发生变化时，该类型农户的耕地利用结构和实际收益均发生变化，并对应一定的风险值。若资本投入增加时，该类型农户可得到的实际收益也增加；当资本投入达到 3690.00 元时，可以获得最优收益 13000.34 元；当资本投入大于 3690.00 时实际收益将不再增加，此时对应的风险值 $\lambda = 623.21$，耕地利用结构为早稻 4.03 亩、晚稻 4.03 亩、小麦 3.29 亩和棉花 3.29 亩；与该类型农户资本投入现状相比，最优资本投入减少了 121.85 元。当资本投入低于 3690.00 元时（即各类型农户耕地投入约束固定时），该类型农户可获得的实际收益开始降低，在设定的收益目标下对应的风险值增加，耕地利用结构也逐渐变得简单。

表 6.15　　　　　　　　农业专业（自给自足）型农户资本投入改进

生产活动	生产组合				
	组合 1	组合 2	组合 3	组合 4	组合 5
劳力（工日）	630.00	630.00	630.00	630.00	630.00
资本（元）	≥3900.00	3811.85	3690.00	3500.00	3000.00
实际收益（元）	13000.34	13000.34	13000.34	12795.80	11629.80
风险值（λ）	623.21*	623.21*	623.21*	733.82*	1301.33*

生产活动	生产组合				
	组合 1	组合 2	组合 3	组合 4	组合 5
早稻（亩）	4.03	4.03	4.03	4.03	4.03
中稻（亩）	0.00	0.00	0.00	0.00	0.00
晚稻（亩）	4.03	4.03	4.03	3.85	0.26
小麦（亩）	3.29	3.29	3.29	0.00	0.00
油菜（亩）	0.00	0.00	0.00	3.46	7.05
棉花（亩）	3.29	3.29	3.29	3.29	3.29

注：＊表示当 target – MOTAD 模型有最优解时 λ 的最大值。

2. 资本投入不变时劳动投入改进情况

表 6.16 反映了完全分工型农户在最优资本投入下劳动投入的改进过程。从表中可以看出，若劳动投入发生变化时，该类型农户的耕地利用结构和实际收益均发生变化，并对应一定的风险值。在原劳动投入约束基础上增加劳动投入，即劳动投入高于 609.00 工日并增加时，该类型农户可获得实际收益和耕地利用结构并未发生变化，组合 3 中的劳动投入为该类型农户劳动投入现状（见表 5.1）。当劳动投入降低为 278.00 工日以下时该类型农户可获得实际收益和耕地利用结构发生变化，可获得实际收益开始下降，耕地利用程度降低，在设定收益目标下对应的风险值也开始增加。当劳动投入为 278.00 工日时，该类型农户可获得最优收益为 23019.85 元，面临风险值 $\lambda = 451.95$，最优耕地利用结构为早稻 8.63 亩、晚稻 8.63 亩、小麦 4.46 亩和棉花 4.46 亩。因此在该类型农户资本投入为 6560.00 元时，其最优劳动投入为 278.00 工日。

表 6.16　　　　　　　　　完全分工型农户劳动投入改进

生产活动	生产组合				
	组合 1	组合 2	组合 3	组合 4	组合 5
资本（元）	6560.00	6560.00	6560.00	6560.00	6560.00
劳力（工日）	>609.00	609.00	423.25	278.00	250.00

续表

生产活动	生产组合				
	组合1	组合2	组合3	组合4	组合5
实际收益（元）	23019.85	23019.85	23019.85	23019.85	22246.25
风险值（λ）	451.95*	451.95*	451.95*	451.95*	662.40*
早稻（亩）	8.63	8.63	8.63	8.63	8.63
中稻（亩）	0.00	0.00	0.00	0.00	0.00
晚稻（亩）	8.63	8.63	8.63	8.63	8.63
小麦（亩）	4.46	4.46	4.46	4.46	5.64
油菜（亩）	0.00	0.00	0.00	0.00	0.00
棉花（亩）	4.46	4.46	4.46	4.46	3.27

注：*表示当 target – MOTAD 模型有最优解时 λ 的最大值。

　　表6.17反映了不完全分工型农户在最优资本投入下劳动投入的改进过程。从表中可以看出，当劳动投入发生变化时，该类型农户的耕地利用结构和实际收益均发生变化，并对应一定的风险值。在原劳动投入约束基础上增加劳动投入，即劳动投入高于741工日并增加时，该类型农户可获得实际收益和耕地利用结构并未发生变化，组合3中的劳动投入为该类型农户劳动投入现状（见表5.3）。当劳动投入降低为265.00工日以下时该类型农户可获得实际收益和耕地利用结构发生变化，可获得实际收益开始下降，耕地利用程度降低，在设定收益目标下对应的风险值也开始增加。当劳动投入为265.00工日时，该类型农户可获得最优收益为22565.80元，面临的风险值 λ = 992.20，最优耕地利用结构为早稻8.13亩、晚稻8.13亩、小麦5.78亩和棉花4.14亩。因此在该类型农户资本投入为6450.00元时，其最优劳动投入为265.00工日。

表6.17　　　　　　　　　　　不完全分工型农户劳动投入改进

生产活动	生产组合				
	组合1	组合2	组合3	组合4	组合5
资本（元）	6450.00	6450.00	6450.00	6450.00	6450.00
劳力（工日）	>741.00	741.00	363.11	265.00	250.00
实际收益（元）	22565.80	22565.80	22565.80	22565.80	22115.39

续表

生产活动	生产组合				
	组合 1	组合 2	组合 3	组合 4	组合 5
风险值（λ）	992.20 *	992.20 *	992.20 *	992.20 *	1114.74 *
早稻（亩）	8.13	8.13	8.13	8.13	8.13
中稻（亩）	0.00	0.00	0.00	0.00	0.00
晚稻（亩）	8.13	8.13	8.13	8.13	8.13
小麦（亩）	5.78	5.78	5.78	5.78	6.47
油菜（亩）	0.00	0.00	0.00	0.00	0.00
棉花（亩）	4.14	4.14	4.14	4.14	3.44

注：* 表示当 target – MOTAD 模型有最优解时 λ 的最大值。

表 6.18 反映了农业专业（参与市场）型农户在最优资本投入下劳动投入的改进过程。从表中可以看出，当劳动投入发生变化时，该类型农户的耕地利用结构和实际收益均发生变化，并对应一定的风险值。在原劳动投入约束基础上增加劳动投入，即劳动投入高于 648.00 工日并增加时，该类型农户可获得实际收益和耕地利用结构并未发生变化。组合 3 中的劳动投入为该类型农户劳动投入现状（见表 5.5）。当劳动投入降低为 340.00 工日以下时该类型农户可获得实际收益和耕地利用结构发生变化，可获得实际收益开始下降，耕地利用程度降低，在设定收益目标下对应的风险值也开始增加。当劳动投入为 340.00 工日时，该类型农户可获得最优收益为 29580.25 元，面临的风险值 λ = 1258.14，最优耕地利用结构为早稻 12.48 亩、晚稻 12.48 亩、小麦 4.46 亩和棉花 4.46 亩。因此在该类型农户资本投入为 8450.00 元时，其最优劳动投入为 340.00 工日。

表 6.18 　　　　　农业专业（参与市场）型农户劳动投入改进

生产活动	生产组合				
	组合 1	组合 2	组合 3	组合 4	组合 5
资本（元）	8450.00	8450.00	8450.00	8450.00	8450.00
劳力（工日）	>648.00	648.00	513.61	340.00	300.00

生产活动	生产组合				
	组合1	组合2	组合3	组合4	组合5
实际收益（元）	29580.25	29580.25	29580.25	29580.25	27714.93
风险值（λ）	1258.14*	1258.14*	1258.14*	1258.14*	1855.49*
早稻（亩）	12.48	12.48	12.48	12.48	12.48
中稻（亩）	0.00	0.00	0.00	0.00	0.00
晚稻（亩）	12.48	12.48	12.48	12.48	12.48
小麦（亩）	4.46	4.46	4.46	4.46	4.46
油菜（亩）	0.00	0.00	0.00	0.00	0.00
棉花（亩）	4.46	4.46	4.46	4.46	2.98

注：* 表示当 target – MOTAD 模型有最优解时 λ 的最大值。

表 6.19 反映了农业专业（自给自足）型农户在最优资本投入下劳动投入的改进过程，从表中可以看出，当劳动投入发生变化时，该类型农户的耕地利用结构和实际收益均发生变化，并对应一定的风险值。在原劳动投入约束基础上增加劳动投入，即劳动投入高于 630.00 工日并增加时，该类型农户可获得实际收益和耕地利用结构并未发生变化。组合3中的劳动投入为该类型农户劳动投入现状（见表5.7）。当劳动投入降低为 168.00 工日以下时该类型农户可获得实际收益和耕地利用结构发生变化，可获得实际收益开始下降，耕地利用程度降低，在设定收益目标下对应的风险值也开始增加。当劳动投入为 168.00 工日时，该类型农户可获得最优收益为 13000.34 元，面临的风险值 λ = 623.22，最优耕地利用结构为早稻 4.03 亩、晚稻 4.03 亩、小麦 3.99 亩和棉花 2.58 亩。因此在该类型农户资本投入为 3690.00 元时，其最优劳动投入为 168.00 工日。

表 6.19   农业专业（自给自足）型农户劳动投入改进

生产活动	生产组合				
	组合1	组合2	组合3	组合4	组合5
资本（元）	3690.00	3690.00	3690.00	3690.00	3690.00
劳力（工日）	>630.00	630.00	385.86	168.00	150.00

续表

生产活动	生产组合				
	组合 1	组合 2	组合 3	组合 4	组合 5
实际收益（元）	13000.34	13000.34	13000.34	13000.34	12542.64
风险值（λ）	623.22 *	623.22 *	623.22 *	623.22 *	747.72 *
早稻（亩）	4.03	4.03	4.03	4.03	4.03
中稻（亩）	0.00	0.00	0.00	0.00	0.00
晚稻（亩）	4.03	4.03	4.03	4.03	4.03
小麦（亩）	3.29	3.29	3.29	3.29	3.99
油菜（亩）	0.00	0.00	0.00	0.00	0.00
棉花（亩）	3.29	3.29	3.29	3.29	2.58

注：* 表示当 target – MOTAD 模型有最优解时 λ 的最大值。

6.2.5 不同类型农户耕地投入要素最优配置及耕地利用结构

通过上文对江汉平原不同类型农户的耕地最优利用结构及收益、耕地投入要素配置结构优化的分析。可以得到不同类型农户的最优耕地投入要素配置、收益和耕地利用结构如表 6.20 所示。

表 6.20　　　　　江汉平原地区不同类型农户最优耕地投入结构

生产活动	农户类型			
	完全分工型	不完全分工型	农业专业（参与市场）型	农业专业（自给自足）型
资本（元）	6560.00	6450.00	8450.00	3690.00
劳力（工日）	278.00	265.00	340.00	168.00
实际收益（元）	23019.85	22565.80	29580.25	13000.34
风险值（λ）	451.95 *	992.20 *	1258.14 *	623.22 *
早稻（亩）	8.63	8.13	12.48	4.03
中稻（亩）	0.00	0.00	0.00	0.00
晚稻（亩）	8.63	8.13	12.48	4.03

续表

生产活动	农户类型			
	完全分工型	不完全分工型	农业专业（参与市场）型	农业专业（自给自足）型
小麦（亩）	4.46	5.78	4.46	3.29
油菜（亩）	0.00	0.00	0.00	0.00
棉花（亩）	4.46	4.14	4.46	3.29

注：*表示当 target - MOTAD 模型有最优解时 λ 的最大值。

通过对江汉平原地区不同类型农户耕地投入要素配置结构及收益现状和优化后的情况进行对比分析可以看出，完全分工型农户需要增加资本投入 304.67 元，减少劳动投入 84.15 工日，实际收益可增加 6088.22 元；不完全分工型农户需要增加资本投入 178.02 元，减少劳动投入 98.11 工日，实际收益可增加 8496.47 元；农业专业（参与市场）型农户需要增加资本投入 2371.19 元，减少劳动投入 173.61 工日，实际收益可增加 8627.89 元；农业专业（自给自足）型农户则需要减少资本投入 121.65 元，减少劳动投入 217.86 工日，实际收益可增加 5817.84 元，如表 6.21 所示。

表 6.21   江汉平原地区不同类型农户耕地投入优化

优化前后情况对比	耕地投入要素及收益	完全分工型农户	不完全分工型农户	农业专业（参与市场）型农户	农业专业（自给自足）型农户
现状情况	资本投入（元）	6255.33	6271.98	6078.81	3811.65
	劳动投入（工日）	362.15	363.11	513.61	385.86
	实际收益（元）	16931.63	14069.33	20952.36	7185.50
优化后情况	资本投入（元）	6560.00	6450.00	8450.00	3690.00
	劳动投入（工日）	278.00	265.00	340.00	168.00
	实际收益（元）	23019.85	22565.80	29580.25	13000.34

续表

优化前后情况对比	耕地投入要素及收益	完全分工型农户	不完全分工型农户	农业专业（参与市场）型农户	农业专业（自给自足）型农户
增减情况	资本投入（元）	304.67	178.02	2371.19	-121.65
	劳动投入（工日）	-84.15	-98.11	-173.61	-217.86
	实际收益（元）	6088.22	8496.47	8627.89	5814.84

　　结合本书第 5 章对不同类型农户耕地投入要素配置效率的分析，江汉平原地区完全分工型农户、不完全分工型农户、农业专业（参与市场）型农户和农业专业（自给自足）型农户的要素配置效率分别为：70.63%、66.82%、62.34% 和 60.87%，配置效率损失严重，从表 6.21 中可以看出其效率损失主要是劳动配置相对于资本配置过高所造成的。通过以上分析可以看出，农户耕地投入要素不合理配置以及耕地利用程度低下是造成不同类型农户耕地投入技术效率和成本效率损失的主要原因。通过对其耕地投入要素配置结构和耕地利用结构的优化，在一定程度上增加了农户可获得的实际收益，从而达到了改进农户耕地投入效率的目标。

　　表 6.22 和表 6.23 分别给出了湖南丘陵地区、太湖平原地区和鄂中丘陵地区不同类型农户最优耕地利用结构以及最优投入要素配置结构以及对应的实际最优收益。从表 6.22 和表 6.23 中可以看出，湖南丘陵地区农户耕地投入要素配置存在较大优化空间，除了不完全分工型农户需要减少资本投入外，其他三类农户均需要增加资本投入。四类农户劳动投入均有过剩情况，以专业化农户劳动投入过剩现象最为严重。通过表 5.30 可知，该地区四种类型农户的要素配置效率分别为 72.47%、58.06%、59.11% 和 58.23%，其效率损失程度与表 6.23 中所显示的优化程度也基本一致。因此该地区农户可以通过优化耕地投入要素配置来提高要素利用效率，降低耕地成本效率，同时可以通过耕地利用结构的优化来提高耕地利用效率，增加耕地产出。

表 6.22　　　　　　　　　湖南丘陵地区不同类型农户最优耕地利用结构

生产活动	农户类型			
	完全分工型	不完全分工型	农业专业（参与市场）型	农业专业（自给自足）型
资本（元）	2470.00	2830.00	3100.00	1638.00
劳力（工日）	84.00	95.00	105.00	60.00
实际收益（元）	8821.58	9583.94	11028.26	5855.10
风险值（λ）	242.66*	278.26*	297.27*	167.30*
早稻（亩）	3.47	4.07	4.07	2.20
中稻（亩）	0.00	0.20	0.20	0.00
晚稻（亩）	3.47	4.07	4.07	2.20
小麦（亩）	0.00	0.00	0.00	0.00
玉米（亩）	1.45	1.23	1.95	1.05
花生（亩）	1.45	1.23	1.95	1.05

注：* 表示当 target – MOTAD 模型有最优解时 λ 的最大值。

表 6.23　　　　　　　　　湖南丘陵地区不同类型农户耕地投入优化

优化前后情况对比	耕地投入要素及收益	完全分工型农户	不完全分工型农户	农业专业（参与市场）型农户	农业专业（自给自足）型农户
现状情况	资本投入（元）	2265.16	3154.5	2733.77	1439.41
	劳动投入（工日）	191.78	184.59	305.19	178.97
	实际收益（元）	4677.91	6012.13	4370.79	2148.45
优化后情况	资本投入（元）	2470.00	2830.00	3100.00	1638.00
	劳动投入（工日）	84.00	95.00	105.00	60.00
	实际收益（元）	8821.58	9583.94	11028.26	5855.10
增减情况	资本投入（元）	204.84	–324.50	366.23	198.59
	劳动投入（工日）	–107.78	–89.59	–200.19	–118.97
	实际收益（元）	4143.67	3571.81	6657.47	3706.65

　　表 6.24 和表 6.25 分别为太湖平原地区不同类型农户最优耕地利用结构和耕地投入要素结构优化结果。

表 6.24　　　　　太湖平原地区不同类型农户最优耕地利用结构

生产活动	农户类型			
	完全分工型	不完全分工型	农业专业（参与市场）型	农业专业（自给自足）型
资本（元）	2930.00	3380.00	12190	1664.00
劳力（工日）	94.00	104.00	378.00	51.00
实际收益（元）	10089.78	11629.38	41978.21	5719.60
风险值（λ）	264.05 *	381.02 *	1377.32 *	184.70 *
早稻（亩）	4.27	4.96	18.08	2.20
中稻（亩）	0.00	0.00	0.00	0.00
晚稻（亩）	4.27	4.96	18.08	2.20
小麦（亩）	4.64	0.00	18.42	3.25
油菜（亩）	0.00	5.24	0.00	0.00

注：* 表示当 target – MOTAD 模型有最优解时 λ 的最大值。

表 6.25　　　　　太湖平原地区不同类型农户耕地投入优化

优化前后情况对比	耕地投入要素及收益	完全分工型农户	不完全分工型农户	农业专业（参与市场）型农户	农业专业（自给自足）型农户
现状情况	资本投入（元）	2931.17	2525.24	8248.14	1746.88
	劳动投入（工日）	148.80	127.69	470.33	161.57
	实际收益（元）	8588.59	5581.94	31466.30	2904.58
优化后情况	资本投入（元）	2930.00	3380.00	12190	1664.00
	劳动投入（工日）	94.00	104.00	378.00	51.00
	实际收益（元）	10089.78	11629.38	41978.21	5719.60
增减情况	资本投入（元）	– 1.17	854.76	3941.86	– 82.88
	劳动投入（工日）	– 54.8	– 23.69	– 92.33	– 110.57
	实际收益（元）	1501.19	6047.44	10511.91	2815.02

　　从表 6.25 中可以看出，太湖平原地区完全分工型农户和农业专业（自给自足）型农户资本投入优化空间较小，劳动投入优化空间较大。另外两类农户资本和劳动投入均有较大的优化空间，且通过耕地利用结构的优化可以使耕地产出得到较多的增长。从表 5.30 中可知四类农户耕地投

入要素配置效率分别为 65.02%、63.58%、64.23% 和 62.79%，其效率损失程度与四类农户资本和劳动投入需优化程度也基本一致。

表 6.26 和表 6.27 为鄂中丘陵地区不同类型农户最优耕地利用结构和耕地投入要素结构优化结果。

表 6.26   **鄂中丘陵地区不同类型农户最优耕地利用结构**

生产活动	农户类型			
	完全分工型	不完全分工型	农业专业（参与市场）型	农业专业（自给自足）型
资本（元）	6170.00	5816.00	5248.0	2710.00
劳力（工日）	228.00	208.00	188.00	90.00
实际收益（元）	21462.67	20088.69	18240.66	9372.00
风险值（λ）	834.87*	755.45*	678.06*	323.95*
早稻（亩）	10.67	8.90	9.72	5.50
中稻（亩）	0.00	1.64	0.00	0.00
晚稻（亩）	10.67	8.90	9.72	5.50
小麦（亩）	1.76	2.95	0.90	0.00
油菜（亩）	0.00	0.00	0.00	0.00
棉花（亩）	1.76	1.31	0.90	0.00
玉米（亩）	0.00	0.00	0.00	0.00

注：* 表示当 target – MOTAD 模型有最优解时 λ 的最大值。

表 6.27   **鄂中丘陵地区不同类型农户耕地投入优化**

优化前后情况对比	耕地投入要素及收益	完全分工型农户	不完全分工型农户	农业专业（参与市场）型农户	农业专业（自给自足）型农户
现状情况	资本投入（元）	5579.88	5918.36	5367.67	1332.50
	劳动投入（工日）	330.55	316.24	462.87	225.00
	实际收益（元）	19315.63	19509.85	18232.40	6490
优化后情况	资本投入（元）	6170.00	5816.00	5248.0	2710.00
	劳动投入（工日）	228.00	208.00	188.00	90.00
	实际收益（元）	21462.67	20088.69	18240.66	9372.00

续表

优化前后情况对比	耕地投入要素及收益	完全分工型农户	不完全分工型农户	农业专业（参与市场）型农户	农业专业（自给自足）型农户
增减情况	资本投入（元）	590.12	-102.36	-119.67	1377.5
	劳动投入（工日）	-102.55	-108.24	-274.87	-135
	实际收益（元）	2147.04	578.84	8.26	2882.00

表 6.27 反映出鄂中丘陵地区不同类型农户耕地投入要素均有较大的优化空间，不完全分工农户和农业专业（参与市场）型农户需要同时减少资本和劳动投入，而另外两类农户则需要增加资本投入和减少劳动投入来使得他们的要素配置逼近最优配置点。除农业专业（参与市场）型农户通过耕地利用结构优化空间较小外，其他三类农户耕地利用结构还存在较大的优化空间。

6.3

本章小结

本章首先对农户耕地投入效率改进的途径进行了分析，并选择了 target - MOTAD 模型作为分析不同类型农户耕地投入效率改进的模型定式。随后以江汉平原地区样本农户为例，利用 target - MOTAD 模型分析了该地区不同类型农户耕地利用结构优化以及要素投入配置优化的过程，最终得到最优的耕地利用结构和要素配置结构。分析结果表明：该地区完全分工型农户需要增加资本投入 304.67 元，减少劳动投入 84.15 工日，实际收益可增加 6088.22 元；不完全分工型农户需要增加资本投入 178.02 元，减少劳动投入 98.11 工日，实际收益可增加 8496.47 元；农业专业（参与市场）型农户需要增加资本投入 2371.19 元，减少劳动投入 173.61 工日，实际收益可增加 8627.89 元；农业专业（自给自足）型农户则需要减少资本投入 121.65 元，减少劳动投入 217.86 工日，实际收益可增加

5817. 84 元。可以看出，农户耕地投入要素不合理配置以及耕地利用程度低下是造成不同类型农户耕地投入技术效率和成本效率损失的主要原因。通过对其耕地投入要素配置结构和耕地利用结构的优化，在一定程度上增加了农户可获得的实际收益，从而达到了改进农户耕地投入效率的目标。

在采用 target – MOTAD 模型对湖南丘陵地区、太湖平原地区和鄂中丘陵地区三个区域不同类型农户的耕地利用结构优化和耕地投入要素配置优化进行分析后，所得到的结论也基本与江汉平原地区一致，耕地劳动投入要素、资本投入和耕地利用结构要素均具有较大的优化空间，通过要素配置和耕地利用结构的优化，不同类型农户可获得的实际收入均有所提高。这说明耕地利用程度较低、耕地投入要素配置不合理是我国农户进行农业生产过程中普遍存在的现象。若农户在农业生产中能进一步优化其种植结构，提高耕地利用程度，不仅可以提高其耕地总产出，同时可以起到规避市场风险的效果。优化其耕地投入要素配置，则可以降低其在农业生产过程中的成本，提高农业生产的利润，增加农业生产收入；同时可以将剩余的劳动时间配置于非农业生产或非种植业的其他农业生产项目，增加家庭的总收入。

第7章

研究结论及讨论

7.1

研究结论

7.1.1 分工和专业化经济理论适用于农户分化理论框架的构建

分工和专业化经济理论在农户分化理论的构建中具有显著的优势。

（1）农户家庭存在分工经济。农户家庭作为一个微型的经济组织，拥有一定的经济资源，根据家庭的规模、组成和结构进行生产，并通过市场交换满足家庭的需求，并且农户家庭可以选择自给自足。在新古典理论框架下，农户家庭根据其资源禀赋情况及家庭生产目标进行资源分配决策，家庭经营效率只与家庭拥有的资源规模有关，而与家庭分工无关，忽视了专业化分工可能带来的家庭经营效率的增长。在新兴古典理论框架下，他们最重要的决策是选择整个家庭和家庭成员间的专业化模式和水平，然后再做出选定专业化模式和水平下的资源分配决策。农户不仅可以通过对其拥有的资源进行合理利用以实现其生产效率最大化，还可通过家庭成员间的合理分工来实现生产的专业化，从而进一步提高家庭的生产效率。

（2）农户及家庭成员间存在绝对和比较优势。农户由于家庭资源禀赋、所处自然环境和社会环境的不同，存在着绝对和比较优势，为农户间的专业经济提供了发展的基础。而农户家庭成员之间也由于个体差异，如年龄、性别、技能等，也存在着绝对和比较优势，为农户家庭成员之间的专业化分工提供了基础。

（3）农户及家庭成员间存在专业化分工。农户及农户家庭成员间的专业化分工在现实中是客观存在的，如农户之间存在着专业化从事农业生产和专业化从事交易服务的专业化分工，农户家庭成员间存在着专业化从事农业生产和非农业生产的专业化分工，因此用专业化和分工经济理论来解释这些现象将更具有解释能力。

7.1.2　分工和专业化经济促进了农户分化

农户家庭成员间的绝对和比较优势以及利他主义行为为农户家庭成员专业分化提供了可能，农户家庭成员的专业选择受到参数 k 的影响。本书中的 k 为农户家庭成员从市场上获取相应产品时付出的交易成本，可以理解为农户家庭成员在生产农产品或者非农产品时需要付出的学习成本和取得成本，同时还受到不同专业劳动报酬率的影响。当其从事某种专业的劳动报酬率高于其他专业，且进入成本（参数 k）在均衡条件下的取值范围时，农户家庭的某一成员将会根据此均衡条件选择其所要从事的专业及市场行为。由于分工对家庭总收入可能带来的提升作用，家庭成员在进行专业选择时会考虑这一事实，并在对家庭其他成员有利他主义的行为时选择不同的专业。当每一位家庭成员根据符合其自身的均衡条件进行专业选择后，农户家庭内部便形成了一定的分化形式。本书根据我国农户家庭专业选择及市场行为可能出现的拓扑形式，将农户划分为完全分工型农户、不完全分工型农户、农业专业（参与市场）型农户、农业专业（自给自足）型农户、非农专业型农户。在本书所调查的样本农户中，完全分工型农户样本数为 409 户，占总样本的 41.57%；不完全分工农户样本数为 353

户，占总样本比例为 35.87%；专业型农户样本数为 214 户，占总样本数的 21.75%（其中参与市场的农业专业户有 156 户，占农业专业户和总样本数的比例分别为 72.89% 和 15.85%；自给自足的农业专业户有 58 户，占农业专业户和总样本数的比例分别为 27.10% 和 5.89%）；专业化从事非农业生产的农户仅 4 户，占总样本的比例为 0.41%。

　　单个农户作为一个生产单位在参与市场过程中由于交易费用过高，影响了其生产效率，而专业化提供交易服务者的出现会改善这一情况，即分工经济可能带来效率提升。在这种现实需求下，农户中专业化提供交易服务者开始逐渐从传统农户中分化出来。当生产者购买交易服务的成本高于其交易费用时，单个农户仍然会选择交易服务的自给自足，即农户间的分化不可能实现；而当生产者购买交易服务的成本小于其交易成本时，农户间将实现这一形式的分化。农业专业合作组织的出现降低了农户购买交易服务的成本，提高了农户的产品交易效率，从而促进了耕地投入效率的提高，因此农业专业合作组织的出现也是农户间实现分工和专业化经济的有力途径。

7.1.3　专业化有利于农户耕地投入效率的提高

　　专业化有利于家庭经营效率的提高，具体到农业生产方面，农户家庭对农业生产的专业化程度越高，其耕地利用效率也将越高。农户耕地投入效率分为耕地投入技术效率和成本效率，而成本效率又可以分解为技术效率和要素配置效率。随机前沿生产函数和联立方程组可用于测算耕地投入技术效率和成本效率。从不同类型农户耕地投入技术效率的测算结果中可以看出，具有专业化从事农业生产特征的农户家庭耕地投入技术效率要高于具有兼业特征的农户家庭，具体表现为农业专业（自给自足）型农户、农业专业（参与市场）型农户和完全分工型农户的耕地投入技术效率高于不完全分工型农户。不同类型农户耕地投入成本效率关系为：农业专业

（参与市场）型农户＞完全分工型农户＞不完全分工型农户＞农业专业
（自给自足）型农户。虽然农业专业（自给自足）型农户耕地投入成本效
率在四类农户中最低，这一结果看似与专业化有利于耕地投入效率提高的
理论假设相悖，但是在考察该类型农户的耕地投入行为特征和耕地投入要
素配置效率后便可知，由于该类型农户的市场行为并不是追求利润最大
化，因此要素配置效率损失较大，但这并未影响专业化有利于农户耕地投
入效率提升的事实。

农户的"组织化"和"自由化"是农户间专业化分工的一种表现形
式，具有"组织化"特征的农户耕地投入效率要高于"自由化"农户，
这也证实了专业化有利于耕地投入效率的提高。农户专业合作组织作为我
国农户"组织化"形成的主要途径，对我国农户耕地投入效率的提升具
有重要意义，因此促进我国农户专业合作组织又好又快地发展将成为从整
体上提升我国农户耕地投入效率的有效手段。

7.1.4 农户家庭分工改进有利于家庭总效用增加

由于我国农户家庭平均收入还低于社会平均水平，随着劳动报酬的增
加，农户家庭成员会提供更多的劳动以增加家庭收入。因此 CES 形式的
效用函数符合我国农户家庭成员的经济特征。拉格朗日函数中拉氏算子的
经济含义为在其他条件不变的情况下，收入每增加一单位带来的效用变动
率，也即边际效用的货币价值。因此在效用最大化条件下，农户家庭成员
的总效用为其获得的总收入的函数，并可以通过以其收入区间为限制的定
积分形式进行求和。在求解每位家庭成员总效用对其收入的表达形式后，
可通过定积分相加公式对家庭总效用进行加总和比较，从而实现了根据不
同家庭成员效用求解家庭总效用的目标。

通过比较不同类型农户家庭可获得的总收入，即可得到不同类型农户
家庭的总效用。各类型农户家庭总效用大小顺序如下：非农专业农户＞不

完全分工型农户＞完全分工型农户＞农业专业（参与市场）型农户＞农业专业（自给自足）型农户。这反映了农户家庭分工改进对家庭总效用具有促进作用。农户家庭是否能达到完全分工状态，主要受制于农户家庭部分成员从事非农产业的稳定性，而从事非农产业的稳定性也取决于其进入非农产业的学习成本大小。因此，如何帮助农户家庭部分成员能稳定地从事非农产业是农户家庭分工改进的重要保证。

7.1.5　提高要素配置效率是改善我国农户耕地投入效率的主要途径

我国农户耕地投入的技术效率和要素配置效率均存在较严重的损失。不同类型农户耕地投入技术效率损失情况分别为：完全分工型农户技术效率损失 27.36%，不完全分工型农户技术效率损失 31.40%，农业专业（参与市场）型农户技术效率损失 11.63%，农业专业（自给自足）型农户技术效率损失 13.24%。不同类型农户耕地投入要素配置效率损失情况为：完全分工型农户配置效率损失 32.65%，不完全分工型农户配置效率损失 36.99%，农业专业（参与市场）型农户配置效率损失 39.19%，农业专业（自给自足）型农户配置效率损失 41.47%。这说明我国农户耕地投入效率损失普遍较严重，其中以耕地投入要素配置效率损失情况更为严重。农户耕地投入技术效率的损失与我国农业生产技术供给状况有关，农业生产技术的进步可以改善农户耕地投入的技术效率，而农户耕地投入要素配置效率的损失则更多地源于农户的要素配置行为。我国农户耕地投入要素中劳动投入普遍较高，而资本投入普遍不足，耕地利用结构也存在一定的优化空间，农户在现有资源禀赋的约束下可获得的实际收益也有较大的提升空间。因此，耕地利用程度较低、耕地投入要素配置不合理是我国农户进行农业生产过程中普遍存在的现象。若农户在农业生产中能进一步优化其种植结构，提高耕地利用程度，合理配置要素投入结构，不仅可以提高其耕地总产出，同时可以起到规避市场风险的效果。优化其耕地投入要素配置，则可以降低其农业生产成本，提高农业生产利润，同时可以将剩余的劳动时间配置于非农业生产或非种植业的其他农业生产项目，增加家庭的总收入。

7.2

政策建议

本书通过农户分化视角下的耕地投入行为及其效率的理论和实证分析，得到了影响农户耕地投入行为和效率的主要因素，其中农户家庭的分工和专业化以及农户间的分工和专业化是促进我国农户耕地利用效率提升以及农户家庭收入增加的重要因素。下面将从以上两个方面对本书研究结论提出相应的政策建议。

7.2.1 促进耕地向农业专业户流转

农业专业（参与市场）型农户较其他几类农户而言具有较高的耕地利用效率，因此促进耕地向该类农户转移可以实现农业的专业化和规模化经营，从总体上能提高我国耕地利用效率。促进耕地流转的必要前提是建立健全农村社会保障体系，完善农村非农就业市场，弱化耕地对农户的保障功能。从本次调查的实际情况来看，太湖平原地区农户从事第二、第三产业，但是仍然经营着自家所拥有的面积较小的承包地，导致其耕地利用程度和成本效率低下，其原因就是耕地具有生活保障功能，致使农户不愿放弃耕地经营。因此完善和健全农村社会保障体系是促进耕地向农业专业户流转的重要前提。

从本书的研究结果还可以看出，虽然农业专业（参与市场）型农户较其他几类农户而言具有较高的耕地利用效率，但耕地规模对该类农户的耕地利用技术效率有显著的负向影响，对其成本效率无显著影响。因此除了要促进耕地向该类农户转移之外，还要增加对该类农户农业生产的技术支持。各地区可以因地制宜地对农业专业户提供稳定的技术支持，提高技术服务水平，定期为农业专业户开展技术指导活动，以改善农业专业户因耕地规模扩大而产生的技术效率损失状况。

7.2.2　促进农村剩余劳动力转移和城乡协调发展

农户家庭剩余劳动力转移是实现农户家庭完全分工的重要前提，也是增加农户家庭总收入、提高农户耕地利用效率的重要保障。从本书研究结论来看，一方面，农村剩余劳动力的合理转移不仅可以使农户家庭农业生产增收，而且能使农户家庭农业生产和非农业生产增效；另一方面，农户家庭剩余劳动力的过度转移对耕地利用效率是有一定的负面作用的，表现为不完全分工型农户耕地利用效率低于完全分工型农户。因此构建有效的机制，以引导农户家庭中剩余劳动力的合理转移，促进农业生产专业化水平的提高。

农户家庭中从事非农产业的成员对家庭总收入的贡献（可向家庭转移的非农收入）也是农户耕地利用效率提高的重要保证，因此需要改善农村剩余劳动力的非农就业环境，为他们提供较多的就业培训以及就业指导。在我国长期的城乡二元结构下，国家对农村的人力资本培训投入大大低于城市，使得农村居民的文化素质、就业技能等低于城市居民，在获取非农就业机会时缺乏竞争能力，这也是造成我国农村剩余劳动力长期以来流动频繁但无法稳定的原因。因此，要实现农户家庭完全分工以提高农户耕地利用效率，除了要促进农村剩余劳动力流动外，还需要加大城乡协调发展的力度，给予农村和农民平等的地位；应加大对农村教育资源、信息资源等的投入，保障农村剩余劳动力的稳定转移，改善农村剩余劳动力的非农就业环境。

7.2.3 加大对农民专业合作组织的扶持力度

由于"组织化"农户相对于"自由化"农户而言具有更高的耕地利用效率，因此加大对农民专业组织建设的扶持力度可以改善我国农户耕地利用效率较低的现状。农民专业合作组织作为农民自发形成的非营利性组织，是为了克服我国家庭联产承包责任制这一制度安排下产生的单个农户经营局限性而出现的一种组织形态。农民专业合作组织的形成集中了大量的农户，增加了农户在农产品供给市场上的谈判地位，因此农民专业合作组织在对抗市场风险、降低生产成本、提高交易效率等方面发挥着重要的作用。正是基于这些作用，我国农民专业合作组织在数量上得到了快速发展，但是在组织模式上仍然处于初级阶段，技术经济实力相对较弱，需要政府或其他经济组织对其进行大力的扶持。

我国农民专业合作组织由于是弱者的联合体，因此存在着一些先天性的不足，如资金、技术和管理能力缺乏，导致农民专业合作组织在运行中不能发挥其应有的效能；如果缺乏公共政策的扶持，这种弱者联合的农民合作组织很难在竞争市场中长久地发展下去，甚至会对农户的耕地经营效率产生不良的影响。在我国农村集体经济组织长期缺位的状况下，农民专业合作经济组织可以对国家的惠农政策起到放大效应。作为合作组织，可以集合组织内的惠农资金，统一改善农业生产基础设施，提高农业生产的技术水平，达到组织内农业生产增效的目标。因此，需要尽快完善有关农民专业合作组织的制度政策，使我国农民专业合作组织得到更好的发展。

7.3

本书存在的不足

本书虽然在前人研究的基础上做了一些工作，但是在理论和实证部分仍然存在一些不足之处：

（1）本书理论部分对农户分化和耕地投入行为的分析均建立在农户家庭成员具有利他主义行为这个严格的假设之上，而现有文献对农户家庭决策理论的分析中也有应用到博弈均衡和"离婚威胁"等理论。显然，这些理论使得家庭决策理论体系显得更为完整。考虑到这些理论在应用上的复杂性以及与本书研究目标联系并不紧密，因此本书设定了这一强假设，这可能会对农户的消费生产行为分析造成一定的影响，但并未影响到本书的研究目标。

（2）实证部分所应用的随机前沿面方法本身也存在着一些不完善之处。随机生产前沿面方法是通过假定所有生产者采用面临相同的生产前沿面，即采用相同的生产技术来测度各生产单位距此前沿面的距离，从而达到区分不同生产单位技术效率的目的。该假设是在完全竞争环境下，竞争导致各生产单位不得不采用相同的生产技术进行生产，也因竞争而选择同性质的要素进行生产投入。而这与现实状况并不完全相符，因此该方法本身就存在着一定的缺陷。但是这种方法能够为比较不同生产者之间的技术效率提供一个统一的参照面，该模型在经济学领域的广泛应用也得到了大量实证检验的支撑，其所得实证结果仍然是可信的。

（3）样本数据中"组织化"农户样本所占比例较少。本次调查始于2008 年 12 月，完成于 2009 年 5 月。本书在正式构思和写作过程中对思路几经调整，这使得原有调查样本数据不能完全满足调整后的实证分析需要，但是现有样本数据已能基本证实本书理论部分所提出的假设。

（4）在采用 target – MOTAD 模型对农户耕地利用结构及投入要素配置进行优化分析中，假定各地块质量是一致的，而这一假定与现实情况存在一定的差异。如果该模型能建立在农户耕地适宜性评价的基础上，将得到更为精确的分析结果。

7.4

需进一步研究的问题

针对本书中存在的不足之处，需要在以下几个方面做进一步的研究：

（1）在不同家庭决策行为理论下分析农户的耕地投入行为。农户家庭决策行为由于农户家庭特征的不同而具有异质性，如果能用不同的家庭决策行为理论对农户耕地投入行为进行分析，可以寻找出最近似于我国农户家庭耕地投入行为的理论模拟方式。

（2）实证数据需要进一步补充。正如不足之处中所提到的，本书对"组织化"农户的样本采集数量不足，使研究结论的说服力稍打折扣，因此对该类型农户数据的补充和深入研究是很有必要的。

（3）对 target – MOTAD 模型在应用中的改进。如果结合农户耕地适宜性评价来分析农户耕地利用结构和耕地投入要素的优化，可以使研究结论更具说服力，这也是本书需要进一步深入之处。

附　　录

1. 不同地区农户家庭特征

表 A - 1　　　　　　　　　湖南丘陵地区不同类型农户家庭特征

家庭特征	完全分工型农户	不完全分工型农户	农业专业（参与市场）型农户	农业专业（自给自足）型农户
家庭总人口（人）	4.93	4.19	2.64	2.63
劳动人口（人）	3.81	3.32	2.10	1.91
其中：农业劳动人口（人）	1.75	2.06	2.10	1.91
耕地总面积（亩）	4.92	5.40	6.12	3.25
水田面积（亩）	3.47	4.27	4.17	2.20
旱地面积（亩）	1.45	1.23	1.95	1.05
家庭总毛收入（元/年）	24728.43	22313.55	11049.68	8594.24
农业毛收入（元/年）	4677.91	6012.13	4370.79	2148.45
家庭纯收入（元/年）	7199.39	6948.95	513.96	-599.13
家庭开支（元/年）	17529.04	15364.6	10535.72	9193.37
生产开支（元/年）	2265.16	3154.5	2733.77	1439.41
生活开支（元/年）	15263.88	12210.10	7801.95	7753.96

表 A - 2　　　　　　　　　太湖平原地区不同类型农户家庭特征

家庭特征	完全分工型农户	不完全分工型农户	农业专业（参与市场）型农户	农业专业（自给自足）型农户
家庭总人口（人）	4.61	4.13	2.72	2.50
劳动人口（人）	3.64	3.03	2.13	2.00
其中：农业劳动人口（人）	1.64	2.02	2.13	2.00

家庭特征	完全分工型农户	不完全分工型农户	农业专业（参与市场）型农户	农业专业（自给自足）型农户
耕地总面积（亩）	4.64	5.24	18.42	3.04
水田面积（亩）	4.27	4.96	18.08	2.75
旱地面积（亩）	0.37	0.28	0.34	0.29
家庭总毛收入（元/年）	45032.24	36869.92	57070.30	14633.75
农业毛收入（元/年）	8588.59	5581.94	31466.30	2904.58
家庭纯收入（元/年）	19991.75	15826.44	38988.34	2701.16
家庭开支（元/年）	25040.49	21043.48	18081.96	11932.59
生产开支（元/年）	2931.17	2525.24	8248.14	1746.88
生活开支（元/年）	22109.32	18518.24	9833.82	10185.71

表 A-3　　　　　鄂中丘陵地区不同类型农户家庭特征

家庭特征	完全分工型农户	不完全分工型农户	农业专业（参与市场）型农户	农业专业（自给自足）型农户
家庭总人口（人）	4.08	3.95	3.80	2.50
劳动人口（人）	3.43	2.79	2.80	2.00
其中：农业劳动人口（人）	1.87	2.11	2.80	2.00
耕地总面积（亩）	12.43	11.85	10.62	5.50
水田面积（亩）	10.67	10.54	9.72	5.50
旱地面积（亩）	1.76	1.31	0.90	0.00
家庭总毛收入（元/年）	28585.20	24615.15	23819.06	8940
农业毛收入（元/年）	19315.63	19509.85	18232.40	6490
家庭纯收入（元/年）	11420.32	7596.79	9562.50	1607.50
家庭开支（元/年）	17164.88	17018.36	14256.56	7332.50
生产开支（元/年）	5579.88	5918.36	5367.67	1332.50
生活开支（元/年）	11585.00	11100.00	8888.89	6000.00

2. 模型参数设定

（1）耕作制度。

表 A – 4　　　　　　　湖南丘陵地区耕作制度

农产品	1月	2月	3月	4月	5月	6月	7月	8月	9月	10月	11月	12月
早稻												
中稻												
晚稻												
小麦												
玉米												
花生												

表 A – 5　　　　　　　太湖平原地区耕作制度

农产品	1月	2月	3月	4月	5月	6月	7月	8月	9月	10月	11月	12月
早稻												
中稻												
晚稻												
小麦												
油菜												

表 A – 6　　　　　　　鄂中丘陵地区耕作制度

农产品	1月	2月	3月	4月	5月	6月	7月	8月	9月	10月	11月	12月
早稻												
中稻												
晚稻												
小麦												
油菜												
棉花												
玉米												

（2）耕地规模约束。

表 A – 7　　　　　　湖南丘陵地区不同类型农户耕地资源约束

耕地资源	完全分工型农户	不完全分工型农户	农业专业（参与市场）型农户	农业专业（自给自足）型农户
耕地总面积（亩）	9.84	10.80	12.24	6.50
水田面积（亩）	6.94	8.54	8.34	4.40
旱地面积（亩）	2.90	2.46	3.90	2.10

表 A－8 太湖平原地区不同类型农户耕地资源约束

耕地资源	完全分工型农户	不完全分工型农户	农业专业（参与市场）型农户	农业专业（自给自足）型农户
耕地总面积（亩）	13.55	15.44	54.92	8.83
水田面积（亩）	12.81	14.88	54.24	8.25
旱地面积（亩）	0.74	0.56	0.68	0.58

表 A－9 鄂中丘陵地区不同类型农户耕地资源约束

耕地资源	完全分工型农户	不完全分工型农户	农业专业（参与市场）型农户	农业专业（自给自足）型农户
耕地总面积（亩）	24.86	23.7	21.24	11
水田面积（亩）	21.34	21.08	19.44	11
旱地面积（亩）	3.52	2.62	1.8	0

（3）资本约束。

表 A－10 湖南丘陵地区不同类型农户资本约束

	完全分工型农户	不完全分工型农户	农业专业（参与市场）型农户	农业专业（自给自足）型农户
资本约束（元）	2265.16	3154.5	2733.77	1439.41

表 A－11 太湖平原地区不同类型农户资本约束

	完全分工型农户	不完全分工型农户	农业专业（参与市场）型农户	农业专业（自给自足）型农户
资本约束（元）	2931.17	2525.24	8248.14	1746.88

表 A－12 鄂中丘陵地区不同类型农户资本约束

	完全分工型农户	不完全分工型农户	农业专业（参与市场）型农户	农业专业（自给自足）型农户
资本约束（元）	5579.88	5918.36	5367.67	1332.50

（4）劳动约束。

表 A - 13　　　　　　湖南丘陵地区不同类型农户劳动约束

	完全分工型农户	不完全分工型农户	农业专业（参与市场）型农户	农业专业（自给自足）型农户
劳动约束（工日）	525	618	630	573

表 A - 14　　　　　　太湖平原地区不同类型农户劳动约束

	完全分工型农户	不完全分工型农户	农业专业（参与市场）型农户	农业专业（自给自足）型农户
劳动约束（工日）	492	606	639	600

表 A - 15　　　　　　鄂中丘陵地区不同类型农户劳动约束

	完全分工型农户	不完全分工型农户	农业专业（参与市场）型农户	农业专业（自给自足）型农户
劳动约束（工日）	561	633	840	600

参 考 文 献

[1] 迪克西特著，冯曲，吴桂英译. 经济理论中的最优化方法 [M]. 上海人民出版社，2006.

[2] A·恰亚诺夫. 农民的经济组织 [M]. 中央编译出版社，1996.

[3] P. Albert，任常青. 自给自足和风险状态下的农户生产决策模型——中国贫困地区的实证研究 [J]. 农业技术经济，1995 (5)：22 - 26.

[4] 蔡昉. 人口转变、人口红利与经济增长可持续性——兼论充分就业如何促进经济增长 [J]. 人口研究，2004，28 (2)：2 - 10.

[5] 蔡基宏. 关于农地规模与兼业程度对土地产出率影响争议的一个解答：基于农户模型的讨论 [J]. 数量经济技术经济研究，2005 (3)：28 - 37.

[6] 陈和午. 农户模型的发展与应用：文献综述 [J]. 农业技术经济，2004 (3)：2 - 10.

[7] 陈钊，陆铭和吴桂英. 考虑离婚的动态家庭分工理论及一个提高分工效率的保险机制 [J]. 经济学 (季刊)，2004，3 (10)：167 - 190.

[8] 迟国泰，孙秀峰，芦丹. 中国商业银行成本效率实证研究 [J]. 经济研究，2005 (6)：104 - 114.

[9] 董召荣，姜长云. 农户内在因素对农户类型选择和分化的影响 [J]. 安徽农业大学学报 (社会科学版)，1996 (1)：37 - 40.

[10] 方鹏，黄贤金，陈志刚，濮励杰，李宪文. 区域农村土地市场发育的农户行为响应与农业土地利用变化——以江苏省苏州市、南京市、

扬州市村庄及农户调查为例 [J]. 自然资源学报, 2003, 18 (3): 319 – 325.

[11] 冯中朝. 农民分化与城乡协调发展的实证分析 [J]. 农业经济问题, 1995 (3): 37 – 41.

[12] 弗兰克·艾利思. 农民经济学——农民家庭农业和农业发展 (第二版), 胡景北译 [M]. 上海人民出版社, 2006.

[13] 高帆. 交易效率、分工演进与二元经济结构转化. [D]. 西北大学学位论文, 2004.

[14] 高强, 赵贞. 我国农户兼业化八大特征 [J]. 调研世界, 2000 (4): 29 – 31.

[15] 高强. 国外农户兼业化研究述评 [J]. 世界农业, 1998 (11): 3 – 5.

[16] 郭剑雄, 李志俊. 劳动力选择性转移条件下的农业发展机制 [J]. 经济研究, 2009 (5): 31 – 42.

[17] 韩俊. 中国农民专业合作社调查 [M]. 上海远东出版社, 2007.

[18] 韩耀. 中国农户生产行为研究 [J]. 经济纵横, 1995 (2): 29 – 33.

[19] 贺振华. 农户兼业的一个分析框架 [J]. 中国农村观察, 2005 (1): 2 – 11.

[20] 洪建国. 农户使用农机行为研究. [D]. 华中农业大学学位论文, 2010.

[21] 黄祖辉, 陈欣欣. 农户粮田规模经营效率. 实证分析与若干结论 [J]. 农业经济问题, 1998 (11): 2 – 7.

[22] 黄祖辉, 胡豹, 黄莉莉. 谁是农业结构调整的主体——农户行为及决策分析 [M]. 中国农业出版社, 2005.

[23] 黄祖辉. 中国农民合作组织发展的若干理论与实践问题 [J].

中国农村观察, 2008 (11): 4 -8.

[24] 黄宗智. 华北的小农经济与社会变迁 [M]. 中华书局, 1986.

[25] 加里·S·贝克尔著, 王业宇, 陈琪译. 人类行为的经济分析 [M]. 上海人民出版社.

[26] 加里·斯坦利·贝克尔. 家庭论 [M]. 商务印书馆, 2007.

[27] 姜长云. 农村非农化过程中农户、农民分化的动态考察——以安徽省天长市为例 [J]. 中国农村经济, 1995 (9): 50 -56.

[28] 亢霞, 刘秀梅. 我国粮食生产的技术效率分析——基于随机前沿分析方法 [J]. 中国农村观察, 2005 (4): 25 -32.

[29] 孔祥智, 孙陶生. 不同类型农户投资行为的比较分析 [J]. 经济经纬, 1998 (3): 76 -80.

[30] 李栋. 中国商业银行成本效率实证研究. [D]. 天津大学学位论文, 2008.

[31] 李谷成, 冯中朝, 占邵文. 家庭禀赋对农户家庭经营技术效率的影响冲击——基于湖北省农户的随机前沿生产函数实证 [J]. 统计研究, 2008, 25, (1): 35 -42.

[32] 李录堂. 农户分类管理持续激励机制研究 [J]. 科技导报, 1999 (11): 32 -34.

[33] 李旻, 赵连阁. 农业劳动力"老龄化"现象及其对农业生产的影响 [J]. 农业经济问题, 2009 (10): 12 -19.

[34] 李小建, 罗庆, 樊新生. 农区专业村的形成与演化机理研究 [J]. 中国软科学, 2009 (2): 71 -80.

[35] 李小建, 乔家君. 欠发达地区农户的兼业演变及农户经济发展研究——基于河南省1000农户的调查分析 [J]. 中州学刊, 2003 (5): 58 -61.

[36] 李小建. 还原论与农户地理研究 [J]. 地理研究, 2010, 29 (5): 767 -777.

［37］李岳云，蓝海涛，方晓军．不同经营规模农户经营行为的研究 ［J］．中国农村观察，1999（4）：39－45.

［38］梁流涛，曲福田，诸培新等．不同兼业类型农户的土地利用行为和效率分析——基于经济发达地区的实证研究 ［J］．资源科学，2008，30（10）：1525－1532.

［39］刘承芳，张林秀，樊胜根．农户农业生产性投资影响因素研究——对江苏省六个县市的实证分析 ［J］．中国农村观察，2002（4）：34－41.

［40］刘建国．我国农户消费倾向偏低的原因分析 ［J］．经济研究，1999（3）：52－60.

［41］刘明宇．制度、分工演化与经济绩效——基于分工维度对农民贫困的制度分析．［D］．西北大学学位论文，2004.

［42］刘涛，曲福田，金晶等．土地细碎化、土地流转对农户土地利用效率的影响 ［J］．资源科学，2008，30（10）：1511－1516.

［43］刘莹，黄季焜．农户多目标种植决策模型与目标权重的估计 ［J］．经济研究，2010（1）：148－158.

［44］刘泽隆，范红霞．我国农户精养淡水鱼成本效率的测定及其影响因素分析 ［J］．安徽农业科学，2007，35（8）：2204－2206，2254.

［45］陆文聪，西爱琴．农户农业生产的风险反应：以浙江为例的 MOTAD 模型分析 ［J］．中国农村经济，2005（12）：68－75.

［46］农村产业分化与农业生产社会化研究课题组山西省农科院农业综考所．山西农户分化趋势，特点及成因分析 ［J］．农业技术经济，1996（6）：33－37.

［47］乔榛，焦方义，李楠．中国农村经济制度变迁与农业增长——对 1978～2004 年中国农业增长的实证分析 ［J］．经济研究，2007（7）：73－82.

［48］曲兆鹏，赵忠．老龄化对我国农村消费和收入不平等的影响 ［J］．经济研究，2008（12）：85－99，149.

[49] 任治君. 中国农业规模经营的制约 [J]. 经济研究，1995 (6)：54 - 58.

[50] 史清华，张改清. 农户家庭决策模式与经济增长的关系——来自浙江 5 村的调查 [J]. 农业现代化研究，2003，24，(2)：86 - 90.

[51] 史正富. 农户经济规模的效果和动因、中国农村土地制度变革 [M]. 北京大学出版社，1993.

[52] 宋圭武. 对小农问题的若干思考 [J]. 农业经济问题，1999 (12)，37 - 42.

[53] 宋洪远. 经济体制与农户行为——一个理论分析框架及其对中国农户问题的应用研究 [J]. 经济研究，1994 (8)：22 - 30.

[54] 孙文华. 农户分化：微观机理与实证分析 [J]. 江海学刊，2008 (4)：114 - 119.

[55] 涂正革，肖耿. 中国的工业生产力革命——用随机前沿生产模型对中国大中型工业企业全要素生产率增长的分解及分析 [J]. 经济研究，2005 (3)：4 - 15.

[56] 卫新，胡豹，徐萍. 浙江省农户生产经营行为特征与差异分析 [J]. 中国农村经济，2005 (10)：49 - 56.

[57] 吴桂英. 家庭内部决策理论的发展和应用：文献综述 [J]. 世界经济文汇，2002 (2)：70 - 80.

[58] 西奥多. W. 舒尔茨，梁小民译. 改造传统农业 [M]. 商务印书馆，2003.

[59] 向国成，韩绍凤. 农户兼业化：基于分工视角的分析 [J]. 中国农村观察，2005 (8)：4 - 11.

[60] 杨俊，杨钢桥. 风险状态下不同类型农户农业生产组合优化——基于 target - MOTAD 模型的分析 [J]. 中国农村观察，2011 (1)：49 - 59.

[61] 杨慕义. 草地农业系统研究中的农户决策行为分析——农户期

望值——基尼均差风险决策模型 [J]. 草业学报, 1999, 8, (1): 73 - 80.

[62] 杨三军, 沈翀, 李钧德. 十年后谁来种田 [N]. 经济参考报, 2006 - 12.

[63] 杨小凯. 经济学——新兴古典与新古典框架 [M]. 社会科学文献出版社, 2003.

[64] 张林秀, 徐小明. 农户生产在不同政策环境下行为的研究: 农户系统模型的应用 [J]. 农业技术经济, 1996 (4): 27 - 32.

[65] 尤小文. 农户: 一个概念的探讨 [J]. 中国农村观察, 1999 (5): 17 - 21.

[66] 钟甫宁, 纪月清. 土地产权、非农就业机会与农户农业生产投资 [J]. 经济研究, 2009 (12): 43 - 51.

[67] 钟甫宁. 全球化与小农——中国面临的现实 [J]. 南京农业大学学报 (社会科学版), 2005 (6): 1 - 7.

[68] 周飞, 刘朝晖. 论农户兼业化与土地可持续利用 [J]. 农村经济, 2003 (2): 38.

[69] 周钱. 基于家庭决策的交通行为和需求预测研究 [D]. 清华大学学位论文, 2008.

[70] 周晔馨. 转型时期的农户兼业和非农化——基于斯密—科斯框架的超边际分析 [D]. 辽宁大学学位论文, 2007.

[71] 朱晶. 农业公共投资、竞争力与粮食安全 [J]. 经济研究, 2003 (1): 13 - 21.

[72] Alain D. J., Marcel F., Elisabeth S., "Peasant Household Behaviour with Missing Markets. Some Paradoxes Explained", *The Economic Journal*, 1991, 101 (409): 1400 - 1417.

[73] Ananth R., "Cost frontier efficiency and risk-return analysis in an emerging market", *International Review of Financial Analysis*, 2005, 14 (3):

283 - 303.

[74] Anthea T. , "The social implications of an ageing population", *Mechanisms of Ageing and Development*, 2002, 123 (7): 729 -735.

[75] Barro, R. J. & Lee, "International Comparison of Educational Attainment", *Journal of Monetary Economics*, 1993, 32 (3): 363 -394.

[76] Bauer, Larry L. , "A Target MOTAD Analysis of Sweet Potato Marketing", *Southern Journal of Agriculture Economics*, 1991, 23 (12): 123 - 130.

[77] Berbel, Julio, "A Comparision of Target MOTAD Efficient Sets and the Choice of Target", *Canadian Journal of Agriculture Economics*, 1990, 38 (1): 149 -158.

[78] C. Aubry, F. A. C. , "Modelling Decision - Making Processes for Annual Crop Management", *Agricultural Systems*, 1998, 56 (1): 45 -65.

[79] Carter, Michael R. , "Equilibrium Credit Rationing of Small Farm Agriculture", *Journal of Development Economics*, 1988, 28 (1): 83 -103.

[80] Chavas, J. P, Ragan P. and Michael R. , "Farm Household Production Efficiency. Evidence from the Gambia", *American Journal of Agricultural Economics*, 2005, 87 (1): 160 -179.

[81] Choon Y. A. , Inderjit S. , Lyn S. , "A Model of an Agricultural Household in a Multicrop Economy: The Case of Korea", *Review of Economics and Statistics*, 1981, 63 (4): 520 -525.

[82] Colli, T. J. , Rao D. S. P. and Battese G. E. . An Introduction to Efficiency and Productivity Analysis [M]. *Boston, MA. Kluwer Academic Publishers*, 1998.

[83] Dillon, J. L. and Scandizzo, P. L. , "Risk Attitudes of Subsistence Farmers in Northeast Brazil. A Sampling Approach", *American Journal of Agricultural Economics*, 1978, 60 (3): 425 -435.

[84] Dr. Shahid M. Zia, "A Trade-off Between Expected Returns and Risk Among Farmers of Rice-wheat Zone of Punjab, Pakistan", *Journal of Economic Cooperation Among Islamic Countries*, 1997, 18 (4): 155 – 170.

[85] E. J. Austin, et al., "Empirical Models of Farmer Behaviour Using Psychological, Social and Economic Variables. Part I. Linear Modelling", *Agricultural Systems*, 1998a, 58 (2): 203 – 224.

[86] E. J. Austin, et al., "Empirical Models of Farmer Behaviour Using Psychological, Social and Economic Variables. Part II. Nonlinear and Expert Modelling", *Agricultural Systems*, 1998b, 57 (2): 225 – 241.

[87] Freige S., Maria J., "Human capital accumulation and economic growth", *Investigaciones Economics*, 2001, 25 (3): 585 – 602.

[88] Gary S. B., "A Theory of the Allocation of Time", *The Economic Journal*, 1965, 75 (299): 493 – 517.

[89] Ghatak, J. J. A., "Can unobserved heterogeneity in farmer ability explain the inverse relationship between farm size and productivity", *Economics Letters*, 2003, 80 (2): 189 – 194.

[90] Hardaker, J. B., Some Issues in Dealing with Risk in Agriculture, Working Paper Series in Agricultural and Resource Economics, University of New England, 2000.

[91] Hassan, R. M. and Hallam, A., "Stochastic Technology in a Programming Framework. A Generalized Mean – Variance Farm Model", *Journal of Agricultural Economics*, 1990, 41 (2): 196 – 206.

[92] Hatch, U., Sindelar, S., Rouse, D. and Perez, H., "Demonstrating the Use of Risk Programming for Aquacultural Farm Management. The Case of Penaeid Shrimp in Panama", *Journal of World Aquaculture Society*, 1987, 18 (4): 260 – 269.

[93] Heerink, S. F., "Are farm households' land renting andAre farm

households' land renting and migration decisions inter-related in rural China?", *Journal of Life Sciences*, 2008, 44 (4): 345 – 362.

[94] Heltberg, R., "Rural Market Imperfections and the Farm Size – Productivity Relationship: Evidence from Pakistan", *World Development*, 1998, 26 (10): 1807 – 1826.

[95] Howard N. Barnum, Lyn S., "An econometric application of the theory of the farm-household", *Journal of Development Economics*, 1976 (6): 79 – 102.

[96] Huffman, Wallace E. Agricultural Household Models: Survey and Critique. Iowa: Iowa State University Press, 1991, 79 – 111.

[97] Israel, Danilo C. and Sevilleja, Ruben C. "Production – Related Risk in Rice – Fish Culture. A Target MOTAD Analysis", *The ICLARM Quarterly*, 1993 (2): 49 – 51.

[98] Jacoby, Hanan, "Shadow Wages and Peasant Family Labour Supply: An Econometric Application to the Peruvian Sierra", *Review of Economic Studies*, 1993, 60 (4): 903 – 921.

[99] J. D. C. Beedell & T. Rehman, "Explaining farmers' conservation behaviour: Why do farmers behave the way they do?", *Journal of Environmental Management*, 1999, 57 (2): 165 – 176.

[100] Jin – Li Hu, Chia – Ning Chiu, Hwai – Shuh Shieh, et al., "A stochastic cost efficiency analysis of international tourist hotels in Taiwan". *International Journal of Hospitality Management*, 2010, 29 (1): 99 – 107.

[101] Joanna S., Andrew P., "Models of risk and choice. challenge or danger", *Acta Psychologica*, 2000, 104 (3): 339 – 369.

[102] Joyce W., Ian J. Deary, Murray M. McGregor, et al., "Farmers' Attitudes, Objectives, Behaviors, and Personality Traits: The Edinburgh Study of Decision Making on Farms", *Journal of Vocational Behavior*, 1999,

54 (1): 5 - 36.

[103] John B. P. , Jr. , Danny A. Klinefelter, David A. Lins. Farm Investment and Financial Analysis. New Jersey: Prentice - Hall, 1982.

[104] Kuroda, Yoshimi, Pan Y. , "A Microeconomic Analysis of Production Behavior of the Farm Household in Japan: A Profit Function Approach", *The Economic Review*, 1978, 29: 115 - 129.

[105] Maryke D. , "Labor supply, the family and poverty. the S-shaped labor supply curve", *Journal of Economic Behavior & Organization*, 2002, 49 (4): 433 - 458.

[106] Maxime F. , et al. , "Population ageing, time allocation and human capital. A general equilibrium analysis for Canada", *Economic Modeling*, 2009, 26 (1): 30 - 39.

[107] Mehmet S. T. , "Population aging and economic growth. political economy and open economy effects", *Economics Letters*, 2003, 81 (3): 291 - 296.

[108] Michael L. , "The theory of the optimising peasant", *Journal of Development Studies*, 1986, 4 (3): 327 - 351.

[109] Miika L. , Anne N. , Matti K. , "Technical and cost efficiency of oral health care provision in Finnish health centers", *Social Science & Medicine*, 2003, 56 (2): 343 - 353.

[110] Nakajima, C. Subjective Equilibrium Theory of The Farm Household. Amsterdam: Elsevier, 1986, 302.

[111] Quentin F. B. , Ruth L. , "Understanding farmers' strategic decision-making processes and the implications for biodiversity conservation policy", *Journal of Environmental Management*, 2009, 90 (2): 1135 - 1144.

[112] Rob J. F. Burton. , "An alternative to farmer age as an indicator of life-cycle stage. The case for a farm family age index", *Journal of Rural Studies*,

2006, 22 (4): 485 - 492.

[113] Robert T. Michael, Gary S. B. , "On The new theory of consumer behavior", *The Swedish Journal of Economics*, 1973, 75 (4): 378 - 396.

[114] Simons, S. , "Land Fragmentation and Consolidation. a Theoretical Model of Land Configuration with an Empirical Analysis of Fragmentation in Thailand", Ph. D. University of Maryland, College Park, 1987.

[115] Singh, Inderjit, Lyn S. , John S. , "Agricultural Household Models - Extensions, Applications and Policy", Baltimore: The Johns Hopkins University Press, 1986.

[116] T. Bernet, O. O. R. D. , "Tailoring agricultural extension to different production contexts. a user-friendly farm-household model to improve decision-making for participatory research", *Agricultural Systems*, 2001, 69 (3): 183 - 198.

[117] Tauer, L. M. "Target MOTAD", *American Journal of Agricultural Economics*, 1983, 65 (3): 606 - 610.

[118] Taylor J. Edward, Adelman I. , "Agricultural Household Models: Genesis, Evolution, and Extensions", *Review of Economics of the Household*, 2003, 1 (1): 133 - 158.

[119] Thomas S. , Danier M. and Johannes S. , "Land Fragmentation and Cropland Abandonment in Albania. Implications for the Roles of State and Community in Post - Socialist Land Consolidation", *World Development* , 2009, 37 (8): 1411 - 1423.

[120] Umoh, Gabriel S. , "Programming Risks in Wetlands Farming. Evidence from Nigerian Floodplains", *Journal of Human. Ecology*, 2008, 24 (2): 85 - 92.

[121] Wiens, T. B. , "Peasant Risk Aversion and Allocative Behavior. Quadratic Programming Experiment", *American Journal of Agricultural Eco-*

nomics, 1976, 58 (4): 629 – 635.

[122] Yang Du, A. S. W. , "Migration and rural poverty in China" *Journal of Comparative Economics*, 2005, 33 (4): 688 – 709.

[123] .Young, Allyn, "Growth without Scale Effects", *Journal of Political Economy*, 1998, 106 (1): 41 – 63.

[124] Zimet, David J. and Spreen, Thomas H. , "A Target MOTAD Analysis of A Crop and Livestock Farm In Jefferon County, Florida", *Southern Journal of Agricultural Economics*, 1986, 18 (12): 175 – 186.

[125] Zuo Xue-jin, Yang Xiao-ping, "The long-term impact on the Chinese economy of an aging population", *Social Sciences in China*, 2009, (1): 197 – 208.

后　记

　　虽然本书得到了专业化有利于农户耕地利用效率提高的结论，并提出了促进耕地向农业专业户流转和加大农民专业合作组织建设力度的相关建议，但是我们应该清楚地认识到，在我国农村社会保障体制还不健全的条件下要实现耕地向农业专业户的大规模转移是很难实现的。因此要寻找提高我国农户耕地利用效率的根本途径，不仅要从农户经济行为和经济学角度进行，同时还要考虑到一些制度层面的问题。本书的写作由于素材和精力有限，仅从农户行为和经济学角度进行了分析。正如本书序言中所说，本书只是起到一个抛砖引玉的作用，希望有更多的人能将目光投注到我国的农户行为研究上来，使得这一问题的研究更加系统和完善。

　　本书得到了国家自然科学基金项目"农户家庭分工演进对耕地利用效率的影响——基于不同类型农区的经验"（41201118）的资助。在此表示诚挚的感谢！

　　同时本书的出版得到了东华理工大学著作出版基金的资助，在此表示感谢！

　　在课题研究中，得到了课题组成员和华中农业大学土地管理学院杨钢桥教授、张安录教授以及东华理工大学测绘工程学院同仁们的帮助；在农户调查过程中，得到了课题组其他成员的帮助，同时还得到了湖北省监利县团委刘俊军、湖北省江陵县团委鲁飞宇、湖南师范大学胡贤辉的帮助，在此一并表示感谢。

杨　俊

2013 年 12 月